나를 치유하면
세상이 치유된다

HEAL YOURSELF HEAL THE WORLD
by Deborah King

Copyright © 2017 by Deborah King
Korean translation copyright © 2022 by Gimm-Young Publishers, Inc.
All rights reserved.

Published by arrangement with the original publisher, Atria Books/Beyond Words,
a Division of Simon & Schuster, Inc. through EYA co., Ltd.

나를 치유하면 세상이 치유된다

1판 1쇄 인쇄 2022. 10. 7.
1판 1쇄 발행 2022. 10. 17.

지은이 데보라 킹
옮긴이 사은영

발행인 고세규
편집 김동현 디자인 유향주 마케팅 백선미 홍보 최정은
발행처 김영사
등록 1979년 5월 17일(제406-2003-036호)
주소 경기도 파주시 문발로 197(문발동) 우편번호 10881
전화 마케팅부 031)955-3100, 편집부 031)955-3200 | 팩스 031)955-3111

이 책의 한국어판 저작권은 (주)이와이에이를 통한 저작권사와의 독점 계약으로
김영사에 있습니다. 저작권법에 의해 한국 내에서 보호를 받는 저작물이므로
무단전재와 무단복제를 금합니다.

값은 뒤표지에 있습니다.
ISBN 978-89-349-4302-0 03180

홈페이지 www.gimmyoung.com   블로그 blog.naver.com/gybook
인스타그램 instagram.com/gimmyoung   이메일 bestbook@gimmyoung.com

좋은 독자가 좋은 책을 만듭니다.
김영사는 독자 여러분의 의견에 항상 귀 기울이고 있습니다.

나를 치유하면 세상이 치유된다

Heal Thrive Grow

HEAL YOURSELF HEAL THE WORLD

데보라 킹

사은영 옮김

김영사

남편이자 최고의 친구,
영적 파트너인 에릭Eric에게
이 책을 바칩니다.
언제까지나.

추천사

나는 전기공학과 컴퓨터과학을 전공했다. 또 취미로 과학 서적을 즐겨 읽는 공돌이이다. 이성적·과학적 사고에 익숙한 나와 같은 사람이라면, 데보라 킹이 가르치는 내용 대부분을 무시해야 마땅하다. '에너지 치유Energy healing'를 실리콘 시대¹ 훨씬 전에 존재했던 샤머니즘이나 고대 수행법으로 여기고 말았어야 한다.

그러나 그러지 못했다.

지난 30년 동안, 나는 설명 불가능한 에너지 치유를 직접 경험했다. 아무리 노력해도 과학적 사고방식으로는 설명하기 어려운 경험이었다. 의사들은 위약placebo 효과라고 돌려 말했다. 간단히

---

1 반도체 칩이 이끄는 정보·통신 시대.

말해, "효과는 있다. 왜 그런지는 모르겠지만, 네 마음이 그렇게 했다"라는 식으로 설명할 뿐이었다.

나는 데보라 킹이 매우 중요한 일을 하고 있다고 생각한다. 에너지 치유가 어떻게 작동하는지를 과학적으로 설명하기는 어려워도, 분명 효과는 있다. 많은 사람을 대상으로 신체적 치유는 물론이고 감정과 세상에 대한 느낌, 자존감을 치유한다. 설명할 길은 없지만 효과는 강력하다.

좌뇌를 주로 쓰는 이공계 친구들에게는 다음과 같은 설명이 도움이 될 것이다. 수천 년 동안 인류는 태양을 다양한 용도로 사용해왔다. 항해를 위한 수단으로, 온기와 빛을 얻기 위해, 작물을 재배하고 시간을 알기 위해서도 태양을 이용했다. 그러나 태양이 어떻게 작동하는지를, 수소 원자와 헬륨 원자가 만들어내는 거대한 열핵반응(핵융합)이었음을 인류가 이해하게 된 것은 겨우 100년밖에 되지 않았다.

태양이 어떻게 작동하는지 알지 못했어도, 조상들이 태양을 활용하는 데는 아무 지장이 없었다. 작동 원리를 알게 된 기간은 지구상 인류의 역사 중 매우 짧은 시간에 불과했다. 에너지 치유도 이와 같다. 언젠가 100여 년 이내로는 경락, 차크라chakra, 오라aura와 인체의 상관관계를 이해할 날이 올 것이다. 지금 당장 설명이 어렵다는 이유로 이들의 활용을 막을 필요가 있을까. 그 놀라운 효과가 어떻게 일어나는지 완벽히 이해할 순 없어도, 에너지 치유는 유용하며 다양한 활용이 가능하다.

2013년, 이런 종류의 교육을 주류로 만들기 위해 나는 마인드 밸리Mindvalley 아카데미를 설립했다. 건강하고 행복한 삶을 위해, 정말 중요하지만 아직 주류에 포함되지 않은 가르침을 발굴하고 있다. 데보라는 가장 뛰어난 선생님 중 한 분으로, 그녀의 온라인 강좌 일부를 마인드밸리에서 소개할 수 있어 영광이다. 데보라의 치유 프로그램은 매우 인기가 높았고, 영적인 연결감과 내면의 치유가 필요한 많은 사람에게 도움이 되었다.

데보라 킹의 워크북인 《나를 치유하면 세상이 치유된다》는 에너지 치유를 설명하는 흥미로운 책이다. 이 책은 독자가 내면의 치유자를 받아들이고 나아가 우리 자신만의 치유뿐 아니라 지구로 확장하는 의식의 물결에 동참할 수 있는 기반을 형성한다. 내가 늘 주장하는 교육 형태, 즉 자기 계발로 시작하여 더 높은 인식과 사랑을 품은 인류로 성장하며 밖으로 확장하는 교육과 일맥상통한다고 볼 수 있다. 내일의 기업가, 기술 혁신가, 박애주의자, 교육가 및 힐러[2]는 마음, 몸, 영혼이 건강하고 균형 잡힌 지혜로운 존재로 당당히 서게 된다.

---

2 치유heal하고 회복하도록 돕는 사람. 치유자, 치료사 등으로 번역할 수 있지만, 이 책에서는 원어의 풍부한 의미를 전달하기 위해 '힐러'로 표기한다.

이 책은 당신의 에너지를 이해하는 과정을 밝게 비춰 모험을 떠나도록 할 것이다. 에너지가 어떻게 변하는지를 이해하고, 에너지가 차크라를 통해 표현되고, 당신에게 실제로 치유력이 있음을 알게 되는 여정이다.

이 책은 명상법과 심오한 기술로 가득하다. 스스로 치유할 수 있도록 돕는 안내서로, 새롭게 발견한 다양한 테크닉을 소개한다. 반려동물 치유법도 함께 수록되어 있다. 영적 가이드나 명상에 대한 설명과 함께, 마음/몸 유형(실제로 유용한 도구)도 배울 수 있다. 어떻게 건강을 유지하고 자신의 삶을 사랑할 수 있을지 이해하게 된다.

우리가 사는 세상과 그 사람들 모두를 치유하려는 데보라 킹의 깊은 헌신에 당신도 나처럼 감사하게 될 것이다. 더 높은 수준으로 의식을 전환하는 일은 우리 모두에게 달려 있다. 이 책이 선사하는 포용력과 조건 없는 사랑을 온몸으로 맞이하자.

이제 시작이다!

비셴 락히아니Vishen Lakhiani[3]

---

3 자기 계발, 명상, 건강, 영적 발달에 대한 교육 프로그램을 제공하는 교육 기술 기업인 '마인드밸리' 설립자이자 CEO(1976~).

아직 스물다섯 살이 되기도 전에, 나는 로스쿨을 갓 졸업하고 사회에서 잘나가고 있었다. 운동에 푹 빠졌고, 극한 스포츠를 즐겼다. 44 치수를 유지하며 모델 일도 해냈다. 사회적으로는 스펙을 잘 갖춘 성공한 20대 여성이었지만, 내 안에 무언가 이상이 생겼음을 알았다. 매우 우울했으며, 일상의 삶은 균형이 깨졌다. 그렇지만 '왜 그럴까?'라는 생각은 하고 싶지 않았다. 사느라 정신이 없었다. 바쁘게 달리느라 시간이 없었다. 술 한잔하고, 약 좀 먹으면, 움직일 만했다. 그렇게 살면 되는 줄 알았다.

그런데 갑자기 암 선고를 받았다. 하늘이 무너지는 순간이었다.

'왜 이렇게 건강이 상했을까?'를 생각해보았다. 힘들었던 유년 시절에 겪은 해소되지 않은 트라우마의 존재를 깨닫게 되었다. 아픔과 상처로 휩싸인 소용돌이 안에서 우연히 에너지 치유를 만났다. 에너지 치유를 알면 알수록 내 안의 어그러진 부분이 온전해질 수 있겠다고 생각했다. 치유할 수 있으리라는 확신도 들었다. 실제로 우리 내면에는 치유의 힘이 있다. 마찬가지로 당신도 에너지 힐러이다. 과거의 힘든 상처를 봉합하고 아물게 하기에 충분한 치유의 힘을 갖고 있다. 새로운 삶의 불꽃을 키울 건강한 마법의 힘도 이미 충분하다. 이 사실을 믿어야 한다.

실제로 에너지 치유를 통해 삶이 바뀌면, 이 선물과 같은 힘을 가족, 친구, 반려동물에게도 베풀 수 있음을 알게 된다. 그들의 치유를 도우면서, 당신은 더욱더 넓은 세상을 향하는 치유의 물결에 힘을 싣게 된다. 자신을 객관적으로 볼 수 있는 자각하는 힘이 강해지면, 사랑하는 마음이 확장되고 자연스럽게 주위 사람들과 반려동물을 치유하는 힘도 커진다.

실제로 내가 지나온 길이고, 이 길은 당신에게도 열릴 것이다.

지금이 바로 그 순간

치유의 길에 들어선다는 것은 새로운 삶의 방식을 선택한다는 의미이다. 에너지 치유는 세상을 보는 생각의 틀을 획기적으로 바꾼다. 나로부터 시작해서 밖으로, 밖으로 퍼지며 결국 세상에까지 영향을 미친다. 이와 같은 연쇄 반응을 불러일으키는 촉매제 역할을 맡는다면 근사하지 않겠는가? 에너지 치유는 거대한 영역에서 움직인다. 절대로 미약하지 않다. 당신이 지구에 온 이유나 목적을 찾을 수 있다. 당신은 몸을 통해 활기찬 삶을 경험할 것이고, 나와의 동행을 선택한다면 긍정적인 삶을 맞이하는 중요한 발걸음을 성큼 내딛는 셈이다.

이 책은 우리 자신의 에너지 장energy field과 신체에 변화를 불러오는 방법을 소개하고 있다. 혼을 담는 성전인 당신의 몸이 어떻게 감정과 심리와 영혼과 연결되어 있는지 알게 된다. 당신의 에너지 진동을 끌어올려서 더 높고, 깊은 인식 수준에 도달하게 하며, 훨씬 건강한 삶을 영위하게 한다. 또 높은 수준의 실용적인 에너지 의학 테크닉도 소개한다.

1부에서는, 당신에게 본래 준비된 삶과 지금 당신 사이에 놓인 가림막이 무엇인지 차차 알게 된다. 삶의 고통을 부정하고, 진실한 느낌을 억누르면 발목이 잡힌 채 살아가야 한다. 나 개인의 아픔과 치유 사례를 보면 잘 알 수 있다. 감정의 잔재를 알아차리고 정화하면 에너지 치유 과정이 시작된다. 1부에서 에너지 센터인 차크라를 알아본다. 몸의 주요 일곱 개 에너지 센터와 소울 스타soul star이라 불리는 여덟 번째 차크라와 상위 차크라를 주제로 공부한다. 펜듈럼pendulum 사용법을 소개하며, 실제로 펜듈럼으로 차크라의 움직임을 볼 수 있는 방법을 설명한다. 우주 에너지 장universal energy field을 실제로 경험해보고, 이니시에이션initiation에 대한 기본 이해를 통해 어떻게 더욱 의식을 깨어 있고 열리도록 하는지 알 수 있다.

2부에서는 효과적인 명상법을 소개한다. 에너지 장을 활성화하고, 차크라의 균형을 맞추는 특별한 방법을 알려준다. 당신 혼자 이 길을 갈 필요는 없다. 영적인 길을 안내하는 다른 차원의 도움을 받을 수 있다. 마음/몸 유형의 체계와 방어기제를 이해하고, 유년 시절 트라우마로 인한 에너지 장의 왜곡 상태를 공부한다. 체계에 대한 이해를 바탕으로 부정적 에너지의 원인을 추적하고, 삶에서 부정적 영향을 더 받지 않는 방법도 배울 수 있다. 실용적인 훈련법과 효과적인 하라 라인hara line 수행도 연습한다. 배움과 동시에 새롭게 익힌 정보를 적용하여 당신의 삶을 원하는 대로 펼쳐낼 수 있게 된다.

3부에서는 근원적 치유를 위한 다양한 힐링(치유) 기법을 알아본다. 이 힐링 기법으로 가족, 친구, 반려동물의 치유를 도울 수 있다. 소리를 활용한 소리 치유, 킬레이션chelation, 생명력 에너지 치유LifeForce Energy Healing 기법 등은 즉각적으로 변화를 불러오고, 이후에 세상을 치유하는 임무로 확대된다. 효과적인 치유 울타리에 동참하면서 우리는 모두 평화를 지키는 존재로 성장한다.

책을 읽어나가면서 당신은 자기 자신과 더욱 가까워지고, 건강한 삶을 가로막는 장애물들을 떠나보내게 된다. 그리고 이제 행복을 찾고 지구에 온 소명을 깨닫는다. 자신의 치유에 책임을 다한다는 의미를 알고, 주어진 삶을 잘 살기 위해 최선을 다할 때 느끼는 기쁨과 열정을 경험할 것이다.

당신 안에 잠든 치유 에너지를 탐구할 준비가 되었다면, 함께 첫 번째 장으로 가보자. 놀라운 치유의 여정에 들어선 것을 환영한다.

차례

1부 에너지 치유를 시작하기

2부 에너지 치유 도구

3부 자신의 힘으로 다른 사람을 치유하기

HEAL YOURSELF
HEAL THE WORLD

1

에너지 치유를
시작하기

1

내게도 정말
치유력이 있을까?

당신에게 정말 치유력이 있을까? 물론이다! 우선 힘의 원천이 어디에 있는지 알아야 한다. 치유의 힘은 바로 당신 몸의 에너지 장에서 비롯된다. 이제 치유의 힘이 어떻게 작동하는지 자세한 과정을 살펴보자.

우리는 매일 다양한 에너지 형태에 둘러싸여 생활한다. 전기에너지가 어디서 오는지 생각하지 않고도, TV를 켜고 컴퓨터를 부팅하고 스마트폰을 충전하고 자동차 헤드라이트를 밝힌다. 퀴노아, 케일, 피자, 아이스크림을 먹고 난 후에는 몸에 에너지가 흐르는 것을 느낀다. 지구를 따뜻하게 데워주는 태양에너지도 있고, 또 이 태양에너지와 풍력에너지는 언젠가 화석연료 및 원자력 발전을 대체할 전망이다.

치유력의 원천 에너지도 이와 같은 에너지의 형태와 비슷하다. 당신 안에도 살아 있고, 당신 밖에도 존재한다. 이 에너지를 정의하는 이름은 다양하다. 힌두어로는 프라나prāṇa라고 하고, 중국어로는 기氣, 일본어로는 키氣라고 한다. 지금 당신 안에도 흐르는 이 원천 에너지는 모든 에너지 채널이나 기혈을 박력 있게 통과하는 보이지 않는 흐름을 말한다.

에너지의 근원적인 힘은 당신의 영spirit과 신체, 감정체, 심체를 연결하고 있다. 이것은 사실상 영의 **본질**이다. 개인 에너지 장과 만물을 아우르는 '우주 에너지 장Universal Energy Field'을 통합하는 이 힘을 나는 '생명력 에너지LifeForce Energy'라고 부른다.

당신 자신과 세상이 우주 에너지 장으로 운영되는 이치를 이해하면, 본연의 힘으로 에너지 장을 활용하는 방법을 배우게 된다. 에너지를 활용하여 당신이 갈망하는 변화를 경험하는 것이다. 예를 들면, 몸의 어떤 부위를 치유하거나 관계 문제를 해결하거나 영적으로 깊게 성장할 수 있다. 또 에너지 안에서 심오한 질문에 대한 답을 들을 수도 있다. 에너지를 운용하는 훈련된 에너지 힐러가 되어 인류를 돕는 길로 나아갈 수도 있다.

당신에게 잠재된 살아 있는 능력을 계발하고 싶은 생각이 드는가? 그렇다면 이제 나의 개인적인, 내 삶을 통째로 바꾼 강력한 선물을 어떻게 처음 만났는지 이야기하겠다.

본연의 치유력 발견하기

나는 20대 중반에 하늘이 무너지는 일을 온몸으로 겪으며 본연의 치유력을 발견했다. 어제까진 별일 없이 괜찮았는데, 의사를 만난 후 내 삶은 그대로 멈춰 섰다. 의사는 아무도 듣고 싶어 하지 않는 사망 선고와 같은 진단을 내렸다. "암이 있네요."

　자궁경부암이었다. 돌아보면, 혼란스러웠던 어린 시절부터 문제는 비롯되었다. 나는 근친상간의 성적 학대 가정에서 자랐다. 힘든 감정을 어떻게 다루는지 전혀 알지 못했기에, 깊고 어두운 중독의 늪에 빠졌고, 무질서한 행동으로 감정을 파묻었다. 10대 사춘기부터 성인이 될 때까지 술과 약물에 의존했고 고통을 잊기 위해 위험천만하고 아슬아슬한 삶을 살았다.

　20대 초반, 나는 일에 중독되었다. 로스쿨을 졸업하고 변호사가 되었으며, 운동광으로 암벽등반, 스키 레이싱 등 극한 스포츠를 즐겼다. 모델 일도 하며 몸을 44 치수 이하로 유지했다. 삶은 계속 앞으로, 앞으로 나아가야 했다. 담배와 술, 신경안정제, 다이어트 음료를 달고 살았다. 내면의 아픔을 마주하지 않고 늘 다른 곳으로 눈길을 돌렸다. 내 얘기는 하고 싶지 않았다. 생각도 하기 싫었고, 다른 사람이 아는 것도 싫었다. 어딘가로 가버리고만 싶었다.

　그런데 충격적인 암 진단을 받은 것이다.

　당시 자궁경부암은 수술 외엔 치료할 다른 방법이 거의 없었다.

그러나 내 마음속에서는 분명 다른 방법이 있으리라는 생각이 들었다. 의사를 만나 수술을 결정하기까지 생각할 시간을 얼마나 줄 수 있는지 물었다. 그렇게 해서 몇 달이란 시간을 얻었다. 그 시간 동안 해야 할 일을 하기로 했다.

나는 중독적인 일상을 끝내야 한다는 사실을 깨달았다. 12단계 프로그램Twelve-step program[1]을 수소문했다. 내가 살던 작은 마을에서는 누가 뭘 하는지 금방 다 알았다. 말 많은 동네에서 알코올 중독자라는 소문이 돈다는 것은 끔찍한 일이었다. 주변의 그 누구도, 같이 일하는 동료조차도 몰랐다. 프로그램에 처음으로 참여한 날의 기억이 아직도 생생하다. 다른 알코올 중독자들과 마찬가지로 별일 없이 잘 사는 것처럼 보이고 싶었다. 그래서 화려하게 차려입고 카우보이 부츠로 잔뜩 멋을 부렸다. 도착해서 문을 열고 들어갔을 때, 나는 놀라지 않을 수 없었다. 지역에서 함께 활동하던 변호사 세 명을 바로 알아볼 수 있었다. "어머, 몰랐네요…." 그들도 놀라는 얼굴로 말했다. "저희도 몰랐네요…." 첫 번째 모임에서 '평온을 비는 기도Serenity prayer[2]'를 외울 때 나는 영적인 기

---

1 중독, 강박 또는 기타 행동 문제로부터 회복하기 위한 행동 과정을 설명하는 일련의 지침이자 상호 원조 단체를 뜻한다. 1930년대에 알코올 중독자 치료모임 Alcoholics Anonymous 회원들이 알코올 의존에서 회복하는 방법으로 처음 제안했다.

2 "God grant us the serenity to accept the things we cannot change, courage to change the things we can, and wisdom to know the difference."(신이여, 우리가 바꿀 수 없는 것을 받아들일 수 있는 평온함, 바꿀 수 있는 것을 바꿀 수 있는 용

틀을 다시 바로 세웠다. 가톨릭 가정에서 자라며 예수님 및 성인들과 깊이 연결된 경험이 있었기에, 비록 10대 때 완전히 관심을 끊기는 했지만 신성한 힘과 다시 연결하는 것이 어렵지 않았다.

술과 약물을 끊고, 감정에 충실하기로 했다. 파묻어 놓은 감정이 암과 연관되었다고 생각했다. 너무 오랫동안 묻어두었던 감정들이 이제 밖으로 나가겠다고 아우성을 쳤다. 치유를 위해서는 파묻어 두었던 감정을 되찾아야 했다. 나는 그때그때 느끼는 감정을 노트에 적기 시작했다. 감정이 느껴지면 곧바로 업무용 법률 노트 가장자리에 그 감정의 이름을 적었다. 질투, 분노, 두려움, 수치심 등. 내 안에 나도 모르는 다양한 감정이 들끓었다.

나의 내면을 더 자세히 살펴보고자 명상을 시작했다. 명상은 지금까지도 활발하게 꾸준히 하면서 큰 도움을 받고 있다. 내면의 마음을 풀어내는 글쓰기를 시작하자 어린 시절 아픔이 봇물 터지듯 쏟아져 나왔다(그때 쓴 글이 첫 베스트셀러인 《진실이 치유한다Truth Heals》이다).

치유의 일환으로 침을 맞고, 마사지도 받다가 에너지 의학energy medicine을 알게 되었다. 처음 마사지를 받으러 간 날, 마무리 단계

기, 그리고 그 차이를 분별할 수 있는 지혜를 우리에게 주소서.) 미국 신학자인 라인홀드 니부어Reinhold Niebuhr(1892~1971)가 널리 알린 기도문으로, 알코올 중독자 치료모임(AA)과 12단계 프로그램 등에서 채택하고 있다.

에서 불현듯 "에너지 치유를 받으면 도움이 될 것 같아요. 이분 소 개해드릴게요. 연락해보세요"라는 권유를 받았다. 그날 밤, 잠이 오지 않았다. 이후 몇 날 밤을 크게 격동하며 잠을 설쳤다.

소개받은 연락처로 전화를 하고 세 시간을 운전해 에너지 힐러 를 만났다. 대기실에서 처음 만났는데, 나처럼 비즈니스 정장을 입고 진주 목걸이를 한 차림이었다. 그녀는 내가 직관적으로 안심 할 수 있도록 일부러 정장을 입고 있었다. 침대에 누워 치유를 받 는 동안 놀라운 변화가 일어났다. 집중하는 에너지가 느껴지면서 평온해졌고, 다시 태어나는 기분이었다. 내 기억으론 처음으로, 가장 오랫동안 요동치던 감정과 영혼이 치유되며 평화가 유지되 는 느낌이었다. 치유를 받는 동안 몸에도 암을 이겨낼 힘이 생겼 다. 힐러를 세 번째 만난 날 치유를 받으며 몸에 큰 변화가 일어나 고 있음을 감지했다. 다음 날, 나는 담당 의사를 만나 검진을 받고 더는 의료상 치료가 필요하지 않다는 말을 들었다. 이렇게 나는 '자발적 완화spontaneous remission'[3]를 경험했다. 에너지 치유를 받 으며 몸소 겪은 변화였다.

이후 치유의 놀라운 힘을 더 알고 싶었다. 그래서 지난 수십 년 간 다양한 스승, 샤먼, 힐러를 만나 공부하고 수련했다. 서양의 영

---

3 자발적 회복 또는 자발적 완화란 일반적으로 진행되는 질병의 예기치 않은 개선 또는 치료를 말한다.

지주의 크리스천부터, 동양의 선지자, 인디언 전통 샤먼, 남미 샤먼의 가르침을 받았다. 치유의 힘에 대해 닥치는 대로 공부했다. 치유 에너지를 다룰 수 있기를 희망했고 다른 사람과 나누고 싶었다.

치열하게 공부한 끝에 에너지 치유를 가르치는 사람이 되었다. 내 기법은 몸을 통해 발현되기 시작했다. 지금은 워크숍에서, 강의를 하면서, 온라인 강좌를 통해서 치유 지식을 전수하고 있다. 그러나 아직 만족하지 않는다. 에너지 치유는 모든 사람에게 꼭 필요한 선물이다. 모두가 이 사실을 반드시 알았으면 좋겠다.

이런 마음에서 이 책을 썼다. 당신이 삶에서 내면의 치유력을 활성화할 수 있도록, 또 주위 많은 사람의 삶을 풍성하게 할 수 있도록 워크북을 만들기로 했다. 작은 조약돌이 연못에 물결을 일으키듯이, 에너지 치유의 힘은 치유하는 사람들 안에서 확장하며 세상을 치유하는 시작이 될 수 있다.

당신의 이야기

어쩌면 당신은 삶에서 겪은 트라우마를 억누르고 불편한 감정을 내면에 꽁꽁 싸두면서 힘들어하는 상황에 있을 수 있다. 그 영향으로 불안증이나 불면증에 시달리거나 설명할 수 없는 체중 증가를 경험하고 있을지도 모른다. 당뇨, 고혈압, 천식 같은 증상이 생기면 의사는 부작용이 발생하는 약물치료를 권하고 당신은 기약 없는 만성질환의 길로 들어서게 될 수도 있다.

이유 없이 아프고, 지겹도록 계속 아프고, 피로한 삶이 이어진다. 삶은 무미건조하다. 그런데 도대체 뭘 어떻게 해야 삶이 바뀌는지 알 수가 없다. 다른 파트너를 만나거나, 다른 일자리를 알아보거나, 다른 의사를 찾아가거나, 다른 곳으로 이사를 가면 해결될까, 확신이 없다. 이내 불안, 초조, 우울, 분노를 잠시 잊게 해주는 그 무언가를 끊임없이 탐닉하게 된다.

이제는 자신을 파괴하는 행동을 중단하고, 자기연민에서 빠져나와, 막다른 곳에 선 느낌에서 벗어날 수 있다. 자유롭고, 훨씬 나은 삶을 향해 나아갈 수 있는 길이 있다.

현대 의학이 더욱 전문적으로 세분화하고, 전문가들이 특정한 증상을 다루는 데 매우 숙련된 것은 사실이다. 또 현대 의학 대부분은 제약 업계의 지원과 함께 진화했다. 다만 그들은 전체 그림을 보거나 전인적 치료를 하지 않는다. 감정적, 심리적, 영적인 문제를 일으키는 지점까지는 살펴보지 않는다. 그래서 에너지 의학의 도움이 필요한 것이다.

에너지 치유는 삶을 바꾼다

에너지 치유는 신체, 심리, 감정, 영적인 영역 모두에서 삶을 개선할 수 있다. 매우 거창하게 들리겠지만, 사실이다. 에너지 장에 저장된 감정 찌꺼기를 정화하고 더 높은 진동 에너지를 끌어오는 방법을 알고 나면, 훨씬 밝아지고 건강하고 행복해진다.

신체를 인식하고 우주 전체와의 연계성을 이해하며 자신의 존재를 더욱더 높고 넓게 깨닫게 된다. 변화를 두려워하지 않고 원하는 변화를 만들어낸다. 에너지 치유는 자연스러우면서 부작용 없는 기법이며 총체적 관점에서 치유를 돕는다. 또 물리적 증상의 진행을 막는다. 내면의 힘이 활성화되면 자가 치유도 가능하다. 건강을 회복하고 재정 상태가 좋아지며 관계에서 삐걱거림이 없어진다. 편안한 감정으로 살 수 있고, 환경도 나아진다.

단 의학적 치료나 해당 분야 전문가의 도움을 함께 받기를 권한다. 아프다면, 이미 문제가 신체로 드러난 것이기 때문에 의료적 처치와 함께 다양한 대안적 치료를 병행하길 바란다. 모든 의료진의 지식과 지혜, 기술이 필요하다.

당신 안에 잠자고 있는 치유 에너지가 깨어나면, 삶을 치유하고 바꾸는 더 많은 방법이 있다는 것을 알게 된다. 에너지 치유는 전인적으로 접근하며 몸과 마음, 가슴과 영혼 사이의 연결 고리를 들여다본다.

2

에너지를 포용하고 확장하기

상상해보자. 당신은 주말에 좋아하는 바닷가에 온다. 곧바로 바다로 달려간다. 신발을 벗고 따뜻한 모래 위를 맨발로 걷다가 바닷물이 밀려오는 곳에서 멈춘다. 바다를 바라본다. 바닷바람을 타고 날리는 머리카락이 얼굴에 닿는다. 파도가 바위에 부딪치는 소리가 들린다. 파도가 밀려올 때마다 두 발은 차갑게 젖은 모래 속을 비집고 들어간다. 바다 냄새가 풍기고 얼굴에 튀긴 바닷물이 짭조름하다. 습기를 머금은 따뜻한 공기가 피부를 달콤하게 매만진다. 멀리, 흰색 보트가 푸른 하늘을 배경으로 떠간다. 어린 시절 자주 와본 이곳에서 동심이 되살아난다. 아…. 천국이다.

이 상상은 모든 감각을 사용하여 당신 안과 밖 주변의 에너지를 느끼는 방법을 보여준다. 시각, 청각, 후각, 미각, 촉각 등 오감은 물질세계를 탐구하는 통로이다. 우주 에너지 장은 주위 환경과 우리가 만나는 사람들을 통해서 경험할 수 있다. 어느 날은 청명하게 맑은 날의 바닷가처럼 에너지 장이 편안하게 느껴지기도 하고, 어느 날은 거칠고 요동치듯이 느껴지기도 한다. 완벽한 날씨의 멋진 바다에서 갑자기 누군가 "상어다!"라고 외친다면, 좋았던 기분은 공포로 얼어붙고 걸음아 날 살려라, 꽁무니 빠지게 도망갈 수밖에 없다.

오감 외에도 육감인 직관, 즉 지각을 채우는 '직감'이 있다. 바닷가에 서서 바닷물이 발가락을 간질이는 와중에 불길한 예감이 든다. 이 멋진 천국에서 뭔가가 꺼림칙하다. 그때 누군가 '상어다!'라고 소리친다. 상어를 직접 목격한 건 아니지만 앞서 이미 위험을 알아채고, 직관적으로 어딘가 균형이 맞지 않는다고 감지한 것이다.

개인 에너지 장을 알아보자

당신의 에너지 장은, 몸을 통과하는 동시에 몸 주위를 둘러싸는 에너지로 이루어져 있다. 이 에너지 장을 '오라aura'라고도 부르며, 이곳에서 전자기 에너지와 빛을 방출한다. 개인 에너지 장은 '차크라chakra'라고 하는 일곱 개 주요 에너지 센터로 형성된다.

차크라는 산스크리트어로 '바퀴' 혹은 '원'을 의미한다. 돌아가는 에너지의 중심점은 신경 다발이 밀집하며, 이를 통해 주요 장기와 분비샘을 연결하고 감정적, 영적 에너지도 저장한다.

일곱 개 주요 차크라는 긴 기둥처럼 생겼는데 척추 밑 부분에서부터 머리 위 정수리로 이어진다. 첫 번째인 뿌리 차크라는 생존과 관련되어, 몸의 건강과 직결된다. 두 번째인 천골sacral 차크라는 쾌락과 즐거움을 관장하며, 창의성이 발휘되는 곳이다. 세 번째인 태양신경총solar plexus 차크라는 당신의 힘과 의지가 생성되는 용광로이다. 네 번째인 가슴 차크라는 자기 자신을 사랑하는 자리이다. 다섯 번째인 목 차크라는 목에 있고, 표현의 중심부이다. 여섯 번째인 제3의 눈 차크라는 영적 통찰력과 직관 에너지를 관장한다. 일곱 번째인 정수리 차크라는 더 깊은 '진리와 앎knowing'이 빛나는 곳으로 근원과 연결되는 중심이다.

차크라는 당신에 대해 많은 정보를 제공한다. 하위 세 차크라는 신체의 안전과 생존에 관한 정보, 당신 자신과의 관계, 타인과의 관계, 자신의 힘과의 관계를 알려준다. 네 번째 가슴 차크라는 전체적인 시스템 균형을 유지한다. 하위 세 차크라와 상위의 영적인 세 차크라를 연결하여 근원과 만나도록 하는 센터이다. 에너지 장에 불균형이나 왜곡이 생기면, 차크라가 알려준다. 시간이 지나면 에너지 장에서 발생하던 현상이 신체적 증상으로 나타난다.

당신이 세상을 항해하는 방법은 에너지 센터인 차크라가 어떻게 작동하는지를 보면 바로 알 수 있다. 예를 들어, 매릴린 먼로Marilyn Monroe의 에너지는 압도적으로 두 번째 차크라에서 나왔다. 그녀는 관능으로 세상을 바라보고 그 안에서 행동했다. 나폴레옹 보나파르트Napoleon Bonaparte는 주로 힘과 의지 센터인 세 번째 차크라에 머물렀다. 마틴 루서 킹Martin Luther King Jr.은 다섯 번째 차크라를 통해 삶에 접근했다. 또 달라이 라마Dalai Lama는 일곱 번째 차크라의 에너지가 강하다.

펜듈럼으로 차크라 확인하기

에너지 치유 능력을 일깨우려면 인간 에너지 장을 먼저 경험해봐야 한다. 가장 쉬운 방법은 펜듈럼을 사용하는 것이다. 펜듈럼은 간단한 도구로, 가까운 거리에서 일어나지만 지각하기 어려운 에너지의 움직임에 반응한다. 누구나 쉽게 사용할 수 있는 유용한 도구이다. 악기를 배우는 것처럼 연습하면 된다.

펜듈럼에는 줄이 달려 있어, 에너지 센터인 차크라의 위치를 알려주고, 움직임을 보여준다. 펜듈럼을 차크라 바로 앞에 놓으면, 그 차크라에서 에너지가 흐르는 방향을 따라 움직인다. 크리스털, 유리, 금속, 나무 등 다양한 재질로 만드는데, 경험상 차크라 테스트용으로 가장 효과적이고 안전한 펜듈럼은 너도밤나무로 만든 원뿔꼴

모양의 펜듈럼이다. 크리스털 또는 금속 펜듈럼은 구하기는 쉽지만, 제대로 사용하려면 훈련을 많이 해야 하고, 잘못하다간 차크라를 찢을 수도 있다. 에너지가 손상될 수도 있으니, 전문가의 지도를 받아 충분히 연습한 후에 사용할 것을 권한다.

처음 당신만의 팬듈럼이 생기면, 주머니나 가방에 며칠 동안 지니고 다니면서 자신의 에너지와 공명할 수 있게 한다. 펜듈럼을 정화하고 충전하려면, 보름달이 뜬 맑은 날 달빛을 받으면 좋다. 상대방이 당신의 차크라를 측정하는 경우를 제외하고는 다른 사람에게 자기 펜듈럼을 빌려주지 않아야 한다.

에너지 장 확인하기

에너지 센터를 확인할 수 있는 연습이다. 펜듈럼을 준비한다. 측정할 사람을 구하고 차크라 위치를 알려주는 그림을 준비한다(29쪽 차크라 그림 참고).

바르게 눕는다. 소파나 침대보다는 부엌 식탁이나 마사지 테이블이 좋다. 차크라 위로 10센티미터 거리에 펜듈럼을 놓는다. 펜듈럼이 몸에 닿지 않게 한다. 잠시 후면 펜듈럼이 움직인다. 반복적인 패턴으로 움직일 때까지 10초 정도 기다린다. 펜듈럼이 어떤 방향으로 움직이든, 미리 특정 결과를 기대하지 않는다. 상대방의 차크라를 실험한 후, 역할을 바꿔 서로 측정한다. 어떤 결과가 나오든 받아들이는 마음가짐이 중요하다.

처음이라면 펜듈럼의 방향은 측정하는 사람이 보는 위치를 기준으로 정한다. 차크라 위에서 펜듈럼이 움직이는 방향은 각각 다른 의미를 지닌다.

● 시계 방향으로 움직이면, 열려 있고 균형이 잘 잡힌 에너

지를 의미한다.

- 시계 반대 방향으로 움직이면, 차크라가 막혀 있고 정화가 필요한 부정적 영향이 있음을 나타낸다. 아무런 움직임이 없다면 차크라가 닫힌 상태이다.
- 타원형 모양으로 움직이면, 에너지 흐름의 균형이 맞지 않은 경우이다. 움직임이 왜곡되었을 때 해당 차크라가 손상되었음을 암시한다.
- 펜듈럼이 보여주는 원의 크기는 해당 차크라에서 에너지가 어느 정도로 흐르는지를 알려준다. 모든 차크라의 크기가 비슷해야 이상적이다.

차크라와 관련한 나의 경험을 살펴보면 이 연습이 어떤 도움이 되는지 이해할 수 있을 것이다. 개인 내담자를 만나던 때였다. 마리아는 등 윗부분의 통증을 호소했다. 차크라를 감지하고 펜듈럼으로 확인해보니, 하위 차크라는 모두 정상인 반면, 네 번째 차크라가 꽉 막힌 상태였다. 부부관계가 악화하자, 그녀는 상처를 받았다고 느껴 가슴 차크라를 닫았다. 차크라는 감정 상태 및 세상을 보는 신념을 투사한다. 차크라가 잘못된 방향으로 움직이거나 닫혔다면, 에너지가 왜곡되었음을 뜻한다. 당신이 세상에 보내는 메시지도 그만큼 왜곡되었다는 뜻이다. 가슴 차크라가 닫힌 경우, 세상에 보내는 메시지는 대부분 '나는 사랑스럽지 않아. 사랑할 가치가 없어'라고 말할 뿐이다.

이런 상태에서는 새로운 관계를 원한다고 외치고 다녀도, 에너지가 열리지 않았기 때문에 새로운 관계가 형성되지 않는다. 가슴 차크라의 균형을 맞추고 다시 바르게 순환되게 하자 마리아는 전남편에 대한 분노를 내려놓았다. 가슴 차크라는 즉시 제대로 돌기 시작했다. 몇 주 후, 마리아를 다시 만났을 때, 이제는 등을 아파하거나 힘들어하지 않았다. 마리아는 곧 누군가를 만나고 새로운 관계가 다가올 것임을 감지했다.

사는 동안 우리는 모두 에너지 장과 차크라의 막힘을 경험한다. 노력 여부에 따라 에너지 장을 인지하고, 에너지가 어떻게 흐르는지, 어디가 언제 어떻게 막혔는지를 감지할 수 있다. 천천히 이 책을 읽어나가는 동안, 이 사실을 점차 인식하게 된다. 우주 에너지를 꾸준히 차크라, 에너지 장, 몸으로 흐르게 하면 가장 효과적으로 건강이 유지된다. 우주 에너지 장과 당신의 에너지 장이 서로 소통하게 되면 건강한 몸을 만들 수 있다.

3

몸의 활력을
강화하기

건강이란 내면의 균형을 이루고, 환경과 활발히 소통한 결과이다. 다시 말해, 에너지 균형이 원만하고 에너지가 원활하게 흘러야 건강하다. 건강하면 주변 사람 및 주위 상황과 조화롭게 에너지를 교류한다. 에너지가 정체되고 막히면, 감정 균형이 깨지거나 몸이 아프다.

예를 들어, 부모님 중 한 분이 세상을 떠나셨다고 가정해보자. 적절히 슬픔을 표현하며 받아들일 틈을 두지 않고, 감정을 억누르며 장례식에 참석하고 다음 날 월요일에 출근한다고 치자. 이 절절한 감정을 몸이나 심리 체계 어딘가에 묻어두면, 결국 안에서 곪고 만다. 한 달 후, 1년 후, 5년 후, 몇십 년 후 언젠가 슬픈 감정을 막아 시작된 큰 질환을 발견하고 치료하게 된다. 현대사회는 부정적 감정을 어떻게 다뤄야 하는지 가르쳐주지 않는다. 부정적 감정이 에너지 장과 몸 안에 낮은 진동으로 소화되지 않은 채 남아 있으면 언젠가 악영향을 미치게 된다.

모든 것은 진동한다

당신은 진동하는 존재이다. 우리는 끊임없이 밖으로 진동을 내보낸다. 당신의 에너지 장은 꾸준히 외부 진동의 영향을 받으며, 주변의 사람 및 사물과 상호작용한다. 주변 환경의 진동 에너지를 받고 또 반응한다. 당신은 10대 시절 어머니에게서 "그런 날라리들과 어울리면, 걔들과 똑같이 된다"라는 훈계를 들어봤을 것이다. 아마도 어머니는 어떤 부류의 아이들과 어울려 다니는지 집에 돌아온 당신의 에너지 장으로 감지하셨을 것이다. 어울리는 대상의 진동에 맞추기 위해 당신의 에너지 장이 낮아졌기 때문이다. 우리 몸을 구성하는 세포, 장기, 소화기, 호흡기 등에도 각각 고유한 진동수가 있다. 의식 또한 진동하며. 진동이 빠를수록 의식은 더 높아진다. 벽은 매우 느리게 진동하며 단단한 고체로 인식하게된다. 직접 만난 적이 있는 동양의 작고하신 한 선지자는 자기 진동을 높은 주파수로 올려서 벽을 통과하기도 했다.[1] 근저에는 오상의 성 비오Padre Pio 신부님이 있다. 이 겸손한 이탈리아 성직자는 1960년대에 유명을 달리했다. 지워지지 않는 성흔stigmata과 공중 부양, 공간이동을 목격했다는 설이 있다.[2]

몸이 에너지 장에서 형성된다는 사실은 중요한 정보이다. 몸이 만들어지기 이전에, 높은 에너지 차원의 에테르 템플릿etheric template이 어떤 사람이 되고자 하는 이번 삶의 교훈을 먼저 설정하고, 그 설정에 따라 몸이 형성되기 때문이다. 에너지 장에서 막힘이나 왜곡이 발견되면, 질병이 몸으로 발현되기 전에 에너지 차원에서 먼저 다룰 수도 있다는 뜻이다.

에너지 장의 다양한 층위

인간의 에너지 장은 당신이 상상하는 것보다 훨씬 복잡하다. 에너지 장은 일곱 개의 주요 층으로 구성되며, 몸을 관통하는 동시에 서로 정교하게 연결된다. 에너지 장의 각 층은 하위층보다 더 높은 진동으로 몸에서 밖으로 뻗어 나간다. 이렇게 오라 장이 형성된다. 훈련을 하면 당신을 둘러싼 빛나는 광선도 감지할 수 있다.

홀수 층인 첫 번째, 세 번째, 다섯 번째, 일곱 번째 층은 빛의 선으로 보인다. 두 번째, 네 번째, 여섯 번째 층은 형태가 없고 구름 같은 에너지로, 층마다 색과 밀도가 다르다. 짝수의 구름 같은 층은 구조적인 홀수 층에 의해 유지된다. 에너지 장의 모든 층은 서로 소통하면서 몸에 생명 에너지를 공급한다.

　에너지 장의 특정 부분이 충분하지 않거나 힘이 떨어진 상태라면, 삶에서 겪는 일이 힘들어질 수 있다. 에너지 장 층이 오랜 시간 불균형 상태로 이어지면 몸에 이상이 온다. 몸은 에너지 장에서 시작되므로, 에너지 장의 균형이 맞지 않거나 왜곡되면 몸에 부정적인 영향을 미친다. 에너지 장의 불균형을 다시 교정하면, 몸도 긍정적으로 반응한다. 에너지 장을 조율하면, 잠재적 질병이 몸에 발현되지 않을 수 있다. 그래서 종종 에너지 장 구조를 새로 다듬거나 균형을 잡고 충전하는 작업이 매우 중요하다.

　에너지 장은 다음과 같은 층들로 구성되어 있다.

에테르층 etheric level 몸에 가장 가까운 층이다. 피부에서 겨우 몇 센티미터 떨어져 있다. 홀수 층이며 밝은 청색 빛의 구조적 선으로 보인다. 이곳에서 고통과 쾌감 같은 신체적 감각을 감지한다. 신체 활동이 많으면, 이 첫 번째 층이 강해진다. 신체 활동이 적으면, 선이 얇고 희미하며 채도가 탁한 파란색이 된다. 몸을 잘 관리할수록 더욱 강해진다. 또한 신체 감각을 잘 즐길 수 있게 된다. 몸은 먹기, 냄새 맡기, 보기, 음미하기, 걷기, 춤추기, 수영 등 신체 활동을 통해 내부 및 외부 환경과 직접 접촉하는 것을 좋아한다. 첫 번째 층이 약하면 문제가 생기는데, 먹기는 좋아하고 운동을 싫어하는 경우가 그렇다.

당신의 첫 번째 층이 건강한지 점검해보자. 하루에 적어도 한 시간은 몸을 움직이는가? 아니면 온종일 컴퓨터 앞에 앉아 시간을 보내고 저녁에는 또 TV 앞에 앉아 있는가? 신체 접촉을 좋아하는가? 아니면 안아주는 것도 부끄러워하는가? 몸과 더 잘 연결할 수 있는 방법을 생각해봐야 한다.

감정층emotional level 구름과 같은 감정층은 당신이 자신을 어떻게 느끼고 생각하는지 보여준다. 이곳의 색깔이 밝을수록, 자신을 긍정적으로 생각한다고 보면 된다. 어두운 색은 부정적인 자기 이미지를 의미한다. 감정을 가로막거나 참거나 억누르지 않고 잘 흐르도록 허용하면, 색깔은 움직이면서 계속 변한다. 분노나 두려움 같은 감정에 매달려 있으면, 흐름이 멈추고 정체되고 막힌다. 감정층에만 문제가 생기는 것이 아니라 옆에 있는 첫 번째, 세 번째 층의 건강도 나빠진다. 감정층이 어둡거나 정체된 경우, 당신은 자신을 그렇게 좋아하지 않는다고 볼 수 있다. 자신과의 관계가 건강하지 않다면 잘 살펴봐야 한다.

당신의 상태를 알아보기 위해 다음 질문에 답해보자. 나는 내 느낌에 충실한가? 나는 나 자신을 어떻게 느끼고 생각하는가? 자존감 혹은 자기수용에 항상 어려움을 겪었는가? 자기감정을 소화하는 방식은 괜찮은가?

멘탈층mental level 두 번째 층에서 3~5센티미터 떨어져 있으며, 생각과 정신의 영역이다. 이곳의 선이 강하면, 마음의 활동이 활발하고 명료한 것이다. 선이 약하고 힘이 없다면 명료함이 떨어지고 배움에 관심이 적다는 의미이다. 앞의 두 개 층은 약한데 이 층이 유독 강하다면, 대부분 머리로 살아간다는 뜻이다. 현대인의 경우, 논밭을 일구기보다 사무실에 앉아 머리로 업무를 볼 가능성이 클 수밖에 없다.

문제를 해결하는 방식이 신체적, 감정적 정보를 참고하기보다는 논리적으로 분석하는 편인가? 대부분 머리로 하는 활동, 즉 컴퓨터 작업, 인터넷 검색, 책읽기, 비디오게임 등을 즐겨 하는가? 아니면 텃밭을 가꾸고, 운동하고, 춤을 추고, 악기를 연주하고, 그림 그리는 활동을 자주 하는가?

아스트랄층astral level 모든 사람, 동물, 식물부터 무생물 지구뿐만 아니라 행성, 태양계 및 우주 전체에 이르기까지 다른 영역과 관계하는 곳이다. 두꺼운 액체 같은 느낌이다. 이곳의 진동이 낮고 약한 경우, 액체는 두껍고 어둡게 느껴진다. 통증을 느끼고 피로감을 느끼거나 병을 앓는다. 어떤 작가들은 네 번째 층 에너지를 '바이오 플라스마bio plasma'라고 부르는데, 서로 사랑하거나 좋은 관심을 보이는 두 사람이 주고받는 아름다운 색을 의미한다. 사랑을 담은 파장은 분홍빛 혹은 옅은 빨간빛이고,

짙은 빨강은 분노를, 초록은 부러운 감정을 뜻한다. 아스트랄층이 강하고 건강하면 관계를 잘 맺는 사람이다.

이 층의 건강 상태를 확인하는 질문에 답해보자. 친밀함을 피하려 하는가? 주로 혼자 시간을 보내는가? 다른 사람에게 별로 관심이 없는가? 모든 질문에 '예'라고 답했다면, 당신의 네 번째 층은 약한 상태이다. 이 사실을 자각할 수 있는지가 중요하다. 천천히 상황을 받아들이자. 자신에게 친절하게 대해야 한다.

에테르 템플릿etheric template 신성한 의지가 흐르는 층으로, 첫 번째 층인 에테르층의 청사진(설계도)과 같다. 몸을 형성하는 틀이며 몸에서 30~60센티미터 정도 떨어져 있다. 이 층에서 영적 가이드(11장 참고)를 만날 수 있다. 순수한 의도pure intention의 영역이며 에너지 치유가 이루어지는 층이다. 감정이 배제된 층으로 정확한 규칙과 기호를 발견한다. 신성한 의지와 정렬하면 주변 세상과 연결되어 있음을 알게 되고 적정한 시간, 적정한 장소에 놓인 자기 여정을 인식한다. 이 층이 약하면 어울리지 못한다고 느끼고 지금 있는 장소, 하는 일, 삶이 편안하지 않다.

맞는 길을 가고 있다고 여기는가? 소속감을 느끼는가? 살면서 하는 일에 신성한 의지가 반영되고 흐르는가? 잘 점검해보자.

천상층celestial body 신성한 사랑의 층이며 몸에서 60~90센티미

터 떨어져 있다. 아름다운 무지갯빛이 빛나는 고주파수 층이
다. 이곳이 건강하고 잘 발달하면 선명한 색의 직선 빛을 비추
며 영적으로 행복한 경험을 한다. 여섯 번째 층이 너무 약하고
힘이 없으면, 영적 훈련이 더욱 필요하거나 영적인 트라우마를
겪은 상황일 수 있다. 다른 층보다 훨씬 강하다면, 신체를 외면
하는 왜곡된 삶을 사는 중일 수 있다. 이 또한 좋은 상태는 아니
다. 살기 위해서는 몸이라는 자동차가 필요하다. 이 층은 쉽게
고갈되므로 매일 수시로 채워줘야 한다. 하루에 20분 명상이면
재충전할 수 있다.

당신은 영적인 경험을 하고 있는가? 명상하거나 기도하거나 챈
팅을 하면 기쁨을 느끼는가? 명상으로 이 층을 재충전해야 한
다는 사실을 기억해야 한다.

케테르 템플릿 ketheric template(또는 **원인체**causal body) 금색 선의 높은
파장으로 몸을 달걀 모양으로 둘러싼 금빛 보호막 층이다. 몸
에서 90~120센티미터 떨어져 있으며 전체 에너지 장을 한데 묶
는 곳이다. 이곳은 신성한 마음divine mind 층으로 진리와 마주
한다. 텔레파시 소통이 가능하며 당신 자신과 다른 사람을 의식
안에서 인식하고 '앎knowings'이 공명한다. 일곱 번째 층이 건강
하면 세상에 자기 자리를 강하게 뿌리내릴 수 있다. 세상을 긍
정적인 방향으로 이끄는 중요한 프로젝트를 수행할 힘이 생긴

다. '큰' 생각을 하는 사람이 되고, 신성한 생각과 연결된다. 이 층이 건강하지 않으면, 선이 약하고 색이 어둡거나 찢긴 상태일 수 있다. 이것은 완벽주의자가 자신의 완벽하지 않은 인간적인 면을 받아들이려 하지 않는 상황에 해당한다.

당신은 창의적인 아이디어를 구체적으로 실현하는 데 어려움을 느끼는가? 자신에게 매우 엄격한가? 인간적인 실패를 받아들이는가? 잘 생각해보자.

인간 에너지 장의 큰 그림을 살펴보았으니, 이제 차크라에 대해 알아보자. 차크라는 에너지 센터로서 인간 에너지 장의 주요 핵심을 이룬다.

4

첫 번째,
두 번째 차크라

내면의 치유력은 에너지로 움직인다. 이 에너지는 차크라라고 부르는 일곱 개 주요 센터에 집중되며 에너지 장에서 발견된다.

차크라는 척추 아래에서 시작해서 머리 정수리로 올라간다. 첫 번째는 뿌리 차크라로, 생존 및 안전과 연결된다. 두 번째는 천골 차크라로, 욕망과 매혹이 들고 나며 즐거움을 관장한다. 세 번째는 태양신경총 차크라로, 자기 힘과 자존감의 자리이다. 네 번째는 가슴 차크라로, 자기애와 타인에 대한 자비심이 샘솟는 자리이다. 하위 세 개 차크라와 상위 세 개 차크라를 연결하는 다리이기도 하다. 다섯 번째는 목 차크라로, 소통과 표현의 중심이 되는 곳이다. 여섯 번째는 제3의 눈 차크라로, 직관과 통찰력 에너지가 운용되는 곳이다. 일곱 번째는 정수리 차크라로, 환한 영적 센터이며 근원과 연결해주는 곳이다.

에너지 장은 이 일곱 개 에너지 센터를 통해 흐르고 모인다. 차크라가 열려 있으면, 에너지는 쉽고 편안하게 흐른다. 그러나 누군가 감정적, 심리적으로 당신을 곤란하게 한다고 해보자. 친구들 앞에서 부모님이 망신을 주거나, 남자친구가 관심을 보이지 않을 수도 있다. 이처럼 난처할 때, 감정을 소화하지 못하고 붙들고 있으면, 에너지는 흐르지 못하고 막힌다.

이제 차크라에 대해 자세히 알아보자. 이상 신호는 무엇인지, 몸에 병을 불러오는 막힘을 어떻게 해소하는지, 건강한 에너지가 흐르게 하려면 어떤 방법이 있는지 등을 찾아보고, 각 차크라의 원형과 점성학적 연관성을 살펴본다. 차크라는 건강한 삶을 위해 중요한 부분이다. 첫 번째, 두 번째 에너지 센터부터 알아보자. 이 두 곳은 생존과 움직임을 관장한다.

첫 번째 차크라-생존

자기 자신과 다른 사람, 세상을 위한 에너지를 쓰기 전에 먼저 당신 과거의 뿌리를 탐구하고 자신의 존재 이유를 알아야 한다. 생존의 본능은 척추 맨 아랫부분에 있는 첫 번째 차크라의 주요 성격이다. 뿌리 차크라라고 부르는 이유는 이곳에서 땅으로 연결되고 상위 차크라를 지탱해주기 때문이다. 모든 차크라에는 통치 원리가 있는데, 첫 번째 차크라의 통치 원리는 기반이다. 첫 번째 차크라는 산스크리트어로 물라다라mūlādhāra라고 하며, 뿌리를 지원한다는 의미이다.

건강한 첫 번째 차크라는 빨갛고, 열려 있고, 윙 소리를 낸다. 어머니 대지Earth Mother의 화산 에너지를 간직한다. 당신의 발바닥 위로, 다리 위로, 그리고 첫 번째 차크라로 에너지가 올라온다. 대지에 머무르며 몸을 건강하게 연결해준다. 첫 번째 차크라 에너지가 자유롭게 흐르면, 당신은 안전하다고 느낀다. 안전하게 땅과 연결되어 지금 여기에 있다.

첫 번째 차크라는 대지 요소로 당신의 삶을 지지하고 지탱하는 구조이다. 다리와 발이 땅에 뿌리내린다고 생각해보자. 좌골신경은 뿌리 시스템이다. 첫 번째 차크라 근처에서 시작하여 발아래로 내려가 신경계와 지면을 연결한다. 끊임없는 중력이 당신을 땅으로 끌어당긴다. 뿌리에는 남성적·여성적 힘이 공존한다. 땅에 침투하여 토양에서 자양분을 끌어 올린다. 중심을 단단히 땅에 뿌리내릴 수 있고 영양이 공급되면, 기반이 단단해진다.

첫 번째 차크라의 가장 큰 장애

안전하다고 느끼지 않을 때, 지구에 속하지 않는다고 느낄 때,

신체 및 자연의 세계와 단절되었을 때, 우리는 에너지를 잃고 존재에 대해 걱정하기 시작한다. 첫 번째 차크라 에너지를 자유롭게 흐르지 못하게 하는 가장 큰 장애는 두려움이다. 두려움은 다양한 형태로 들어온다. 안전하지 않은 두려움, 가족과 섞이지 못하는 두려움, 친구와 혹은 사는 지역과 연대감이 사라지는 두려움, 일과 돈의 두려움, 홀로 남는 두려움, 죽음의 두려움 등이 있다.

첫 번째 차크라의 건강

중심이 잡히고 땅에 연결되면, 첫 번째 차크라는 균형을 이룬다. 당신은 몸을 돌보고, 온전히 살아 있음을 느낀다. 에너지가 첫 번째 차크라를 통해 쉽게 흐르면, 건강한 삶을 살고자 하는 의지가 생긴다. 모든 요소 중 가장 밀도가 높은 땅은 뼈, 피, 근육, 몸의 털에도 영양을 공급한다. 기본 차크라를 통해 안전하고 편안하게 존재한다고 느낀다. 첫 번째 차크라의 감각기관은 코이다. 냄새를 맡는 감각은 땅의 요소와 관련된다. 향긋한 소나무 아래를 걸을 때면 왜 그렇게 기분이 좋은지 알 수 있다.

첫 번째 차크라 문제는 자궁에서부터 시작된다. 태아가 어머니의 두려움과 불안을 흡수하거나 난산으로 태어나면, 첫 번째 차크라에 이상이 생긴다. 어떤 연유에서든 엄마와 유대감이 부족하면 매우 불안정한 기초가 세워진다.

첫 번째 차크라의 핵심은 몸의 안전과 생존이다. 신뢰, 영양, 건강, 가정, 가족과 종족 가운데 어느 것 하나라도 문제를 겪게 되면, 첫 번째 차크라에 영향을 미친다. 첫 번째 차크라를 혼란스럽게 하는 상황은 모든 종류의 학대, 수술, 중대 질병이나 사고, 자연재해, 폭력, 실직, 사는 곳을 바꾸는 일, 부모, 파트너 또는 돌봐주는 사람에게 버려지는 경우이다.

이 차크라에 문제가 생기면 척추 밑부분, 다리와 발, 뼛속 또는 면역 체계에 영향을 준다. 또한 섭식장애, 부신기능저하증[1], 직장암이나 결장암이 나타난다. 첫 번째 차크라를 관장하는 샘gland은 부신adrenal glands[2]이다. 그러나 기본 차크라 근처에 위치하지는 않는다. 첫 번째 차크라는 모두 생존과 관련된다. 음식, 피난처, 안전 또는 수면이 위협받을 때 부신은 상황을 피하는 데 필요한 에너지를 폭발시킨다.

원형

서양의 심리학 측면에서 차크라는 원형archetype 이론으로 살펴볼 수 있다. 스위스의 유명한 정신과 의사인 카를 융Carl G. Jung은 집단 무의식에 원형元型/原型의 개념을 도입했다. 원형은 강점과

---

1   부신의 기능에 이상이 생겨 부신피질에서 분비되는 호르몬(코르티솔)의 분비가 저하되어 발생하는 병.
2   좌우의 신장腎臟 위에 붙어 있는 내분비기관.

약점, 긍정적, 부정적 자질이 투사한 행동 패턴으로 인식된다.

첫 번째 차크라의 왜곡된 원형은 희생자로, 순기능의 원형은 어머니 대지이다. 희생자는 낮은 의식 수준의 에너지이다. 희생자는 외부 누군가 혹은 무언가가 삶의 원인이라고 확신하기 때문에 자신이 운명을 통제할 수 없다. 땅과 연결감을 잃으며 모든 것을 끊임없는 투쟁으로 여긴다. 내면의 중심과 연결할 수 없으므로 영혼이 높이 날 수 없다. 자기의 권한 부여가 단단하지 않으면, 어떤 일이 외부에서 오게 될까 두려워 아무것도 못 한다. 다시 땅과 하나로 중심을 맞추면, 몸이 땅으로 연결된다. 삶에서 일어나는 일을 책임지고 자기 내면에 변화가 필요함을 깨닫게 된다.

긍정적 원형인 어머니 대지는 생명력을 담당하는 능력을 대표한다. 어머니 대지는 땅의 에너지로서 필요한 무엇이든 제공하는 신뢰할 만한 영양 공급원이다. 엄마처럼 필요한 것을 충족해주면, 자기 삶의 균형을 유지할 수 있다.

영적인 면

차크라 시스템은 수천 년 전 베다veda 철학[3]에서 시작되었다. 고대 선지자들은 시스템을 체계화했고, 차크라와 영성의 연결성을 인정했다. 각 차크라는 근원과 연결된다. 몸의 일곱 개 주요 차크

---

3   힌두교를 형성한 고대 전통. 텍스트가 여전히 현대 힌두교에서 사용된다.

라는 종자 음절seed syllable 소리 및 담당 신, 특정 행성과 연관된다.

뿌리 차크라는 쿤달리니Kuṇḍalinī가 쉬는 장소이다. 쿤달리니는 의식 에너지로, 척추 맨 아래에 똬리를 틀고 자는 뱀의 형상을 하고 있다. 이 에너지를 깨우려면, 첫 번째 차크라를 먼저 정화하고 열어야 한다. 다른 모든 차크라는 첫 번째 차크라에서 생성된 에너지의 흐름만큼 에너지를 받는다. 그래서 몸의 모든 병은 첫 번째 차크라와 강하게 연결된다.

첫 번째 차크라의 종자음seed sound은 '람Lam'이다. 이 소리를 만트라mantra처럼 반복하면, 땅의 요소 및 내면의 힘과 강하게 연결된다. 종자음을 옮기는 아이라바타Airavata는 코끼리로 강인함을 상징한다. 코끼리는 무거운 짐을 실을 수 있지만 가르침을 따르는 수행 중에는 겸손하기에 영적인 힘과 강인한 체력이 조화로울 수 있음을 의미한다.

브라마Brahma는 물질세계를 창조하는 힌두교의 신으로, 뿌리 차크라를 관장한다. 첫 번째 차크라의 상징은 네 잎 연꽃이다. 브라마는 인간의 네 가지 측면의 의식(신체적, 감정적, 합리적, 직관적)을 나타내는 네 개의 머리로 묘사된다. 브라마 신을 활용해 자신의 첫 번째 차크라를 열고 정화하기에 앞서, 혹은 다른 어떤 신성을 떠올리기 전에, 가네샤Gaṇeśa[4]를 기억하자. 가네샤는 장애물을

---

4 인도 신화에 나오는, 코끼리 머리를 한 지혜와 행운의 신.

제거하며 모든 일을 착수하기 전에 보호하는 역할을 한다. 코끼리 머리를 한 이 신은 파르바티Pārvati⁵가 자신의 몸에서 진흙을 떼어 내 빚었다고 한다. 첫 번째 차크라의 요소인 대지와 가네샤가 연관됨을 암시하는 대목이다. 파르바티는 힌두교의 주신인 시바Śiva의 아내이자 우주를 창조한 최고의 존재이다.

이들 신神에 관해 좀 더 설명하자면, 서구인들은 힌두교와 티베트 불교 전통의 다양한 신 또는 여신의 개념을 혼란스러워한다. 앞으로 열거할 신을 떠올리면 자신의 종교적인 믿음에 위배되는 것은 아닌지 우려한다. 많은 신들이 저마다 뚜렷한 외형과 개성을 드러내며 등장하지만, 이것은 브라흐만의 다른 형태이다. 즉, 모든 살아 있는 존재의 하나의 궁극을 표현하는 또 다른 모습일 뿐이다. 각각의 신들은 의식의 각기 다른 측면을 상징하며, 특정한 방향으로 주의를 집중하려 할 때 큰 도움이 된다.

점성학적으로 보면, 첫 번째 차크라는 토성 및 지구와 연관된다. 토성은 일을 지연시키고 어려운 일을 극복하게 하는 행성으로 악명 높지만, 영적 성장을 내딛게 하는 엄격하지만 지혜로운 스승이다. 출생 차트를 보고 토성이 내 별자리와 얼마나 가까운 곳에 있는지 확인해보는 것도 도움이 된다. 어려운 자리에 위치한다면, 당신의 첫 번째 차크라 에너지를 가로막을 수도 있다. 꾸준히 수

---

5 시바의 아내이며, 자비의 여신.

행하는 하타요가와 같은 몸 운동으로 토성의 장애를 상쇄해보자.

첫 번째 차크라의 조율은 언제 필요한가?

나는 어린 시절 학대로 인한 외상 스트레스로 항상 불안해했다. 10대에서 20대 시기에는 섭식장애를 달고 살았고, 늘 다리 아랫부분과 무릎에 통증이 있었다. 첫 번째와 두 번째 차크라는 대부분 닫힌 상태였다. 그리고 젊은 나이에 자궁경부암을 진단받았다. 다행히 에너지 치유 덕에 근원적 트라우마의 영향을 제거하고, 필라테스와 같은 운동으로 다시 몸과 연결할 수 있었다.

현재 건강에 이상이 없더라도, 첫 번째 차크라를 정기적으로 점검하여 건강한지 확인해보자. 다음 질문에 정직하게 대답해보라.

- 집중이 어려운가?
- 지나치게 두려운가?
- 공포증이 있는가?
- 항불안제를 복용하는가?
- 책상, 가구 또는 재정 상태 등에 정리 정돈이 필요한가?
- 몸이 약해 지속적인 신체 활동이 버거운가?
- 상황이 바뀌면 매우 불편한가?
- 일하며 종종 다른 생각을 하는가?

세 가지 이상의 질문에 '예'라고 답했다면, 첫 번째 차크라의 정화가 필요하다.

첫 번째 차크라 정화법

첫 번째 차크라를 치유하는 데 도움이 되는 여러 방법이 있다. 예를 들면, 돌을 활용할 수 있다. 첫 번째 차크라의 색깔은 붉은색으로 생명의 피와 활력, 신체적 본질physical nature을 상징한다. 붉은 돌 대부분은 뿌리 차크라와 연관된다. 석류석, 혈석, 루비, 빨간 벽옥, 산호 및 장미 석영은 모두 첫 번째 차크라를 치유할 수 있는 진동을 제공한다. 손바닥에 돌을 올려놓고, 에너지가 당신의 에너지 장으로 흡수되도록 한다. 또는 명상하는 자리 옆 탁자에 돌을 놓고, 첫 번째 차크라로 들어가 치유하는 붉은 에너지를 심상화한다. 제단이 있다면, 돌을 제단에 놓는다.

첫 번째 차크라를 치유하려면 단백질을 많이 섭취해야 한다. 단백질은 땅과 연결하는 데 도움이 된다. 몸과의 연결이 약하거나 느슨하다고 느껴지면, 뿌리채소와 신선한 유기농 소고기 등의 육류를 적절히 섭취하자. 첫 번째 차크라를 건강하게 유지하는 기반이 된다. 단, 너무 많이 섭취하면 몸이 무거워지니 조심한다. 몸이 무거우면 자기 자신이나 타인, 세상을 도우려 할 때 어려움을 겪을 수 있다. 첫 번째 차크라와 현실 세계의 관계가 단단해야 치유가 시작된다.

어머니 대지 위에서 하는 야외활동이나 몸으로 깊이 들어가는 수행을 하면 좋다. 무술, 요가, 필라테스 등이 도움이 된다. 백향목의 향이나 에센셜 오일은 첫 번째 차크라의 균형을 잡아준다. 우거진 숲 냄새가 강한 뿌리로 단단히 서 있는 나무를 떠올리게 한다.

첫 번째 차크라를 정화하는 다른 간단한 방법으로는, 맨발로 걷기나 공원 산책하기, 등산, 춤추기, 단전호흡, 원예, 집 안을 질서 정연하게 정돈하기, 붉은색 옷 입기, '나는 여기에 있을 권리가 있고, 안전하다'는 확언affirmation을 반복하기 등이 있다.

지금 여기에 머물기

우리는 다양한 걱정을 안고 산다. 이번 달 월말 결제 대금을 걱정하거나, 아이들이 좋은 학교에 들어갈 수 있을지 불안해하거나, 꿈꾸는 이상형인 영혼의 짝을 못 만날까 봐 초조해한다. 이런 걱정을 한다면 지금 미래에 살고 있는 것과 같다. 어쩌면 우호적이지 않은 힘든 이혼 조정 과정으로 안달했던 시간을 후회하거나, 어머니가 돌아가시기 전 싸웠던 일을 후회하고 있을 수도 있다. 이런 걱정은 과거에 살고 있는 것과 같다.

현재를 살면 훨씬 좋다. 매 순간을 지금 시점으로 살면 더욱 차분하고 행복하다. 지금, 이 순간을 살면 첫 번째 차크라를 아주 잘 유지할 수 있다. 당근을 자를 때는 나중에 할 일을 걱정하지 말고 눈앞의 채소를 자르는 데에만 주의를 집중한다. 스마트폰 없이 밖을 걸어보자. 자연의 소리, 냄새 및 풍경을 그대로 받아들인다. 잠깐 스트레칭도 하고 몸을 느껴본다. 뻣뻣하거나 통증이 느껴지는 부분에 호흡을 싣는다. 당신은 현재에 살고 있는가? 첫 번째 차크라를 보강하고 지탱하는 연습을 지금 시도해보자. 현재에 살면 훨씬 기분이 좋아진다.

두 번째 차크라 - 움직임

두 번째 차크라는 즐거움의 중심이다. 다른 사람과의 관계, 매력과 욕망에 관한 영역이다. 두 번째 차크라의 통치 원리는 몸의 움직임 및 다른 사람과의 연결이다.

 천골sacral 차크라라고도 하며, 첫 번째 차크라와 배꼽의 중간 지점에 위치하고, 좌골신경을 연결하는 천골 신경절과 소통한다. 두 번째 차크라는 선명한 주황색이며 당신의 감정과 어린 시절을 다루는 곳이다. 창조성의 중심으로 일 또는 취미 예술, 음악, 글쓰기, 스포츠 활동의 창조성이 이곳에서 나온다. 산스크리트어로 스와디스타나Svādhiṣṭhāna라고 하며, 달콤함을 의미한다. 창의적이고 즐거운 것보다 무엇이 더 달콤할까? 첫 번째 차크라의 뿌리가 강하면, 단 열매를 만드는 식물을 든든하게 지탱한다. 더 높은 수준의 명상에 도달하면 입에서 달콤한 맛이 난다. 따뜻하고 따끔거리는 기세가 척추를 타고 올라온다.

두 번째 차크라는 물의 요소와 연결된다. 첫 번째 차크라의 단단한 땅에서 두 번째 차크라의 액체 세계로 이동한다. 두 번째 차크라는 혈액, 눈물, 림프처럼 생명의 본질을 담은 체액과 같다. 지구상의 생명체는 물 없이는 살 수 없다. 첫 번째 차크라는 구조를 세워 자기 자리를 지키게 하고, 두 번째 차크라는 창의력이 흘러가도

록 놓아준다. 감정체emotional body의 기반이자 즐거움의 중심으로, 우리는 이곳에서 감정을 **느낀다.** 마음을 열고, 다른 사람들과 친해지며, 관능적 매력이 자연스레 흐른다. 서양은 항상 성sex에 잘못된 금기를 대입하며 혼란스럽게 대한다. 반면에 동양은 조금 다르다.

차크라 시스템은 몸을 신성시하는 탄트라tantra 철학에서 유래되었다. 탄트라 철학에서는 신성한 근원에서 우주가 형성되고 보존되었다고 보고, 그 안에 있는 모든 것을 신성하게 여긴다. 탄트라는 몸의 감각을 통해 깨달음을 얻을 수 있다고 가르친다. 몸의 감각을 통한 탄트라 수행은 성의 영역을 훨씬 넘어선다. 당신과 당신이 숭배하는 신神이 본질에서 같다고 인식한다.

탄트라는 만트라mantra(신성한 소리), 무드라mudra(손 제스처), 얀트라yantra(신비로운 다이어그램) 및 만다라mandala(우주를 나타내는 기하학 패턴)를 활용한 감각을 통해 깨어남을 시도한다. 성하 달라이 라마는 "요컨대, 부처님의 몸은 그것을 명상하며 얻게 됩니다"[3]라고 말씀하셨다.

그렇다면 탄트라 섹스는 무엇인가? 동인도의 예술과 신화에서 성은 합일한 이미지를 표현한다. 순수한 의식을 대표하는 남성은 여성성인 샥티shakti, 즉 신성한 에너지를 만나 활성화된다. 탄트라 성 수행은 잠자는 쿤달리니를 깨우기 위해, 성 에너지를 조절하여 사용하고 에너지가 척추를 타고 올라가게 한다.

제대로 수행하며 적용하는 사람은 정제된 성 수행을 통해 의식을 높여 깊은 삼매에 이른다. 단, 탄트라 수행을 배우겠다고 서둘러 책이나 온라인 프로그램을 구매하지 않기를 바란다. 탄트라는 개인의 관계에서 비롯되는 막장 드라마로 질펀해지지 않는, 의식이 진일보한 사람들만 제대로 수행할 수 있다.

두 번째 차크라의 가장 큰 장애

차크라가 왜곡되면, 에너지 과다나 과소를 겪는다. 두 번째 차크라의 에너지가 과다한 경우, 매우 감정적이며 분노나 질투에 휩싸인다. 두 번째 차크라의 가장 큰 장애는 중독이다. 마약, 음식, 쇼핑, 운동, 섹스, 도박 및 음란물부터 비디오게임이나 소셜 미디어까지 중독은 너무 많은 시간을 허비하게 한다.

두 번째 차크라의 건강

두 번째 차크라가 건강하면, 주고받는 균형을 맞춘다. 집, 자동차, 옷, 전자제품 등의 물질을 감사하는 마음으로 현명하게 구매한다. 직장 생활과 사회생활의 균형을 잡고, 새로운 무언가를 창조하는 일을 좋아한다. 새로운 맛있는 요리법을 구상하고, 방을 다시 꾸민다. 다른 사람을 통제하지 않으며, 행동의 결과를 책임진다. 건강하지 못한 중독 패턴을 식별하고, 패턴을 바꾸는 방법을 찾는다.

두 번째 차크라의 주요 주제는 신뢰와 믿음이다. 논리적인 사고보다는 느낌에 더욱 치우친다. 결과적으로, 부정적인 감정은 두 번째 차크라에 문제를 일으킬 가능성이 크다. 성관계에 수치심을 느끼고, 즐거울 때 죄책감을 느낀다. 분노를 억누르고, 중독적인 행동을 한다. 어릴 때 부모님이 이혼했거나 부모를 잃은 경우, 성폭행이나 성폭력을 겪은 경우에 부정적인 감정이 일어난다.

어린 시절, 감각으로 세상을 탐험하고 말하고 걷기 시작하면서 두 번째 차크라에 어려움이 생성된다. 두 번째 차크라의 문제는 생식기관 및 복부에서 나타난다. 이 차크라와 관련한 건강 및 질병 문제로는 남성과 여성의 생식기관, 성 기능 장애, 염증성 장 질환, 맹장염, 만성 요통 또는 좌골신경통, 방광 또는 비뇨기 이상이 있다.

원형

두 번째 차크라의 원형은 순교자와 군주이다. 군주는 풍요로움을 즐기고 행복하지만, 순교자는 희생하며 고통을 받는다. 순교자는 첫 번째 차크라의 원형인 희생자와 달리 자기 책임을 인정하나, 자아의 개념이 확고하지 않아 자기만의 충분한 힘이 없다. 무력감 속에서 무엇을 바꾸기가 어렵다. 순교자는 자녀, 부모, 배우자, 상사 등 다른 사람을 살피는 데 헌신한다. 내가 창의적으로 행복하게 살 기회가 줄어들어도 타인의 안녕이 더 우선이다. 죄책감이 늘 기저에 깔려 있고, 고통받아 마땅하다고 생각한다. 자신의 느낌이나 욕구를 표현하지 않는다. 표현하라고 하면 오히려 불쾌해한다. 순교자는 어린 시절에 필요한 사랑을 받지 못했고, 이젠 사랑받기 위해 자신을 희생한다.

반면 군주는 자기 자신이 만족스럽다. 자기 몸을 신뢰하고 무엇에 배고파하는지 이해한다. 어디까지가 자신의 한계인지 알고, 지나치게 탐닉하거나 중독되지 않는다. 긍정적인 원형은 세속적 즐거움과 세상의 힘을 대변한다. 군주는 자기 주변을 아름다움으로 둘러싸고 삶의 충만함을 즐긴다. 다른 사람들에게 열려 있고 가정이 평안하다. 내면의 영성은 계발되지 않았지만, 물질적 소유물에 만족한다.

영적인 측면

두 번째 차크라의 비자Bija 만트라는 '밤Vam'이다. 물가에서 종자 소리를 반복 암송하면, 체액을 강화하고 몸의 순환을 돕는다. 힌두교 신화에서는 마카라makara라고 하는 악어처럼 생긴 바다 생물이 종자 소리를 전한다. 마카라는 동물적 본능을 나타낸다. 무의식 깊은 곳에 숨어 있는 열정과 욕망을 활용하는 본능이다. 신과 여신은 위험한 생물을 이용하여 내면의 어두운 힘을 길들였음을 보여준다. 예컨대, 여신 두르가Durgā는 사자를 올라타고 있다.

두 번째 차크라의 통치자는 질서를 유지하는 신인 비슈누Viṣṇu이다. 그는 생명의 균형을 지키는 지렛대로 첫 번째 차크라 창조의 힘인 브라마와 세 번째 차크라 파괴의 힘인 시바의 균형을 유지한다. 균형의 회복을 위해 지구에서 다른 시기에 환생한다. 지구에 의義를 구현하기 위해 라마Lord Rama로 육화하였고, 가장 최근에는 사랑을 불어넣는 신성한 연인인 크리슈나Lord Krishna로 환생했다.

점성학에서 두 번째 차크라는 달과 관련된다. 달이 차고 기울면 감정, 몸, 여성, 월경주기가 영향을 받는다. 두 번째 차크라는 명왕성과도 연결되며 변화 능력을 대변한다. 하늘의 두 행성은 즐거움, 친밀감, 느낌, 감각, 변화 및 움직임의 에너지 센터인 두 번째 차크라에 영향을 미친다.

두 번째 차크라의 조율은 언제 필요한가?

여성은 난소, 남성은 고환이 두 번째 차크라와 연관된다. 차크라의 균형이 깨지면 관련 기관이나 장기에 이상이 생긴다. 어린 나이에 자궁경부암을 진단받은 나의 두 번째 차크라와 첫 번째 차크라는 틀림없이 아마 꽤 오랜 기간 스트레스를 받았을 것이다. 성적 문제, 재발성 성병, 출산 문제, 발기부전 등의 곤란을 겪고 있다면 두 번째 차크라의 이상 징후를 살펴보고 기저의 정서적 원인을 분석하는 것 외에 의학적 치료를 받기를 권한다.

두 번째 차크라를 확인하기 위해 다음 질문에 솔직하게 답해보자.

- 당신은 보통 비관적인가? 당신은 이런 말을 자주 하는가? "나는 결코 인생 파트너를 찾지 못할 거야." "나는 살을 뺄 수 없을 거야." "나는 수입이 변변치 않을 거야."

- 기쁨을 주고받기 어려운가?

- 돈을 주고받을 수 없는가?

- 인생의 패배자라는 생각에 사로잡혀 있는가?

- 돈, 권력 또는 성을 위해 양심에 어긋나는 행동을 했는가?

- 다른 사람들이 당신을 어떻게 생각하는지 온통 신경이 쓰이는가?

- 당신은 꿈을 한쪽으로 미뤄두었는가?

- 자주 세상에서 혼자라고 느끼는가?

- 과거의 일을 놓기 어려운가?

- 아직도 복수를 꿈꾸고 있는가? 언제나 권력에 저항해야 한다고 느끼는가?

세 가지 이상의 질문에 '예'라고 답했다면 두 번째 차크라의 정비가 필요하다.

두 번째 차크라 정화법

두 번째 차크라를 정화하는 몇 가지 간단한 방법이 있다. 먼저 취미 활동을 찾아 창조성을 표현하고 자기 주변을 아름답게 꾸며보자. 미술, 음악, 꽃, 특히 장미, 붓꽃, 감미로운 냄새가 나는 꽃,

수중 지압Watsu 같은 몸 수련, 사향 또는 백단향 에센셜 오일 등
이 도움이 된다. '내 삶의 소확행을 즐긴다' '내 감정을 우아하게
흐르도록 한다' 같은 확언을 통해 죄책감이 남지 않도록 한다. 나
는 말을 타며 두 번째 차크라를 열고 확장했다.

　신체적 접촉은 두 번째 차크라의 치유와 건강을 유지하는 매우
중요한 방법이다. 포옹, 마사지, 반려동물 안기 같은 편안한 접촉
은 다른 사람들과의 관계를 조화롭게 한다. 접촉이 없는 삶은 자
신뿐 아니라 다른 사람과도 교감이 없는 관계가 된다.

　두 번째 차크라 에너지를 상징하는, 따뜻하고 긍정적인 주황색
을 활용하면 좋다. 첫 번째 차크라의 빨간색과 세 번째 차크라의
노란색 지혜를 통합한다. 주황색 옷이나 장식도 도움이 된다.

　두 번째 차크라와 어울리는 보석은 호박, 홍옥수, 오팔이며 어
울리는 금속은 금이다. 치자나무와 오리스orris[6] 뿌리는 두 번째
차크라를 강화한다. 물과 관련된 차크라이므로, 수분을 유지한다.
천연 미네랄을 함유한 물을 유리병에 담아 자주 마시면 좋다.

6　흰붓꽃. 뿌리는 외피를 깎아내고 말려서 향료로 쓴다.

5

세 번째,
네 번째 차크라

세 번째와 네 번째 에너지 센터는 영향력이 매우 크다. 세 번째 차크라는 네 번째 차크라인 가슴으로 도약하기 위한 에너지를 생산하는 용광로라고 할 수 있다. 가슴은 기본 일곱 차크라의 중심을 맡고 있다. 하위 세 개의 신체적 차크라와 상위 세 개의 영적 차크라 사이의 균형점에 해당한다.

세 번째 차크라 – 힘

에너지 힐러의 생명력은 코어core의 힘에 있다. 내부 엔진을 점화하는 불을 도움이 필요한 사람의 치유에 사용하고 내면의 힘을 키운다. 일을 할 수 있도록 스스로를 더욱 믿는 힘의 자리이다. 세 번째 차크라는 파워 센터라 할 수 있다.

 태양신경총 차크라로 알려진 세 번째 차크라는 배꼽과 앞가슴뼈인 흉골胸骨 사이에 위치하며, 빛나는 노란색을 띤다. 머리를 주로 쓰면서 살면 정신 에너지를 많이 사용한다. 이런 경우엔 더욱 강렬한 노란색이 나타난다. 세 번째 차크라는 정신의 명료성에 관련된다. 심체의 주요 지점으로 자아의 감각과 힘을 담당하며, 진정성을 나타낸다. 산스크리트어로 마니푸라Maṇipūra라고 하며, '광택 있는 보석'이라는 뜻이다.

세 번째 차크라와 가장 밀접하게 관련된 요소는 불이다. 불은 변형 능력이 있다. 열을 가해 나무를 태우고, 물을 가열해 증기로 바꾸며, 초에 불을 붙여 빛의 근원으로 바꾼다. 세 번째 차크라의 통치 원리는 변형이다. 첫 번째와 두 번째 차크라 요소인 땅과 물이 아래로 움직이면, 불의 요소는 위로 올라가 높은 수준에 도달한다. 세 번째 차크라는 내연기관으로 틈을 가로질러 심장에 도달하는 힘을 만든다. 불은 역기능을 일으키는 생각과 오래된 행동 패턴을 태워버린다. 중심이 단단하고 감정의 흐름이 편안해지면, 세 번째 차크라의 불은 의지를 강화하여 행동으로 전환하도록 이끈다. 불은 타면서 빛을 낸다. 빛을 받아들이는 감각은 시각이므로, 연결된 감각기관은 눈이다.

세 번째 차크라의 가장 큰 장애물

18개월에서 만 4세 사이, 태양신경총 차크라에 문제가 나타난다. 자아가 처음으로 정의되는 시기로, 이때 충동 조절을 배우기 시작한다. 자기 통제는 자부심과 자아 존중감으로 해석된다. 이 기간에 발생하는 다양한 학대는 수치심을 낳는다. 수치심은 당신을 무력하게 하고 에너지를 막아 스스로 가치가 없다고 생각하거나 열등감을 느끼게 한다. 진실하고 진정한 자신을 만나기가 어려워지고, 진실에서 더 멀어지게 하며, 개성을 방해한다.

수치심은 자기 눈 혹은 다른 사람의 눈에 자신이 어떻게 보이는지를 인식하며 비롯된다. 부모님이 끊임없이 "너는 너 자신을 부끄럽게 생각해야 해"라고 말했을 수 있다. 어쩌면 놀림을 당했거나 게으르고, 어리석고, 촌스럽다고 평가되었을 수 있다. 수치심은 항상 부족한 면을 지적한다. 머릿속 목소리가 "나는 뭘 제대로 하는 게 없어" 또는 "나는 그렇게 잘하지도 않고, 강하지도 않고, 섹시하지도 않고, 날씬하지도 않아" 혹은 "나는 결코 승진하지 못할 거야"라고 속삭인다면 수치심이 작용한 결과이다. 수치심은 진정한 잠재력의 실현을 막는다.

세 번째 차크라의 건강

태양신경총 차크라는 의지의 힘을 키우고 개인의 힘을 강화한다. 이 차크라가 생성하는 힘을 갖게 되면, 자신의 가치와 인생을 온전히 받아들인다. 의지력을 사용하여, 삶의 모든 측면에서 자기 힘을 키운다. 예리해지고, 지능이 높아지며, 다가오는 도전을 통제할 수 있다.

세 번째 차크라의 힘이 가득 차면, 상황을 장악하게 된다. 맡은 일에 책임을 다하고, 다른 사람들에게 넘겨준 힘을 되찾아올 수 있다. 다른 사람들이 말하는 것에 굴복하기보다는 치유를 위한 최상의 방법을 알아보고, 근무하는 직장이나 직업이 좋지 않다는 판단이 들면 떠날 수 있게 된다. 인생에서 당신이 되고 싶은 사람이 될 수 있도록 무엇이든 시도할 수 있게 된다.

자신의 힘과 진정한 자아를 억압받는 상황에 놓이면 세 번째 차크라에 문제가 생긴다. 예를 들어, 어린 시절 놀림을 당하거나 집단따돌림에 시달리거나 강압적인 부모와 살았다면, 세 번째 차크라에 문제가 생겼거나, 지금도 진행 중일 가능성이 크다. 이와 같은 문제를 겪으면 자존감이 낮은 성인으로 자란다. 지나치게 억압적인 배우자와의 결혼 생활을 참아내거나, 맞지 않는 일을 할 수도 있다. 계속해서 세 번째 차크라에 문제를 일으킬 수 있는 상황이다.

세 번째 차크라는 모든 차크라 중 가장 많은 장기 기관과 연결되며, 소화기관도 포함한다. 보통 간, 쓸개, 위장, 비장, 췌장, 신장 등에서 이상이 나타난다. 세 번째 차크라와 연결된 질병 및 건강 문제는 췌장과 관련된 질병이 일반적이다. 특히 당뇨병과 저혈당,

소화 장애, 간 질환, 선천성 탈장, 담석, 치질, 정맥류, 비장 문제 등이 생긴다.

원형

태양신경총 차크라의 왜곡된 원형은 하인servant으로 자신의 가치를 알지 못한다. 첫 번째 차크라의 원형인 희생자와 두 번째 차크라의 원형인 순교자가 하인보다 더욱 부정적이지만, 하인은 자존감이 낮아서 다른 사람들의 인정에 의존한다. 자신감이 부족한 하인은 뒷배경으로 숨고, 경계가 강하지 않아서 다른 사람들에게 쉽게 조종된다. 학대받은 아이는 남편의 처벌을 달게 받는, 매 맞는 아내가 된다. 권위적인 아버지 밑에서 자란 아들은 강한 의지가 계발되지 않으며, 성과를 인정받지 못한다.

세 번째 차크라는 많은 힘을 창출한다. 자신의 힘을 인식하면, 인생의 주인공이 되어 세 번째 차크라의 긍정적 원형인 전사의 모습으로 살 수 있다. 전사는 모든 원형 중에서 가장 강하다. 전사는 자기 의지력을 사용하며, 스스로 힘을 끌어올리는 방법을 안다. 전사는 도망가지 않고 어떤 도전에도 정면으로 맞설 수 있다. 삶을 스스로 책임지는 법을 배우는 것은 가장 큰 도전이다. 다른 사람들에게 넘겨준 당신의 주도권을 되찾아야 한다. 설령 부모님이 인정하지 않는 직업을 선택하거나, 괴롭히는 사람에게 맞대응하거나, 나쁜 관계를 떠나야 하는 경우라고 해도 도전해야 한다.

당신 안의 전사는 세 번째 차크라의 힘과 합체할 때 행동을 주저하지 않는다. 다만 전사는 목표를 달성하고 번영을 맛보지만, 영적 영역에서 우리가 하나임을 이해하는 단계에는 이르지 못한다.

영적인 측면

세 번째 차크라의 종자 소리는 '람Ram'이다. 이 소리를 반복하면 소화를 돕는 불fire을 보강할 수 있다. 불은 위쪽으로 움직이므로, 이 만트라를 반복하면서 쿤달리니 에너지를 차크라 위쪽으로 향하게 한다. 숫양ram은 종자 소리를 전달하는 운반자로서 불의 신인 아그니Agni의 매개물이다. 숫양은 원수를 정면으로 들이받는 강한 동물이다. 옛날, 숫양의 경적은 전장에서 군인들에게 용기를 북돋는 소리로 사용되었다.

세 번째 차크라를 주관하는 신인 루드라Rudra는 시바의 분노한 형태이다. 창조의 한 주기를 파괴하여 다음 세대가 탄생할 수 있게 하는 일을 맡는다. 치열한 의지의 불이 활발히 움직이며 차크라를 통해 에너지를 끌어올려 높은 의식으로 향하게 한다. 이 의지의 불은 도전에 맞서 행동하며 새로운 목표를 향해 전진하도록 북돋는다.

점성학에서 세 번째 차크라의 지배 행성은 태양이다. 태아가 배꼽에 연결된 탯줄로 영양분을 받아들이듯이, 밝은 노란색의 태양은 지구에 사는 우리에게 삶의 원천이다. 배꼽은 세 번째 차크라인 불의 가마솥 역할을 하여, 당신에게 꼭 필요한 에너지를 공급한다. 전사 행성인 화성도 태양신경총 차크라와 관련된다.

세 번째 차크라의 조율은 언제 필요한가?

췌장은 세 번째 차크라를 제어하고, 혈당을 조절하며 감정을 처리한다. 불은 신진대사를 촉진해 영양분을 에너지로 바꾼다. 이때 생산된 에너지가 충분하지 않으면 소화 혹은 저혈당 차원의 문제가 발생할 수 있다. 반면에 당뇨병, 고혈당증, 궤양은 에너지가 과다할 때 생긴다. 실제로 높은 혈당과 낮은 혈당을 오가며 과하거나 부족한 두 경우 모두에 속할 수도 있다. 나 역시 어린 시절 롤러코스터를 타는 것 같았다. 그래서 한의에서는 음과 양의 결핍을 말하고, 동시에 함께 치료한다.

세 번째 차크라의 균형이 깨지면 감정 표현을 힘들어하며, 진정한 감정을 숨긴다. 사람들이 나를 좋아하지 않을까 봐 두렵기 때문이다. 당신은 스스로에게 "나는 충분히 인정받고 있지 않아" 또는 "나는 안전하다고 느껴지지 않아"라고 말하고 있을 수 있다. 태양신경총 차크라의 상태를 확인하기 위해 다음 질문에 솔직하게 답해보자.

- 억압된 분노, 두려움 또는 슬픔이 많은가?
- 당신은 분노를 붙들고 있는가?

- 당신의 문제를 다른 사람에게로 돌려 비난하는가?
- 다른 사람들을 질투하는가? 다른 사람의 잔디가 더 푸르다고 생각하는가?
- 시간이 늘 충분하지 않다고 느끼는가?
- 당신은 통제의 제왕인가?
- 다른 사람들이 당신을 압도할까 봐 걱정되는가?
- 당신은 이겨야만 하는가?
- 외부의 인정을 받아야 기분이 좋아지는가?
- 자주 팔짱을 끼고 서 있는가?

세 가지 이상의 질문에 '예'라고 답했다면 세 번째 차크라의 정화가 필요하다.

세 번째 차크라 정화법

세 번째 차크라의 균형을 잡으려면 자신의 힘을 최우선으로 생각해야 한다. 당신이 정말 누구이고 진정으로 하고 싶은 일이 뭔지 알아내는 일을 미루지 말자. **이제** 무대 중심에 오를 때가 되었다!

태양신경총 차크라는 불과 연관되기에 태양 빛을 쬐면 좋지만, 너무 뜨겁지 않은 이른 아침이나 해가 지는 시간대가 좋다. 지구와 태양을 연결하여 세 번째 차크라를 치유한다. 스트레칭, 걷기, 수영, 정원 가꾸기 등 야외활동을 권한다. 바닷가나 물가를 산책해도 좋다.

　세 번째 차크라를 열고 막힘을 정화하는 데는 자기 행동을 더욱 자각하고 사심 없는 봉사를 하는 것도 도움이 된다. 다른 사람이 좋아하는 일을 하는 대신 올바른 일을 하는 용기 있는 행동이 세 번째 차크라를 건강하게 한다.

　세 번째 차크라를 강화하기 위해서는 계피, 백단유sandalwood, 사향, 생강 등의 향이나 에센셜 오일을 사용한다. 호박, 황금색 토파즈, 노란색 황수정, 호안석虎眼石, 금침 수정은 차크라의 균형을 맞춘다. 세 번째 차크라의 균형이 잡히면, 책임을 다하고 스스로를 단련하고 자신감이 생기며 자기 에너지를 찾을 수 있다. 위험을 무릅쓰며 행동하지만, 항상 즐겁게 지낸다!

거울 보기

세 번째 차크라에 응급 처치가 필요하다면, 다음 방법을 연습해보자. 전신 거울 앞에 서서 자신을 꼼꼼히 본다. 보이는 몸을 판단하지 않는다. 특정 신체 부위, 허벅지 살, 뱃살, 목주름을 보고 낙담하지 않는다. 거울에 비친 자신을 자애심과 사랑으로 바라본다.

거울 속의 나를 보면서, 나의 좋은 자질 다섯 가지를 소리 내어 말해본다. 잘 들리도록 소리 내어 말하면 변화가 생긴다.

이제 가장 좋아하는 내 모습을 떠올리고, 다음의 확언을 진심을 담아 말해보자.

"나는 사랑받을 자격이 있어. 나는 존중받을 만해. 나는 충분해. 나는 나를 사랑해."

이렇게 말하면서, 거울에 비치는 나를 부드럽게 바라보자. 어떤 느낌이 드는가? 이 말이 진실하게 느껴지는가? 스스로 진심으로 느껴질 때까지, 이 말들을 반복해보자.

네 번째 차크라 – 균형

열린 가슴 차크라는 에너지 힐러의 특징이다. 에너지 힐러는 인류를 돕기 위해 자애심과 사랑의 힘을 발휘한다. 당신도 에너지 힐러가 되기 위한 길 위에 서 있다. 네 번째 가슴 차크라를 알면, 진심 어린 사랑과 연민의 마음을 낼 수 있다.

 네 번째 차크라는 무성한 잔디의 녹색을 띤다. 연결이 쉬운 차크라로 가장 쉽게 감지할 수 있다. 10킬로그램을 빼지 않아도, 영혼의 짝을 찾지 못해도, 꿈의 직업을 갖지 못해도, 자신을 있는 그대로 사랑할 수 있다. 네 번째 차크라는 차크라 시스템의 중심인 마음속에 안착한다. 네 번째 차크라는, 주로 세상과 연결하는 하위 세 개의 신체적 차크라와 상위 세 개의 영적 차크라를 연결하는 다리이다. 상층과 하층을 연결하고 육체와 정신의 균형을 맞춘다. 이곳이 쭉 뻗어나가면 하늘과 땅에 닿을 수 있다. 따라서 가슴 차크라와 관련된 감각은 접촉이다.

네 번째 차크라는 산스크리트어로 아나하타anāhata라고 하며, '상처받지 않은unhurt', '부딪히지 않은unstruck', '진 적이 없는/맞아보지 않은unbeaten'이라는 뜻이다. 네 번째 차크라의 통치 원리는 평형이다. 균형에 관한 곳으로 내면의 균형, 관계의 균형, 주변 환경과의 균형을 관장한다.

가슴 차크라는 공기 요소와 관련이 있다. 이제 땅·물·불에서, 가장 순수하고 색깔·형태·향기·맛이 없는 공기로 넘어왔다. 공기는 모든 방향으로 움직이고, 호흡으로 생명을 유지하게 하며 필요한 생명력을 불어넣는다. 공기는 맑고, 깨끗하며, 건강하고, 신선하다. 이제 공간이 커지고 선명해진다. 네 번째 차크라의 균형이 잡히면, 명상과 의식의 공간을 느낄 수 있다. 다른 사람과 자신에게 무엇이 필요한지를 명확하게 알며, 숨 쉴 공간이 열린다. 의식이 더 깊어지면 내면과 연결된다. 자기 관리가 중요한 차크라이고, 이곳에서 내면의 균형을 맞춘다.

내면 자아와 연결되면, 자신을 더 사랑하게 되고, 다른 사람들에게 다가갈 수 있다. 다른 사람을 진정으로 사랑하려면 먼저 자신을 사랑해야 한다. 그러려면, 인류의 양쪽 측면을 모두 받아들일 수 있어야 한다. 몸과 마음, 빛과 그림자, 어린이와 성인, 주는 사람과 받는 사람, 선과 악 등이 해당한다. 자기애는 다른 사람의 요구뿐만 아니라 자신의 요구에도 귀 기울이고 응답하는 능력을 말한다.

가슴 차크라는 4세에서 7세 사이에 발달한다. 친구 및 가족과 관계를 형성하고, 당신이 어떤 사람인지 페르소나를 만드는 시기이다.

네 번째 차크라의 가장 큰 장애물

감정은 글자 그대로 가슴 차크라를 강화한다. 누군가를 사랑하는 감정이면, 마음이 열리고 주변 환경 에너지를 활용할 줄 안다. 누군가 불친절하게 대하면, 고통을 견디기 어려워 마음을 닫는다. 네 번째 차크라의 가장 큰 장애물은 마음이 찢어지는 고통이다. 비통함은 수천 가지 방법으로 마음을 해칠 수 있다. 네 번째 차크라에 큰 상처를 남기는 특정한 상황이 있다. 거절당하거나, 감정적 학대 또는 육체적 태만과 학대, 만성 우울증, 상호의존성[1], 파트너의 부정행위로 인한 배신감, 사랑하는 사람의 사망 혹은 이별이 해당한다. 이 중 한 가지라도 겪으면 비탄의 두려움을 안고 살 수 있으며, 가슴 차크라는 닫히게 된다.

네 번째 차크라의 건강

가슴 차크라에서는 사랑을 주고받는다. 우리는 닫힌 마음을 원하지 않는다. 마음이 닫히면 고통은 느끼지 않지만, 어떤 기쁨도 느끼지 못한다. 더 나쁜 소식은 몸 전체가 영향을 받는다는 점이다. 마음이 닫히면 혈압이 올라가고, 심장 혈관계의 기능이 둔화한다. 네 번째 차크라가 건강하면, 있는 그대로 온전히 사랑하고 받아들일 줄 알게 된다. 이제 인류와 지구에 사는 모든 생명을 사

---

1 보살핌을 필요로 하는 사람과 베푸는 사람 사이에 형성된, 지나친 정서적 의존성.

랑하는 마음자리로 살게 된다. 스스로 사랑받을 만하다고 느낀다. 마음을 열며 자신과 다른 사람을 용서하는 것이 당신의 몫이라고 생각한다.

네 번째 차크라는 가슴 중앙에 있으며, 폐, 흉선(네 번째 차크라의 분비샘), 등 뒤, 갈비뼈, 팔, 손을 관장한다. 이 에너지 센터는 신체의 중앙 생명 유지기관인 심장을 관리한다. 네 번째 차크라와 관련한 질환 및 건강 문제로는 울혈성 심부전, 심장마비 또는 가슴 통증(협심증), 순환장애, 폐암·기관지염·폐기종 등 폐 관련 질환, 유방암·유방낭종·유방염 같은 유방 질환, 어깨, 팔, 손 문제(손목 터널 및 어깨뼈 사이 긴장 또는 통증), 면역 체계 결핍(첫 번째 차크라에도 나타나는), 천식, 모든 종류의 알레르기가 있다.

원형

네 번째 차크라의 왜곡된 원형은 연기자이다. 사랑을 가지고 노는 동안 어두운 면을 숨기는 사람들이다. 연기자는 마치 다 괜찮은 것처럼 행동하지만, 진정 친밀한 관계를 책임지지는 않는다. 누군가 너무 가까워지면 어떤 식으로든 관계를 망쳐서 자신을 보호한다. 취약한 면이 노출될까 두려워 사랑하고 사랑받는 일에 닫혀 있다. 연기자는 유혹에 매우 능숙하지만, 사랑하지 않음으로써 상처 입지 않으려 한다. 상호 의존의 전형적인 모습으로, 사랑에 저항하면서 동시에 잘못된 일은 파트너에게 미루고 비난한다.

가슴 차크라의 자연스러운 긍정적 원형은 연인이다. 연인은 지구의 모든 인류와 생명체를 사랑한다. 그들은 다른 사람들과 자신을 용서해야 한다는 사실을 알고 있다. 자신이 사랑받을 만하다고 느끼며, 열린 가슴 차크라를 통해, 모든 방향으로 흐르는 사랑을 확장한다. 따라서 모든 사람이 연인을 사랑한다.

영적인 측면

다양한 영적 문화에서, 가슴은 하느님의 전당이고 상위 자아Higher Self의 성전으로 여겨진다. 유대 카발라kabbālāh 전통에서 생명의 나무The Tree of Life의 중심은 가슴으로 통한다. 기독교 카발라에서는 그리스도 예수의 성심Sacred Heart으로 표현된다. 중국 전통 의학에서 가슴은 황제 또는 주권자로 부르는 사람들의 신神 혹은 성령Spirit의 집이다. 위대한 마법사 멀린Merlin은 가슴을 '세상 사이의 관문'이라고 불렀다. 샤머니즘 전통에서 가슴은 내면의 진리인, 지혜의 수호자Keeper of Wisdom이다. 가슴이 이끄는 삶은 승천한 마스터Ascended Masters가 알려주는 깨달음이기도 하다.

네 번째 차크라의 비자 만트라는 '얌Yam'으로, 마음을 진동하고 막힘을 풀어준다. 검은 영양 혹은 사향 사슴이 소리를 운반한다. 영양은 기쁨에 뛰어오르지만, 환상에 사로잡히기도 한다. 우리 안에 이미 우주 의식이 있음에도 밖에서 찾듯이, 사향 사슴은 사향의 매혹적인 냄새를 밖에서만 찾지, 자신의 냄새를 알아차리지 못한다.

이샤나Iśāna는 네 번째 차크라를 감리하는 힌두교의 신이며 세상과 분리된 평화롭고 유익한 (시바의 한 형태이자 루드라에 속하는) 신이다. 거룩한 갠지스강의 신성한 지식을 담은 물이 그의 머리카락을 따라 흘러 엄청난 물이 하늘에서 부드럽게 떨어지게 한다. 이것은 높은 세상과 낮은 세상의 조화, 내외부의 조화로운 삶을 상징한다.

점성학에서 가슴 차크라와 연관되는 행성은 로마 신화에서 사랑과 미를 관장하는 여신인 비너스의 이름을 따온 금성이다. 그리스 신화에서는 아프로디테라고 부른다. 금성의 별자리 위치를 보면 당신이 사랑의 관계에 어떻게 접근하는지 알 수 있다. 예를 들어 금성이 게자리에 있다면, 당신은 관계가 얼마나 안전한지에 더 신경을 쓴다. 만일 금성이 양자리에 있다면, 당신은 정복하는 짜릿함을 가장 즐기는 편이다.

네 번째 차크라의 조율은 언제 필요한가?

감정이 조각나면 주로 가슴을 감싸는 벽을 만들어 내면의 고통을 가둬놓는다. 벽을 제거하고 고통을 표현할 수 있는 방법이 있다. 깊은 슬픔을 이야기하고, 감정 일기를 적고, 운동으로 땀을 흘리는 등 감정을 털어내거나 부정적인 에너지를 몸에서 배출해낼 수 있는 것이라면 무엇이든 시도해도 좋다.

나는 마음을 보호하고자 만든 이 해로운 패턴을 되돌리기까지 몇 년이 걸렸다. 어렸을 때 흉곽의 내면이 부서진 나는 안전하게 사랑을 표현하고 직접 감정을 말할 공간이 없었다. 그리고 줄곧 면역 이상과 알레르기를 앓았다. 마음을 닫으면 무기력해진다. 때로는 고통스럽게 관계가 끝난 후 자신을 보호하기 위해 감정적으로 차가워진다. 에너지 흐름을 수축하고 마음을 닫으면, 자신에게 들어오고 다른 사람에게 나가는 사랑의 흐름을 막게 된다.

가슴 차크라의 상태를 확인하기 위해 다음 질문에 솔직하게 답해보자.

- 사랑이 두려운가?
- 당신은 쉽게 사랑을 주고받는가?
- 배신당하거나 거절당했다고 느낀 적이 있는가?
- 과거의 실수에 대해 자신과 다른 사람들을 용서할 수 없는가?
- 지나치게 비판적이고 다른 사람들을 비난하는가?
- 이타주의, 연민, 용서, 희망, 신뢰, 조화로움 등 더 숭고한 자질을 계발해야 하는가?
- 심장 이상, 폐, 유방 질환, 폐렴 등을 진단받았는가?
- 손이나 팔에 통증이 있는가?

세 가지 이상의 질문에 '예'라고 답했다면, 네 번째 차크라의 재정비가 필요하다.

네 번째 차크라 정화법

슬픔이나 분노에 사로잡혀 있으면, 마음을 열고 고통을 느끼기 힘들다. 에너지 힐러는 마음을 열고, 두려움을 직면하게 돕는다. 필요하다면, 수천 번 울어도 좋다. 하지만 마음은 닫지 말자. 마음을 닫으면, 가슴이 찢어지는 고통은 막겠지만, 사랑이 들어오고 나가는 흐름도 막는다. 깊은 슬픔을 극복하는 한 가지 방법은 숨을 통과시키는 것이다. 공기는 마음을 다시 연결해서 긍정적인 에너지가 흐르도록 한다. 막힘을 정화하면, 다른 사람의 고통이 남의 일이 아님을 알고 과거의 상처를 극복한 마음을 다른 이를 위해 쓰려 한다. 에너지 힐러가 되어야겠다고 생각할 수도 있다. 아픔을 겪은 상처 입은 힐러는 상처를 숨기거나 묻어두지 않고, 자신의 방식으로 다른 사람들을 도울 준비를 한다.

마음을 열고 막힘을 정화하는 또 다른 좋은 방법은 개, 고양이, 말(내가 좋아하는), 새와 같은 반려동물과 함께하는 것이다. 동물은 조건 없는 사랑을 베풀고 다시 사랑해도 괜찮다고 알려준다.

네 번째 차크라 에너지가 흐를 수 있도록 자신을 사랑하고 돌보겠다는 의도를 정한다. 자기 자신을 존중하고 사랑하는 시간을 충분히 누리기는 쉽지 않다. 자신의 독특함, 내면의 아름다움, 용기, 친절함 등 모든 훌륭한 자질을 존중해보자. 명상과 일기 쓰기는 진정한 사랑을 찾고 싶은 희망을 접었던 마음을 돌보고 가슴을 둘러싼 돌벽을 무너뜨린다.

가슴 차크라를 열기 위해서는 향을 피우거나 라벤더, 재스민, 서양톱풀, 마조람² 또는 메도스위트³ 에센셜 오일이 도움이 된다. 에메랄드, 녹색 전기석tourmaline, 말라카이트, 녹옥석 등 녹색 돌을 활용해도 좋다. 장미 석영과 같은 분홍색 돌도 사랑 및 가슴 차크라와 관련된다. 한방에서는 채소, 특히 녹색 채소가 균형 유지에 도움이 된다고 설명한다.

당신의 가슴 차크라를 통해 에너지가 자유롭게 흐르면, 마음과 몸, 내외부의 자아가 연결된다. 평화롭고 충만해진다. 상위 차크라로 나아갈 준비를 하게 된다. 이제 영적인 다섯 번째, 여섯 번째 차크라를 만나보자.

---

2 꿀풀과의 여러해살이풀. 꽃과 잎을 요리의 향신료로 쓴다.
3 장미과의 여러해살이풀. 기분 좋은 맛과 향이 있어 인기가 많다.

6

다섯 번째,
여섯 번째 차크라

지금까지 지구의 중심을 잡아주는 하위 세 개 차크라와, 더 높은 영적 에너지 센터로 연결하는 네 번째 차크라를 배웠다. 이제는 상위 에너지 센터의 매듭을 풀 시간이다. 에너지 치유를 배우는 과정에서 상위 차크라의 영적인 힘이 모습을 드러낼 것이다.

다섯 번째 차크라 – 표현

다섯 번째 차크라는 목 중앙에 위치하며, 가슴 센터의 느낌과 양 미간 사이 차크라의 생각을 연결한다. 이곳에서 감정과 생각을 표현하게 된다. 영적 차크라 중 첫 번째인, 다섯 번째 차크라는 영

spirit을 물리적 영역으로 들어오게 하여 참 본성을 표현한다. 산스크리트어로는 비슈다vishudda라고 하며, 정화purification를 의미한다. 당신이 어떻게 느끼는지, 무엇을 원하는지를 있는 그대로 표현하고, 진실을 파묻으려는 성향을 내려놓는다는 뜻이다.

 다섯 번째 차크라의 주요 임무는 의사소통이다. 이곳에서 독창적인 창조성을 표현한다. 코발트블루 색을 띠는 다섯 번째 차크라, 즉 목 차크라는 자신이 만든 것을 표현하는 곳이다. 창조성은 두 번째 차크라에서 태어나는데, 다섯 번째 차크라는 두 번째 차크라에서 생성한 창조성을 실현하는 곳이다. 이곳은 내면의 목소리와 진실에 의존한다. 진심으로 귀를 기울이면 진정한 소명의 울림을 들을 수 있다.

다섯 번째 차크라의 통치 원리는 공명이다. 공명은 유사한 주파수의 진동이 리듬으로 서로 합쳐진다는 의미이다. 목 차크라와 연관된 요소는 에테르 또는 소리이며, 공기 분자의 율동적인 진동으로 만들어진다. 앞선 네 개 차크라는 진동이 활동하는 정점을 이곳으로 보낸다. 다시 말해, 네 개 차크라의 모든 내적 역동을 전반적인 진동 상태로 경험한다.

사람을 만날 때 우리는 진동으로 그 사람을 기억한다. 진동이 높을수록, 그 사람은 조화롭다. 다섯 번째 차크라를 통해 세상의 진동에 조율되므로 중요한 자리이다. 사람, 아이디어, 특정 환경 또는 음악이 당신과 공명하면, 특정 사람, 물건, 장소를 더욱더 기쁘게 좋은 에너지로 선명하게 경험하고, 더 많은 시간을 보내고 싶어진다.

진실한 소리를 들으면 내면은 더욱더 조화를 이루며 세상에 더욱 확장된 진동을 내보낸다. 세상을 더 나은 곳으로 바꾸는 데 도움이 되고 싶다면 명상에 더 많은 시간을 할애하면 좋다. 당신의 진동이 높아지면 세상으로 퍼져나가 다른 사람의 진동을 높이는 데 도움이 된다. 높은 주파수로 진동하는 사람들이 많을수록 빠르게 모든 사람의 진동이 더 커지고 세상이 나아진다. 목 차크라는 조용하고 현명한 내면에 접근하는 곳이다. 어떤 상황에서도 귀를 기울인다면 당신을 인도하는 소리를 들을 수 있다.

다섯 번째 차크라의 가장 큰 장애물

목 차크라의 문제는 약 7세에서 12세 사이에 발생한다. 이때는 상징적 사고를 배우고 의사소통을 발전시키는 시기이다. 진정한 느낌을 표현할 수 없다면 나이와 상관없이 문제가 생긴다. 이것은 다섯 번째 차크라가 제 기능을 하지 못하는 가장 큰 걸림돌이 된다. 다른 사람들과 공감하기 전에, 자기 내면과 공명해야 한다. 다시 말해, 무엇보다 먼저 진실한 삶을 살아야 한다.

진실은 다섯 번째 차크라를 강화하는 기본 에너지이다. 살아가는 방식을 선택하고 무엇을 받아들일지를 선택하는 매 순간 당신 자신에게 진실한가, 자문해보자. 마찬가지로 우리는 사회에서 끊임없이 모든 가능한 메시지의 폭격을 당한다. 광고와 마케팅은 필요하지 않은 제품을 사라고 떠든다. 리얼리티 TV 쇼는 시청자를 드라마에 끌어들이기 위해 미리 스크립트를 짜둔다. 뉴스 방송국은 폭력적인 소식을 집중 보도하면서 두려움을 심어준다. 티셔츠에는 부정적이고 상처를 주는 문구들이 주로 인쇄된다. 따라서 모든 조작 가운데 진실을 확인하는 것이 중요하다.

다섯 번째 차크라의 건강

진실한 삶은 다섯 번째 차크라의 건강을 좌우하는 열쇠이다. 진실을 말한다는 것은 당신이 누구인지 표현한다는 뜻이다. 당신의 감정, 생각, 신념을 말하고 쓰고 노래하고, 다른 예술적 창작이나 일, 취미, 집을 꾸미는 방법, 심지어 입는 옷을 통해 자신을 표현한다. 다섯 번째 차크라의 균형이 맞으면, 창조적이며 소통이 매우 원활하다. 당신은 꿈과 비전에 따라 정직하게 살고, 자신을 사랑하고, 삶의 은총에 감사한다. 진실한 삶을 산다는 것은 자신을 점검하는 매일의 연습이며, 내면의 안내를 듣고, 세상과 소통하며, 당신이 더 높은 근원과 공명하도록 나아가는 것이다. 다섯 번째 차크라가 건강하면, 자기 느낌을 표현하고 삶에서 원하는 무엇을 어떻게 표현하는지를 알 수 있다.

당신은 메시지를 명확하게 전달하고 메시지를 받는 사람들을 존중한다. 당신은 가슴으로 말하고 거짓말하지 않는다. 긍정적인 행동으로 말을 뒷받침하기에 사람들은 당신을 신뢰한다. 말의 힘이 얼마나 중요한지 알기 때문에 말한 대로 실천한다.

목 차크라 문제는, 진실을 말하며 창조성과 진정한 감정을 표현하는 것과 관련된다. 다섯 번째 차크라에 부정적인 영향을 주는 삶의 상황이 있다. 오랜 시간을 함께 보내는 부모님이나 파트너 또는 상사가 통제하고 학대하거나, 과도한 대화나 험담을 들을 때, 단체 또는 일반 대중 앞에서 말하는 것을 두려워하는 경우, 분노가 부글부글 끓고 거의 폭발할 지경으로 뚜껑이 열릴 듯한 경우가 해당한다.

다섯 번째 차크라는 갑상샘과 부갑상샘을 지배한다. 이 차크라의 문제는 일반적으로 어깨, 인후, 목, 귀, 입, 턱, 치아, 성대, 비강, 자궁 경부, 기관 및 식도에 나타난다. 다섯 번째 차크라와 관련된 질환과 건강 문제로는 목소리, 입, 치아 또는 잇몸, 답답한 목 등 기타 목 문제, 뻣뻣한 어깨, 목 안쪽 분비샘의 염증, 인후통의 재발, 후두암, 만성질환 환자, 소아 편도선염, 만성 부비강[1] 문제, 턱관절 장애TMJ, 저산소증 또는 갑상샘기능항진증, 갑상샘암, 하시모토병[2], 그레이브스병[3]이 있다.

---

1 콧구멍이 인접해 있는 뼛속 공간.
2 갑상샘기능저하증을 유발하는 자가면역성 갑상샘염.
3 갑상샘기능항진증의 가장 흔한 원인 질환.

원형

다섯 번째 차크라의 왜곡된 원형은 '침묵하는 아이'이다. 침묵하는 아이는 침묵을 가장 안전하게 느끼고 분노와 좌절을 표현하기 어려워한다. 또 무섭고 고통스러운 감정을 차단하거나 억제한다. 침묵하는 아이의 마음속에는, 생각하거나 느끼는 바를 정말 솔직하게 말하면, 사람들이 떠날지도 모른다는 생각이 자리한다. 침묵하는 아이는 아무도 자신을 사랑하지 않는다고 느끼고 누구도 자기 말을 들어주지 않는다고 믿는다. 수치심과 죄책감을 삼키면 문제가 된다. 인생의 활력과 기쁨의 잠재력을 삼켜버리기 때문이다.

다섯 번째 차크라의 긍정적 원형인 방송인broadcasters은 감정 표현을 잘한다. 삶에 대한 열망도 잘 말한다. 이메일과 문자메시지도 자유롭게 잘 쓴다. 방송인은 예술, 음악 및 춤을 통해 메시지를 비언어적으로 전달한다. 또 말의 중요성과 힘을 안다. 험담과 비판은 상위 자아의 영역에서 나오지 않는다는 것을 잘 알고 있다. 메시지를 명확하게 전달하고 수신자를 존중하며 자기 말을 바른 행동으로 뒷받침한다. 방송인은 거짓말을 하지 않고 마음에서 우러나오는 말을 하기에 신뢰를 얻을 수 있다.

영적인 측면

다섯 번째 차크라는 감정과 욕구를 순수하게 표현하고 진실을 파묻지 않고 말하도록 하는 곳이다. 목 차크라를 관장하는 신은 판차박트라 시바Panchavaktra Shiva이다. 시바는 오감과 다섯 요소를 상징하는 다섯 개 머리를 하고, 냄새-흙, 맛-물, 시각-불, 촉감-공기, 소리-공간을 대표한다. 시바는 다마루Damaru를 연주한다. 다마루 드럼은 산스크리트어의 근원을 형성하는 14가지 다른 소리를 낸다. 드럼은 '옴Aum'의 원초적인 소리를 이루는 배음을 만든다.

다섯 번째 차크라의 종자 소리는 '함Ham'이다. 바른 소리로 종자 음절을 반복하면 목소리가 달콤하게 들린다. 뇌척수액이 목으로 배출되기 때문이다. 이 차크라의 종자 소리를 운반하는 코끼리의 거대한 귀와 우아한 보폭은 리듬과 소리의 중요성을 보여준다.

점성학에서 다섯 번째 차크라는 목성 및 수성과 관련된다. 목성은 산스크리트어로 어둠을 쫓아내는 구루Guru를 뜻한다. 수성은 통신 행성으로 알려져 있다. 수성은 날개 달린 로마 신들의 메신저로, 생각하고, 창조하고, 표현하는 방식에 영향을 준다. 말하기, 쓰기, 온라인 커뮤니케이션, 책 등이 수성의 영역 안에 있다. 그래서 수성이 역행할 때면 통신이 턱턱 걸리게 된다.

다섯 번째 차크라의 조율은 언제 필요한가?

당신은 자기감정이나 생각을 표현할 수 없을 때 무엇을 하는가? 불편한 대면이 싫어서 마음을 달래주는 음식을 찾거나 진실을 말하면 결과가 안 좋을까 봐 두려워하는가? 역사적으로 여성들은 자기 생각과 감정을 표현하지 않도록 훈련되어왔다. '아이들은 어른 앞에서는 말대꾸하면 안 된다'라는 오랜 가르침도 빼놓을 수 없다. 보복의 두려움 때문에 자기 성적 정체성을 드러낼 수 없는 경우도 비일비재하다.

자신의 감정을 무시하거나 숨길 때, 순간의 기분을 표현할 수 없다고 느낄 때, 차크라 에너지는 자유롭게 흐르지 못하다가 결국 닫혀버린다. 의사소통에 어려움이 있을 수 있고, 말을 더듬거나 말하는 두려움이 생긴다. 수년 동안 나는 대중 연설이 너무 두려워 추도사를 하느니 오히려 관 속에 있는 편이 낫겠다고 생각했다. 이런 경우 인생의 리듬을 잃어버렸다고 느낄 수도 있고, 다른 사람의 말을 받아들이기 어렵거나 심하게 수줍어하기도 한다.

목 차크라를 점검하기 위해 다음 질문에 솔직하게 답해보자.

- 필요한 것을 요구할 수 없는가?
- 하고자 하는 말을 계속 고치고 있는가?
- 자주 말하려다 입을 다물고 마음을 말하지 못하는가?
- 내면의 지침에 따라 행동할 수 없는가?
- 타이밍과 리듬 감각이 약한가?
- 목소리가 만성적으로 쉰 소리인가?
- 자신에게 정직한가?

- 만성적 인후염이나 부비강 질환이 있는가?
- 목이나 자궁 경부, 어깨에 통증을 종종 느끼는가?
- 너무 크게 말하거나 말을 더듬거리거나 말하기를 꺼리는가?
- 귀가 잘 안 들리는가?
- 지나치게 부끄러워하는가?

세 가지 이상의 질문에 '예'라고 답했다면 다섯 번째 차크라의 재정비가 필요하다.

다섯 번째 차크라 정화법

자기 말을 들어주기를 원하는 당신의 내면과 더 많이 소통하는 수단으로 글쓰기를 제안한다. 글쓰기 노트를 마련하여 매시간 또는 날마다 자신을 대면할 수 있게 한다. 스마트폰의 앱이나 노트에 적어도 괜찮다. 변호사였을 때 나는 끊임없이 메모를 했다. 간단하게 한 글자로 표시해도 된다. 예를 들어, ㅈ은 질투를, ㄷ은 두려움을 뜻할 수 있다. 감정과 통찰력을 모두 안전하게 메모해두면 진실을 표현하는 효과적인 방식이 된다. 일단 자신의 노트를 정직하게 신뢰하면, 당신이 세상에 정직할 수 있다고 믿게 된다. 관계에 어려움이 있다면, 의사소통 방식을 개선하는 커플 세러피를 추천한다.

목을 여는 좋은 방법은 발성 수업을 듣거나 성가대 혹은 노래하는 그룹에 참여하는 것이다. 과일 섭취는 다섯 번째 차크라를 유지하고 건강하게 하는 좋은 방법이다. 과일은 익으면 땅에 떨어지는, 먹이사슬의 가장 아래에 있는 음식이기 때문이다. 과일은 씹어서 소화하는 음식 중 가장 빠르게 몸의 시스템을 통과하여 높은 차크라까지 에너지가 올라가게 한다.

다섯 번째 차크라의 색은 웅장한 코발트블루이기 때문에 파란색 돌이 도움이 된다. 터키석, 아쿠아마린, 블루사파이어 등이 해당한다. 도움이 되는 향기로는 유향乳香, 메이스mace[4], 장미, 재스민 등이 있다. 다섯 번째 에너지 센터의 균형이 맞으면 소통하는 힘과 창조성이 강화되어 삶이 쉽게 흐르게 된다.

여섯 번째 차크라 – 직관

이마 차크라 또는 '제3의 눈'이라 부르는 여섯 번째 차크라에서는 당신의 마음이 다른 차원의 지혜와 접속된다. 이때 놀라운 통찰이 일어나며, 문제를 해결한다. 여섯 번째 차크라는 이마 가운데 눈썹 바로 위에 있다. 다른 다섯 차크라가 위치한 몸통이 아닌 머리에 있기 때문에 성질이 약간 다르며 생각, 지혜, 심령 재능, 직감의 강한 재능을 통제한다. 평화로움과 평온함을 나타내는 멋진 인디고

---

4   말린 육두구nutmegs 껍질.

색을 띠며 직감, 계획 능력, 예측 능력, 감각, 앎이 일어나는 곳이다.

앞선 다섯 개의 차크라는 진동이나 소리 및 단어의 상징 형태로 정보를 받지만, 이곳은 이미지를 통해 데이터를 얻는다. 여섯 번째 차크라의 통치 원리는 이미지 형성이다. 시각적으로 마음 내부 화면에 정보를 작성, 수신하고, 그것을 해석해 저장한다. 당신이 보고 상상한 것, 심리적, 직감적으로 인지하는 것을 모두 포함한 결과를 보관한다.

이마 차크라는 산스크리트어로 아즈나Ājñā라고 하며, '인식하다' '명령하다'라는 뜻이다. 의식적 신념 및 무의식적 믿음의 중앙 센터 차크라이다. 현실 너머를 보는 창으로 오감을 뛰어넘은 정보를 얻는다. 이곳에서 직관력을 통해 통일된 에너지 장으로 들어간다.

여섯 번째 차크라가 확장되며 활용하는 재능은 텔레파시(사고의 내면 소통), 예지(미래에 대한 정보), 원격 투시remote viewing, 투시력(시각적 통찰) 등이 있다. 여섯 번째 차크라가 지배하는 샘은 솔방울샘이며 눈과 가까운 머리 중앙에 자리한다. 영혼의 자리로 알려진 솔방울샘은 빛의 변동을 이용하여 몸의 기능을 100가지 이상 조절하는 여러 가지 호르몬을 생산한다.

여섯 번째 차크라의 가장 큰 장애

일반적으로 고등학생이나 대학생 시절, 호르몬이 최고치에 도달하고 직관의 소리를 듣는 법을 배우는 시기에 여섯 번째 차크라에 문제가 생긴다. 성인이 되어 마음이 지나치게 자극되고, 불안과 걱정이 가득하면, 직관의 목소리는 멎거나 침묵한다. 생각을 많이 하는 것은 여섯 번째 차크라 건강에 가장 큰 걸림돌이다. 지나친 생각은 내면의 목소리에 귀 기울이지 못하게 하고, 매우 비합리적인 좌뇌의 두려움과 감정에 사로잡히게 한다. 합리화하고 이론화하는 마인드 영역에 갇히고, 주요 에너지는 정체된다.

여섯 번째 차크라가 균형을 잃으면 창의력, 직감, 지혜의 발현이 막힌다. 이와 같은 장애를 피하려면, 땅과 다시 연결하고 따뜻한 인간관계를 맺고 몸을 즐겁게 하는 법을 배워야 한다.

여섯 번째 차크라의 건강

여섯 번째 센터가 균형을 잡으면, 왼쪽 두뇌가 명확하고 집중적으로 작동하면서 개방적이고 직관적인 우뇌와 함께 활동하기 시작한다. 곧이어 당신의 가장 깊은 지혜에 접속하게 된다. 내면의 시야inner sight가 트이고 내면의 지침을 신뢰하게 된다. 깊은 신뢰의 자리에서 산다는 것은 생의 모든 것을 사랑하며 결함 없이 살아간다는 뜻이다. 직관적인 목소리가 보내는 상징과 은유를 해석할 수 있고, 내면의 중심과 조화를 이루게 된다. 치유 예술에 재능을 보일 수도 있다.

직관의 지침은 종종 꿈에서도 보이는데, 기억과 상상력을 결합한 결과이다. 꿈은 상징적인 시각 이미지를 통해 무의식 속에서 무슨 일이 일어나는지 소통하는 수단이 된다. 꿈의 각 요소는 아주 중요하다. 시간을 내어 지난밤 꿈을 잊지 않도록 적어두면 좋다.

여섯 번째 차크라는 여섯 번째 감각인 직관의 힘과 조화를 이룬다. 차크라를 방해하는 전형적인 삶의 상황으로는 당신을 억누르거나 직감을 무시하는 사람들, 비관적이고 부정적인 사람들로부터 받는 영향이 있다. 여섯 번째 차크라가 약해지는 징조로는 기억력이 나빠지고, 집중이 어렵고 악몽, 환각, 편집증에 시달리게 된다.

여섯 번째 에너지 센터는 눈, 코, 뇌 및 신경 계통을 지배한다. 이곳은 솔방울샘과 관련되고, 솔방울샘은 다른 내분비샘에 영향을 주며 분비샘과 뇌, 면역 체계 사이의 연결 고리를 만든다. 또 트라우마가 영향을 미쳐 두뇌에 각인을 남기기도 한다. 여섯 번째 차크라와 관련된 질환과 건강 문제로는 녹내장, 백내장, 황반변성 및 실명 같은 눈 질환, 상부 또는 정면 부비동 이상, 두통, 뇌졸중, 신경교란, 뇌종양 등이 있다.

원형

여섯 번째 차크라의 왜곡된 원형은 사상가thinker이다. 사상가는 합리적인 좌뇌형이다. 이들은 감정을 비합리적이라고 여기고 자신의 감정 및 두려움과 거의 직면하지 않는다. 사상가는 마음에 지나친 자극을 받고 너무 많은 사고와 걱정으로 불안해하며, 내면의 소리를 듣지 못한다. 자신의 인생 경험이나 창조성, 직관, 균형 잡힌 여섯 번째 차크라의 내면의 지혜에 의존하는 대신 부적절한 사실에 근거한 주관적인 생각을 만든다. 땅과 다시 연결하고, 따뜻한 인간관계를 맺으며 몸에 감사하는 법을 배우는 것이 도움이 된다.

여섯 번째 차크라의 긍정적 원형은 선지자이다. 원시 부족 전통에서 보통 깊은 지혜를 지닌 선지자는 존경받는 부족의 어른이었다. 우리가 연장자를 존경하지 못하고 공경하지 않으면, 도움을 구할 만한 현명한 어른을 만날 수 없게 된다. 참된 선지자는 내면의 시야가 열려 있어, 내면의 지침을 신뢰하고, 모든 삶을 사랑하며 무결하게 산다. 완벽한 삶을 사랑하는 선지자는 모든 분야에 숙련된 자로서 내면의 중심에 닿아 있고 은유와 상징을 이해한다.

영적인 측면

제3의 눈 차크라의 종자 소리는 우주의 원시 소리인 '옴Om'이다. 그것 안에서 단일 의식을 유지한다. 여섯 번째 차크라를 관장하는 신은 시바-샥티Shiva-Shakti이다. 시바Shiva는 오른쪽 태양계 남성이고, 샥티Shakti는 왼쪽 달의 여성이다. 반 남성, 반 여성의 남신 - 여신은 순수 의식과 에너지 합일로 오직 하나만 존재한다는 것을 보여준다. 제3의 눈이 과거, 현재, 미래를 보는 것처럼 더는 이중성이 존재하지 않는다. 깊은 명상 상태에서, 당신은 행복이 가득한 소마soma(꿀)를 경험한다. 수련이 깊은 요기yogi가 소마를 흡수하면 불멸의 닫힌 문을 열게 된다.[4]

점성학에서 여섯 번째 차크라를 지배하는 행성은 해왕성이다. 해왕성은 태양에서 가장 멀리 떨어진 행성이다. 바다를 관장하는 로마 신의 이름을 따른 해왕성은 바닷속만큼이나 깊고 신비스럽다.[5] 해왕성은 예지적 행성으로 창조 능력에 영향을 미친다. 환영의 행성으로도 불리며 자기 파괴적인 환상으로 이끌 수도 있다. 여섯 번째 차크라가 균형을 잡고 정화하는 데 가장 큰 장애는 환영에 사로잡힌 경우이다. 일이 어떻게 되어야 한다고 생각하면서 특정한 관점을 고집하면 실재를 명확하게 보지 못한다. 마치 거식증에 걸린 사람이 거울을 보고 자신이 뚱뚱하다고 믿는 것과 같다.

여섯 번째 차크라의 조율은 언제 필요한가?

여섯 번째 차크라는 눈에 보이는 영역을 넘어서서, 제3의 눈으

---

5 바다의 신 포세이돈의 라틴어식 이름은 '넵투누스Neptunus'이다. 영어로 해왕성을 뜻하는 단어 '넵튠Neptune'이 넵티누스에서 유래했다.

로 직관할 수 있게 한다. 이 차크라 에너지가 균형을 맞춰 흐르면, 풍부한 아이디어와 해결책이 생긴다. 걱정하거나 과도하게 분석하고 직관에 회의적이면, 중요한 지침이 흐르지 못하도록 차단된다. 움직임 없이 정체된 채로 사는 일에만 매달리고 있거나, 혹은 다른 사람들과의 관계 부재를 겪고 있다면 여섯 번째 차크라를 다시 움직이도록 해야 한다.

여섯 번째 차크라를 점검하기 위해 다음 질문에 솔직하게 답해 보자.

- 눈, 코, 뇌 또는 신경계와 관련해 문제가 있는가?
- 꿈을 기억하지 못하는가?
- 폐쇄적인 경향이 있는가?
- 일반적으로 문제를 해결할 때 한 가지 방법만 고집하는가?
- 상황의 진실을 부정하거나 외면하는가?
- 내면의 지침을 차단하거나 무시하는가?
- 당신 자신의 윤리와 도덕에 어긋나는 방식으로 행동하는가?
- 대부분 상황에서 부정적 결과를 예상하는가?
- 당면한 업무에 집중하기 어려운가?
- 할 일을 종종 잊곤 하는가?
- 상황에 합리적으로 대처하기보다 과민하게 반응하는가?

두 가지 이상의 질문에 '예'라고 답했다면 여섯 번째 차크라의 재정비가 필요하다.

여섯 번째 차크라 정화법

여섯 번째 차크라를 정화하면 상위 자아와 소통의 길이 열린다. 내면의 소리를 듣기로 의도를 정하고, 받은 메시지를 존중하며 그에 따라 적절한 행동을 취한다. 시각에 큰 영향을 받는 차크라이기 때문에 주변에 아름답고 내면의 조화를 느끼도록 해주는 물건을 두면 좋다. 이를테면 꽃병으로 변화를 줄 수 있다. 매일 조금씩 시간을 내어 좋은 색이나 빛이 어린 아름다운 이미지를 보자. 이웃을 탐험하며, 어린아이와 같은 경외감으로 삶을 맞이할 수 있다.

밤에 잠자기 전 꿈을 기억하겠다고 마음을 먹는다. 가능하면 꿈을 적어둔다. 꿈 일지를 기록하는 것도 좋다. 꿈에서 당신이 경험한 감정이나 신체 감각을 기록한다. 되풀이되는 패턴을 찾아보자. 꿈의 각 요소를 조사할 때, 잠재의식이 당신에게 무엇을 말하려고 하는지 살펴본다.

도움이 되는 힐링 허브와 오일은 백단향, 스타애니스, 쑥, 사프란이다. 향기는 치자나무, 라벤더, 로즈마리가 좋다. 소량의 해바라기씨나 약간의 밀 배아유를 섭취하면 좋다. 여섯 번째 차크라 색인 라일락빛 자수정 또한 에너지 흐름을 개선한다. 신체의 섬세한 영역을 작업할 때 남정석kyanite 같은 수정을 사용하면 정신적 공격으로부터 스스로를 보호할 수 있다.

여섯 번째 차크라를 강화하는 가장 효과적인 방법은 혼자 있는 시간의 필요성을 인정하는 것이다. 매우 직관적일 때 우리는 종종 지나치게 공감한다. 그러면 주변의 다른 사람들로부터 너무 많은 에너지를 받게 된다. 때로는 힘든 사람이나 장소를 피해야 할 수도 있다. 더 많은 시간을 혼자 보내보자. 전자 제품을 끄고, 초나 향을 켠다. 명상하고, 책을 보며 가만히 있는다. 홀로 있다 보면 충전되는 경험을 하게 된다.

여섯 번째 차크라를 계발하고 치유하는 또 다른 방법은 심상화 visualization이다. 내면의 창에 이미지를 생성하는 연습을 해본다. 원하는 결과를 정교하게 시각화한다. 어떤 문제나 과제를 풀 때, 목표를 정하고 긍정적인 결과를 심상화한다. 심상 능력이 강해지면 이 영역 너머를 보는 능력을 강화할 수 있다.

제3의 눈 조율

제3의 눈으로 보는 능력을 강화하는 연습이다. 명상을 끝내고 혼자 조용히 있을 때 해보면 좋다. 눈을 감고 편안하게 앉는다. 연습을 통해 진실의 전체 그림에 도달할 수 있도록 다양한 관점에서 상황이나 문제를 살펴본다. 각 단계에서 보고 느끼는 모든 것을 적어둔다. 예를 들어, 미래 배우자를 명확한 내면의 시야로 보는 방법을 연습해보자.

피라미드를 오른다고 상상하자. 당신이 가장 낮은 곳에 서서 밖을 보면 생존을 위한 기본 차크라인 첫 번째 차크라의 시점으로 보게 된다. 관심 있는 사람을 볼 때 무엇이 보이는가? 무엇을 느끼는가? 그 사람이 안전하고, 보호하고, 돌봐준다고 생각되는가?

다음 단계로 올라가 움직임의 중심인 두 번째 차크라의 관점에서 살펴본다. 이번엔 무엇이 보이는가? 무엇을 느끼는가? 이 사람을 생각하면 흥분되는가? 서로 잘 맞춰주는가? 아니면 그가 당신을 더욱 채워주기를 바라는가?

단계를 올라갈 때마다 각 상위 차크라의 더 넓은 관점을 느낄 수 있다. 다음 단계로 올라가 힘 차크라인 세 번째 차크라의 관점으로 바라본다. 지금 무엇을 보는가? 당신의 미래 배우자가 당신을 인정하는가? 당신을 무너지게 하지 않고 자신의 힘으로 서 있도록 하는가? 그 사람이 당신의 약한 자존감을 지지해주기를 바라는가?

다음 단계로 올라가서 균형을 맞추는 가슴 차크라인 네 번째 차크라의 관점으로 바라본다. 여기서 무엇을 볼 수 있는가? 이 사람과 따뜻하고 부드러운 감정을 주고받는가?

이제 다음 단계인 다섯 번째 목 차크라로 올라간다. 이 차크라의 관점은 성공적인 관계를 위해 보고 느끼는 바를 표현하는 중요한 곳이다. 당신은 상충하는 생각과 깊은 감정을 편안하게 말할 수 있는가? 서로 간에 진심 어린 소통이 있는가?

여섯 번째 차크라 단계로 올라가면 더욱 파노라마 관점으로 보게 된다. 같은 상황을 보더라도 당신이 받는 정보와 관점은 매우 다르다. 새로운 비전을 적어보고 다른 층과 비교해본다. 각 상위층에선 어떻게 보이는지 확인한다. 이 사람을 경고하는 붉은 깃발이 보이는가? 그가 당신에게 적합한 사람이 아니라는 느낌이 있는가?

피라미드의 절정에는 일곱 번째 차크라가 있다. 경지에 오른 파노라마 관점이 펼쳐진다. 이 사람과의 관계는 결국 당신에게 좋은가? 이 관계로 사랑도 의식도 고조되는가 혹은 나락으로 떨어지는가? 이 사람은 당신보다 진동이 높은가? 낮은가?

같은 연습을 며칠 후에 다시 해본다. 이 사람(혹은 어떤 상황)에 대한 당신의 견해가 변했는지 살펴본다.

이제 근원과 직접 연결되는 더 높은 영적 차크라로 나아가보자.

7

일곱 번째 차크라,
영혼의 별 그리고 그 너머

이제 우리는 '창조의 면류관'인 근원과 직접 연결되는 높은 영적 차크라에 도달할 준비가 되었다.

일곱 번째 차크라 – 앎

일곱 번째 차크라를 '크라운(왕관/면류관) 차크라'라고 부르는 이유는 이 차크라가 정수리에 있기 때문이다. 일곱 번째 차크라는 산스크리트어로 사하스라라Sahasrāra라고 하며, 천 배thousandfold를 뜻한다. 일곱 번째 차크라는 완전히 깨어남을 상징하는 천 개의 연꽃잎과 같다. 진동이 높은 에너지 센터로, 깨달음을 위한 여행

의 중심점이다. 정수리 차크라가 더 많이 열리면 더욱 의식적인 존재로 진화한다. 이 차크라의 균형이 맞고 열려서 다른 차크라와 조화롭게 공명하면, 당신은 우주 의식cosmic consciousness의 문으로 들어가 전체 우주와 하나가 된다.

크라운 차크라는 인생의 시작과 끝에서 모두 중요하다. 이곳은 아기 두개골의 부드러운 지점(영혼이 몸 안으로 들어가는 입구)이며 죽음의 순간에 영혼이 육체를 떠나는 자리이다. 사고의 모든 측면인 생각, 지능, 정보, 의식, 근본 마음(신성한 지능)을 연결하며 내면화된 앎을 경험한다.

이 차크라와 관련된 요소는 생각이다. 의식의 통일장이 당신을 둘러싸며 당신을 통해 흐르는 방식이 생각이다. 정수리 차크라의 정보는 오감으로 받은 데이터의 영역을 넘어선다. 일곱 번째 차크라의 통치 원리는 질서이다. 내면의 패턴을 만들어가는 방식을 뜻한다. 당신이 무엇을 어떻게 인식하는지에 영향을 미치는 신념으로도 해석된다.

일곱 번째 차크라에서 당신은 개인의 정체성을 벗어난다. "나는 누구인가?"라고 묻기보다 "무엇을 의미하는가?"를 묻게 된다. 이 차크라는 우주 및 다른 모든 것과 완전한 합일을 경험하는 의식의 궁극 상태를 나타내는 자리이다. 당신이 하는 모든 질문에 대한 답은 내면에 있다는 것을 발견하게 된다.

몸 차크라 시스템의 정상에 있으며, 몸 영성의 절정인 이 정수리 차크라는 중매쟁이 역할을 한다. 당신을 근원과 친밀하게 통합하고, 모든 이해를 넘어서는 평화와 큰 행복을 느끼게 한다. 척추 아랫부분에 감기며 조용히 시작된 에너지가 머리 꼭대기까지 올라간다.

에너지가 일곱 번째 차크라에 도달하면, 당신은 단일 의식의 스위치를 켠 셈이다. 의식의 사다리 위로 올라갈수록, 더 많이 보고 이해할 수 있다.

일곱 번째 차크라의 가장 큰 장애

성인이 된 초기에 정수리 차크라에 문제가 생긴다. 이때는 당신이 성숙해지고 지혜를 넓히는 시기이다. 궁극의 지혜를 만나지 못하게 하는 장애물은 무엇일까? 그것은 바로 집착이다. 사랑하는 사람이나 긍정적인 목표에 대한 건강한 애착은 괜찮다. 하지만 당신이 책임을 포기하거나, 에고를 따르거나, 다른 사람을 통제하려하거나, 마음을 열지 않고 뜻대로 밀고 나갈 때, 에너지 채널은 닫힌다.

이 채널을 다시 열려면 오래된 낡은 신념 체계를 내려놓아야 한다. 당신이 자라면서 겪은 일이나 더는 도움이 되지 않는 종교적, 정치적, 사회적인 의견도 포함한다. 당신의 강한 신념은 당신이 경험하는 모든 것을 이해하는 필터이다. 인생을 바꾸고 싶다면, 먼저 해로운 신념을 재구성해야 한다. 당신의 세상에 대한 해석이 어린 시절 겪은 트라우마에 기반한다면, 불신과 공포로 세상을 만나게 된다. 자기 신념을 파악하고 어떤 신념이 당신 자신을 진정으로 받아들이고 사랑할 수 없게 하는지 알아보자.

일곱 번째 차크라의 건강

일곱 번째 차크라는 더 높은 의식의 비밀을 여는 열쇠이다. 생각과 인식을 넘어 더 높게 조율된 인식의 장으로 들어선다. 정수리가 열리면, 초월적 영역에 대한 믿음이 생기고 삶의 목적의식이 생긴다. 더 높은 영역에서, 당신은 모든 존재, 우주 및 근원과 당신의 관계를 완벽한 패턴으로 이해한다. 정수리 차크라가 열리면, 당신은 다른 사람을 판단하거나 비판하지 않고 사랑, 자애, 자각을 토대로 살게 된다.

정수리 차크라가 닫히면, 당신은 영적 경험이 무엇인지 이해하지 못하게 된다. 정수리 차크라의 에너지가 부족하면, 낮은 차크라의 힘이 흘러넘칠 수 있다. 탐욕, 물질주의, 다른 사람들을 통제하려는 욕망이 더욱더 커질 수 있다. 일곱 번째 차크라를 간섭하는 삶의 상황은 회의론자들과 어울리거나, 늘 자신이 옳아야 한다고 믿거나, 물질에 집착하거나, 향정신성 의약품을 사용하거나 처방 의약품을 남용하는 경우이다.

정수리 차크라는 솔방울샘과 뇌하수체 모두에 연결되며, 시상하부, 중추 신경계, 오른쪽 눈과 관련이 있다. 심리와도 연관되므로 면역 체계와 일부 연결된다. 일곱 번째 차크라가 균형을 잃으면, 다른 사람들과 연결이 끊어진 채 혼자라고 느끼게 되며, 다음과 같은 질환과 건강 문제가 발생할 수 있다. 불안, 우울증, 불면증, 양극성기분장애, 기억상실, 두통, 뇌졸중, 뇌종양, 간질, 다발경화증, 파킨슨병, 주의력 결핍 및 과다 행동 장애, 근 위축성 질환(루게릭병), 정신병 및 치매 또는 알츠하이머 등이 발병할 수 있다.

원형

정수리 차크라가 닫혔거나 균형이 맞지 않는 기능 장애의 원형은 자아주의자egotist이다. 이들은 세상에서 성공할 수 있지만, 너무 오만해서 자신의 영성이 펼쳐지는 것을 허용하지 않는다. 자아주의자는 자만심으로 가득 차 있고 스스로가 너무 중요해서 자신의 힘이 가장 크다고 여긴다. 그만큼 의지력이 강하고 우뚝한 힘으로 모든 문제를 해결한다. 심리학 용어로 나르시시스트narcissist라고도 일컫는다. 자신의 업적, 사연, 자아에만 관심이 있다. 첫 번째 차크라의 왜곡된 원형인 희생자와 달리 자아주의자는 성취한 모든 것을 혼자 이루었다고 믿는다.

크라운 차크라의 긍정적인 원형은 현자賢者이다. 현자는 높은 수준에 도달한 영적 마스터이다. 인식적이고 자애로운, 조건 없는 사랑을 있는 그대로 발현하는 존재이다. 이들은 항상 스승과 힐러로 존재했다. 이들은 외부에서 권력을 찾지 않고, 근원에 집중하면서 힘은 그 높은 곳에서 나온다는 것을 이해한다.

지금 당신의 모습이 현자가 될 수 없게 가로막는 주요한 장애는 집착이다. 사랑하는 사람과 영적 가이드, 해방을 원하는 건강한 애착은 어려운 숙제이다. 이 건강한 애착은 황금 사슬로 알려져 있다. 집착의 끈적끈적한 부분을 내려놓는다고 해서 책임을 포기한다는 의미는 아니다. 오히려 이제 당신의 에너지는 밖을 향하지 않게 된다. 다른 사람들을 통제하려 하거나 노력한 만큼 결실을 바라는 애착을 내려놓게 된다.

영적인 측면

크라운 차크라에서는 많은 에너지가 처리된다. 에너지가 머리에서 벗어나지 못하면 정체될 수 있다. 이 차크라의 감각기관이 중추신경계이기 때문에 에너지가 원활하게 흘러야 신경계가 평온을 유지하고, 더욱 명확한 생각을 한다. 위에서 내려오는 영감과 안내를 행복하게 받을 수 있다.

크라운 차크라의 종자 소리는 '비사르가visarga'이다. 명상 전에 이 소리를 내면, 크라운 차크라와 관련된 작은 에너지 센터인 빈두 비사르가Bindu visarga[1]를 통합시킨다. 빈두 비사르가는 힌두교

---

1 머리 뒤통수 한가운데에 위치하며, 차크라가 아니라 차크라 자체가 진화한 존재

의 브라만(사제)이 머리칼을 동여매는 뒤통수 한가운데에 있다. 이곳은 입천장에서 혀로 흘러내려 온몸에 행복을 퍼뜨리는 달콤한 감로수인 암리타amrita의 원천이다.

완전히 열린 크라운 차크라는 쿤달리니 에너지와 근원의 에너지를 통합한다. 잠시 후 쿤달리니는 기본 차크라로 다시 한번 내려와 의식이 확장된 상태에 있도록 한다. 이제 아래와 같은 더 높은 층으로 들어갈 수 있다.

- 옴(AUM 또는 OM) 소리가 계속 들리는 층
- 깨달음의 층
- 프라나의 미묘한 에너지에 숙달된 층
- 몸과 마음과 정신의 균형을 이루는 층
- 근원을 인정하고, 비판하는 마음과 이원론적 사고를 내려놓는 층

정수리 차크라와 관련된 행성은 천왕성이다. 점성학에서 천왕성은 별과 자유, 독창성을 관장한다. 아메리칸 인디언 전통은 우리가 별star에서 왔으며, 별 스승이 그들의 문화와 영적 신념을 형성했고, 언젠가 별의 나라가 돌아온다고 믿는다.[5]

상태로 여겨진다.

일곱 번째 차크라의 조율은 언제 필요한가?

정수리에서는 많은 에너지를 처리한다. 그 에너지가 당신의 머리에 갇혀 있다면, 정체되고, 압도된다. 당신은 새로운 도전이나 경험에 폐쇄적이게 된다. 당신의 견해만 중요하고 자존심과 자기중심성에 사로잡힌다. 당신을 도와줄 사람이 필요하지 않다고 느낀다. 혼자서 다 할 수 있다고 생각한다.

이 차크라의 감각기관은 중추신경계이다. 에너지가 원활하게 흐르고 신경계가 침착하게 유지되면, 생각이 명료해진다. 위에서 내려오는 영적 지침과 영감을 받아들인다. 정수리 차크라를 완전히 깨우기 위해서는 몸과 마음과 정신이 균형을 이루어야 한다.

정수리 차크라를 점검하기 위해 다음 질문에 솔직하게 답해보자.

- 당신의 높은 힘을 의심하거나 믿지 않는가?
- 당신이 버려졌다고 느끼는가?
- 당신의 믿음만이 유일하다고 생각하는가?
- 우주가 당신을 도와주지 않는다고 느끼는가?
- 혼자라고 느끼며 고립되어 있는가?
- 마음에 안개가 낀 것처럼 느껴지는가?
- 주기적으로 피로감을 쉽게 느끼며 잠이 충분하지 않다고 느끼는가?

세 가지 이상의 질문에 '예'라고 답했다면 일곱 번째 차크라의 재정비가 필요하다.

일곱 번째 차크라 정화법

일곱 번째 차크라의 주요 자질은 마음 챙김이다. 어떤 순간이나 결과에도 집착하지 않고 매 순간에 주의를 둔다. 매일 하는 명상 기도는 정수리 차크라를 여는 가장 좋은 방법이다. 의식의 우주장universal field of consciousness과 연결이 견고해지는 수행도 좋다. 수행을 통해 마음을 진정하고 에너지가 충전되어, 더 높은 의식 상태로 들어간다. 명상은 정수리 차크라를 여는 완벽한 수행 방법이지만 진정한 열쇠는 승복이다. 불안, 공포, 분노는 근원과의 연결을 언제든지 차단한다.

이 어려운 감정을 풀어주는 효과적인 방법을 찾으면, 정수리 차크라가 열린다. 그렇게 되면 당신은 온전한 삶을 살게 되고, 인류의 선을 위한 삶으로 나아가게 된다. 근원과의 연결을 존중하면, 더 높은 수준의 연결 고리가 열린다. 정수리 차크라는 흰색 또는 금색으로 보인다. 석영 크리스털은 이 차크라에 적합하다. 석영 크리스털이 빛 주파수의 전체 범위를 포함하기 때문에, 정수리 차크라나 그 이상도 밝게 비춘다. 다른 돌로는 자수정과 다이아몬드가 도움이 된다. 유향frankincense이나 몰약myrrh 같은 향이나 에센셜 오일을 사용하면 좋다. 식이 요법으로는 블루베리, 달걀 및 생선을 충분히 섭취하는 식단이 좋다.

여덟 번째 차크라 – 더 높은 지각

차크라는 일곱 가지에 그치지 않는다. 기본적인 일곱 가지 차크라, 즉 척추 아래부터 머리 꼭대기까지의 차크라는 지구에서 당신의 진화를 나타낸다. 더 높은 차크라는 당신의 상위 자아 및 우주 전체와 융합을 돕는다.

 상위 차크라는 태어날 때부터 함께했지만, 삶의 희로애락을 따라 영성이 진보하면서 풀려 나도록 해야 한다. '소울 스타soul star' 또는 '영혼의 별'로 불리는 여덟 번째 차크라는 정수리 차크라에서 약 60센티미터 위에 위치하며 전체 차크라 시스템의 중심 역할을 한다. 또 신체, 감정체, 영체를 보호하고 차크라 시스템을 흠뻑 적시는 신성한 에너지의 뿌리 역할도 맡는다. 정수리 차크라와 여덟 번째 차크라 사이에는 별의 통로Stellar Gateway가 있다. 이 통로를 따라 신성한 빛과 에너지가 당신의 몸 전체에 흐를 수 있게 한다. 성령의 빛이 당신을 채우도록 온전하게 내려놓으면, 이제 당신은 더 높은 영역으로 초월해 나아간다. 여덟 번째 차크라 차원에서 진동하는 사람을 불교에서는 '보살'이라고 한다.

완전히 사심이 없고 연민이 가득한 사람을 칭하는 보살은 근원과의 마지막 통합을 미루고 모든 중생이 해방될 때까지 돕게끔 지구에 몸을 받아서 오기로 한 자를 말한다.

여덟 번째 차크라는 빛으로 가득 찬 구체처럼 보이고 흰색 또는 약간의 주황색으로 빛난다. 이 차크라와 관련된 주요 색은 맨눈으로 볼 수 없는 자외선[2]이다. 그 대신 녹색의 나선형 밴드가 있는 짙은 보랏빛을 심상화한다. 나는 때로 누군가의 여덟 번째 차크라에서 하얀빛의 광선을 보기도 한다. 분명히 유익한 빛으로, 치유 및 영적 정화와 정서적 균형을 강화하고 안정감과 깊은 내적 평화를 가져온다.

여덟 번째 에너지 센터는 처음으로 개인성을 초월하는 차크라이며, 상승과 관련된다. 더 높은 영적 지각 및 지혜에 관한 곳이기도 하다. 자아의 한계를 넘어야 이 차크라에 접근할 수 있다. 이젠 더 높은 존재들의 거대한 공동체에 연결되었음을 감지할 수 있다.

여덟 번째 차크라의 상징은 신성한 씨앗 또는 푸른 진주이다. 정수리 차크라가 작동될 때 푸른빛이 켜진다. 고대 인도 전통에 따르면 푸른 진주는 생명의 주된 씨앗(또는 열쇠)이라고 한다.

---

2 자외선紫外線은 사람이 볼 수 있는 빛 중 가장 파장이 짧은 보라색(자색)의 바깥에 위치하며, 사람의 눈으로는 볼 수 없다.

여덟 번째 차크라의 가장 큰 장애

여덟 번째 차크라가 활성화되지 않으면 세상과 동떨어진 느낌이 들고 자기 영혼의 목표와 분리된다. 여덟 번째 차크라에는 이전 생의 업karma이 남아 있다. 전생부터 이어온 삶의 교훈이 에너지 패턴으로 저장되어 있다. 이곳은 인간계의 마지막 에너지 센터이다. 의식을 넓히고 우주로 나아가려면 남은 부정적 행동을 고치고, 지혜와 가르침으로 향하지 못하게 하는 생각을 소멸해야 한다. 부정성을 무너뜨리고 오랜 패턴을 정화하면, 당신이 지닌 영적 재능과 능력을 수용하도록 여덟 번째 차크라가 열릴 것이다.

여덟 번째 차크라의 건강

여덟 번째 차크라에 더 가까이 다가갈수록, 진정한 운명을 이해할 수 있다. 여덟 번째 에너지 센터에서 작업하다 보면, 당신은 종종 영혼의 인도자와 연결된다. 더 높은 영역에서는 당신의 에테르체ethereal body[3] 혹은 광체light body[4]를 활성화한다. 상위 자아는 늘 영혼의 목적을 알고 있다. 상위 자아와 교류하게 되면, 당신은 영혼의 목적을 인식하기 시작한다. 여덟 번째 차크라가 활성화되면,

---

3 단순한 물질적 형태로서의 육체에 생명을 부여하는 영적 매개체.

4 아스트랄체astral body로도 불리며 열망, 열정, 고통, 쾌락, 충동 등 감각, 감정을 전달하는 감정체.

당신이 계발하고자 하는 높은 자질이 내려온다. 겸손, 용기 또는 인내심과 같은 자질이 몸과 마음으로 발현되어 살아갈 수 있다.

여덟 번째 차크라의 조율은 언제 필요한가?

옛날 방식에 갇혀 있고, 어떤 변화에든 폐쇄적이고, 사물의 부정적인 면만 본다면, 여덟 번째 차크라의 재정비가 필요하다. 어쩌면 당신은 감정적으로 취약하여 마음의 평안과 평화를 찾기 위해 노력하면서 발을 땅에 붙여보려는 중인지도 모른다. 살면서 훨씬 더 많은 무엇을 공유한다 해도, 자신의 자리와 역할이 무엇인지 알 수가 없다. 혼자라고 느끼고 동떨어져 있다면 재정비가 필요한 때이다.

여덟 번째 차크라 정화법

별의 통로를 따라 영적 지혜를 만나는 새로운 영역으로 날아오를 준비가 되었다면 이 단계에서 명상 수행은 꼭 필요하다. 명상은 에너지의 균형을 유지하고 마음, 몸, 영혼이 넓게 열리도록 허용하는 유일한 방법이며, 궁극적인 힘의 단계를 수용하게 한다. 명상 전, 1~2분 동안 만트라 '마-아-조드 Ma-ah-zod'를 챈팅 한다. 이로써 당신에게 붙은 업의 잔여물을 깨끗이 비운다. 만트라는 치유에 필요한 에너지를 풀어내는 좋은 도구라는 점을 꼭 기억해둔다.

소울 스타 차크라를 정화할 때는 높은 진동의 희귀한 크리스털 돌을 활용해도 좋다. 투명한 석영 크리스털 또는 흰색 투석고selenite 결정체도 도움이 된다. 이 돌은 치유에 자주 사용되며 여덟 번째 차크라를 활성화한다. 에너지 치유가 더욱 깊게 들어갈 때에는 탄자나이트tanzanite, 자수정 결정체, 수기라이트sugilite(희귀한 핑크색 또는 보라색 돌)를 사용한다. 영의 에테르층에서 하얀빛이 몸 전체에 흘러내리도록 돕는다. 소울 스타 차크라는 매우 민감한 영역이다. 다른 사람의 여덟 번째 차크라 작업을 할 때는 심령 공격psychic attack으로부터 자신을 보호해야 한다. 끝내고 나면 정화 목욕을 하기를 권한다(13장 정화 목욕법 참고). 정화 목욕을 바로 할 수 없는 상황이라면 곧바로 손을 씻고 물이 손목과 손가락 사이를 흘러내리도록 한다. 이렇게 하면, 닿았을지도 모르는 어떤 부정적 에너지를 맑게 하며 다른 사람과의 연결도 끊어낼 수 있다.

소울 스타 명상

명상을 편안하게 할 수 있는 조용한 장소를 찾는다. 잠시 눈을 감아본다. 코로 심호흡하고 내쉰다. 심호흡을 몇 번 더 하고 긴장이나 스트레스를 내쉬는 숨과 함께 풀어준다. 심호흡과 함께, 몸에 있는 어떤 두려움이라도 모두 흘려보낸다. 미처 인지하지 못한 공포라 해도 여덟 번째 차크라를 닫히게 할 수 있다. 깊게 숨을 쉰다. 들이쉴 때, 평온과 고요함을 들이마신다. 숨을 내쉬면서, 모든 걱정과 염려를 내보낸다. 걱정과 부정적 에너지로부터 보호받기 위해 달걀 모양의 황금색 빛으로 당신을 덮는다. 이것은 두려움과 부정성을 막는 강한 보호막이 된다.

이제 마음 화면에 표시되는 이미지를 보고 다음 진언을 되뇐다. "아함 프레마 aham prema." 이 산스크리트어 진언은 '나는 신성한 사랑이다'라는 뜻이다. 진언을 되뇔수록, 사랑 에너지가 커지고 당신 안의 더 높은 사랑이 깨어난다. 첫 번째 차크라인 뿌리 센터에 천천히 집중하면서, 빨간색 층을 그려본다. 이제 천천히 두 번째 차크라로 올라가 본다. 주황색 층을 느껴본다. 그 다음 부드럽게 당신의 태양신경총 차크라로 올라간다. 그것을 금빛 노란 불꽃으로 상상해본다. 다음 차크라를 향해 올라갈 때 더 주의를 기울이면, 색상이 밝고 선명하고 강렬하게 나타난다. 이제 가슴 차크라의 생명을 불어넣는 녹색 빛으로 더욱 올라간다.

잠시 멈춰 가슴샘을 확인해본다. 이곳은 가슴과 목 차크라 사이에 있는, 영적 진화가 이루어지는 자리이다. 목 차크라의 파랗게 빛나는 색으로 올라간다. 제3의 눈의 보라색 광선을 지나, 정수리의 흰색 또는 금빛으로 올라가 본다. 당신의 앞과 뒤에서 차크라가 확장되어 열리고 있음을 느껴본다. 전체 차크라 시스템이 열리고 넓어짐을 느낀다. 정수리의 크라운 차크라에서 그 위의 더 높은 차원으로 이어지는, 반짝이는 은색 코드로 당신의 에너지가 연결됨을 느껴본다. 여덟 번째 차크라가 있는 머리 위 약 60센티미터까지 의식을 확장한다.

하얀빛이 쏟아지는 아름다운 방으로 들어가는 문을 연다고 상상한다. 그대로 온몸으로 빛에 들어간다. 이 방이 어떤 모습이어야 한다는 기준은 없다. 지성소至聖所[5]는 각자 고유한

---

5 가장 신성하고 중요하며 거룩한 장소.

모습으로 보인다.

여기, 소울 스타 차크라의 빛으로 온몸을 적시면, 상위 자아를 만나게 된다. 당신은 정말로 그렇게 장엄하다! 당신의 상위 자아에게 무엇을 물어보고 싶은가? 어떤 대답을 찾고 있는가? 지금 질문해보자. 이곳에서는 당신이 쓸 수 있는 에너지가 끝없이 공급된다.

이제 천천히 머리 위에서부터 정수리 차크라로 에너지를 가져온다. 모든 차크라로 흘려보내 각 에너지 센터마다 에너지가 흐르도록 한다. 제3의 눈, 목 차크라, 가슴 차크라, 태양신경총 차크라, 천골 차크라, 뿌리 차크라로 내려간다. 발바닥 끝까지 내려보낸다. 이제는 당신 밑의 지구 아래에 에너지를 박아놓는다. 지구의 에너지와 연결됨을 느끼면서 조용히 앉아 있다가 부드럽게 눈을 뜬다.

여덟 번째 차크라를 넘어서

아홉 번째 차크라 머리에서 120센티미터 위쪽에 있는 아홉 번째 차크라는 그리스도의 빛을 당신의 내면과 외형적 세상으로 내려보낸다. 몸의 모든 세포를 기쁨과 반짝이는 빛으로 채우며 차크라가 완전히 열리면, 회전하는 무지개처럼 보인다. 이 차크라는 당신의 카르마 청사진을 담고 있다. 여러 생 동안 연마한 당신의 모든 기술이 이곳에 저장된다. 세 가지 주요 삶의 청사진은 창조자, 스승, 힐러이다. 이 중 하나 이상에 해당할 수 있으나 한 가지 주요한 역할이 당신의 운명을 결정한다.

열 번째 차크라 열 번째 차크라는 전생에서 배운 모든 것을 사용할 수 있다. 전생의 남녀 여부는 상관이 없다. 열 번째 차크라는 두 성별을 합한다. 태양과 달의 원칙이 결합한다. 여전히 에너지 장에 두려움이 남아 있다면, 차크라가 최적으로 열리지 못해 기능을 다하지 못한다. 열 번째 차크라는 머리에서 적어도 240~300센티미터 위에 위치하기 때문에, 가슴 차크라에 치유 에너지를 보내는 의도에 집중한다. 이 차크라는 여러 층의 치유가 필요하다. 열 번째 차크라의 막힌 에너지를 정화하지 않으면, 다른 모든 영적 차크라가 그 영향을 받는다. 열 번째 차크라를 치유하려면 두려움을 녹여내고 차단된 에너지를 풀어내야 한다. 무엇이든지 정화될 필요가 있는 곳에 주의를 집중하며 마음속에 강렬한 파란 불빛을 품는다.

열한 번째 차크라 열한 번째 차크라에 도달하면 영적 여정이 매우 진보했다는 뜻이다. 여덟 번째에서 열 번째 차크라까지 열리면, 영혼의 어머니 부분과 통합된다. 열한 번째 및 열두 번째 차크라가 열리면, 아버지 부분과 연결하고 합일된다. 이제 당신은 동시에 다양한 차원에서 존재한다. 당신은 새로운 차원으로 들어가는 혼란을 넘어서야 한다. 모든 차원에서 더욱 의식적으로 존재할 수 있어야 한다. 일반적으로 영적 차크라가 완전히 열리기까지는 수년이 걸린다. 열한 번째와 열두 번째 차크라가 가장 오랜 시간에 걸쳐 열린다.

열두 번째 차크라 이 단계에서 당신은 우주와 합일한다. 제3의 눈이 열리면, 이 차크라의 광채를 즐길 수 있다. 열두 번째 차크라는 정수리에서 600센티미터 위에 위치한다. 색은 소용돌이치며 진동하는 태양과 같다. 이곳은 자기 강점의 근원이며 힘의 원천이다. 물리적, 비물리적 현실에서 변화를 실현하는 능력도 이곳에 있다. 이 차크라에서 당신은 지구를 떠나는 두려움을 직면해야 한다. 평생이 걸리는 여정이니 두려움이 밀려와도 안심하자.

상위의 더 높은 차크라 열두 번째 차크라가 전체 에너지 체계의 꼭대기일까? 그 위로 여전히 더 많은 차크라가 있다. 여덟 번째에서 열두 번째 차크라는 4차원을 통과하며, 열세 번째에서 스물두 번째 차크라는 5차원 에너지 센터이다. 5차원에서는 인류와 모든 지각하는 존재를 지원한다. 스물세 번째에서 스물아홉 번째 차크라는 6차원 차크라가 되고, 계속해서 7차원으로 나아가게 된다.

8

이니시에이션의
변형력

치유 의식healing consciousness을 확장할 수 있는 방법이 있다. 궁극적으로 근원과 다시 합쳐지는 이 과정을 이니시에이션initiation이라고 부른다. 이니시에이션은 오랫동안 많은 생을 거치며 진행되고 통달에 이르는 의식의 모든 확장 과정을 포함한다. 의식이 높을수록, 에너지 치유 능력은 더 좋아진다. 이니시에이션을 통해 당신은 더욱 열리고, 균형을 이루게 된다. 풍부한 의식은 에너지의 흐름을 풍성하게 하므로 더욱 영험하고 자애로운 힐러가 될 수 있다.

진정한 기원

당신은 지구의 삶 속에서 인간의 옷을 입고 짧게 응축된 시간 동안 살아간다. 당신 존재의 시작부터 이야기하는 것이 좋겠다.

많은 문화와 위대한 사상가들이 설명하듯이 실제로 우리는 물리적 우주를 넘은 영역에서 영혼으로 먼저 존재했다. 다른 차원을 떠다니던 당신은 어느 날 특정 목표를 세운다. 어쩌면 당신이 마지막으로 살았던 지구의 삶에서 누군가를 배신하였기에 이번에는 신뢰를 다지겠다는 소원을 세운다. 혹은 겁쟁이였던 당신이 용기와 대담함을 키우는 기회를 얻고 싶다고 생각하고, 몸을 받아 태어나기로 결심했을 수 있다. 그리고 다시 이곳으로 돌아와 지난번보다 더 배우겠다고 다짐한다.

자, 세상으로 되돌아오면 무엇을 배우려고 했는지 전혀 기억하지 못한다. 비록 진정한 기원은 기억할 수 없더라도, 당신은 여전히 다른 사람에게 선하게 대하고 진동과 의식을 끌어올리고 싶은 열망을 품는다.

인생의 현실이 시작된다. 많은 교훈을 배우고 새로운 경험을 한다. 어느 것도 쉬운 일은 없다. 물론 당신은 항상 높은 길과 낮은 길 중에 선택할 수 있다. 진실할 수도, 거짓될 수도 있다. 실수를 인정하거나 다른 사람을 탓할 수도 있다. 자신의 시간을 내주거나 쓰임받는 일에 너그러울 수도 있고, 아니면 항상 자신만을 생각하며 살 수도 있다. 윤리적으로 바른 결정을 자주 충분히 하면, 더 높은 의식 수준으로 들어갈 준비가 된다.

이니시에이션을 침례식이나 바르미츠바bar mitzvah[1] 같은, 종교의 형식적인 통과의례라고 생각할 수도 있다. 또는 흰옷을 입고 영적 지도자에게 꽃이나 향을 바치는 사람들을 상상할 수도 있다. 위대한 신비Great Mysteries의 비밀스러운 가르침에 입문하는 의식은 아틀란티스, 이집트, 페르시아, 인도, 그리스, 중국, 유럽 및 미국에서도 찾아볼 수 있다. 그러나 진정한 이니시에이션은 당신 바깥에서 일어나는 일이 아니다. 그것은 당신 안에서 일어난다.

높은 수준의 의식으로 들어간다는 것은 당신의 인식과 지각이 변화된다는 의미이다. 인생에서 '무엇'을 보는 방식이 새로워진다. '이니시에이션initiation'이라는 말은 라틴어로 '입구' 또는 '시작'을 의미한다. 문자 그대로 '안으로 들어간다'는 뜻이다. 더 높은 지혜의 수준으로 들어감이 진정한 이니시에이션의 본질이다. 새로운 차원의 인식 수준으로 진입하며, 더 깊은 수준의 나로 들어갈 수 있게 해준다. 당신의 여정에서 다음 단계가 시작되는 것이다.

---

1 유대교에서 13세가 된 소년의 성인식.

더 높은 의식의 단계로 진입하는 나의 여정

나는 여러 크리스천 힐러들과 함께 공부하면서 이니시에이션을 경험할 수 있었다. 처음 수년간은, 밖으로 나가 치유하라는 신약 그리스도의 메시지를 따르며 헌신하는 크리스천 에소테릭esoteric 그룹과 함께 지냈다. 내가 신비주의 그리스도인들과 공부하고 연습할 당시 목격한 그들의 재능은 놀라웠다. 사심 없이 근원에 그대로 연결되어 자아의 흔적을 보이지 않았다. 나는 그들이 얼마나 조용하고, 신중하고, 겸손한지를 보았다. 언제든 믿음이나 올바른 삶의 방식에 대해 질문하면, 내 안에서 답을 찾도록 이끌어주었다. 그들은 종종 "스스로 분별하세요"라고 답했다.

몇 년 후, 차크라 기반 치유 학교에서 학위를 받기 위해 논문을 쓸 때, 치유 의식healing ceremony을 수행한 10명의 기독교 목사를 인터뷰하며 취재에 나섰다. 밀교에서 본 것처럼 그리스도인 중 일부는 빛을 받는 재능이 뛰어났다. 에소테릭 그리스도인과 치유 사역자 집단 모두 신성한 에너지를 활용하는 놀라운 능력을 보였다. 그들 주위에 있으면 치유의 빛을 느낄 수 있었다. 그러나 그들이 에너지를 끌어와 사용할 때는 무작위로 방에 펼치기만 할 뿐, 의도하는 대상에게 조준하거나 제대로 전송하지 못했다. 또 자신을 부정적인 힘으로부터 보호하는 훈련을 받지 못한 상태였다. 결국 그들 대부분이 치유 작업으로 인해 고갈된 것처럼 보였다.

이러한 한계에도 불구하고, 이 성직자와 평신도 크리스천들은 내가 본 에너지 치유에 관한 세계적 연구 가운데 신성한 에너지를 끌어오는 가장 강력한 능력을 보여주었다. 당시 나는 미국의 인가받은 학교에서 에너지 치유법을 가르쳤다. 우리가 학교에서 가르친 기술은 유효했지만, 기술을 끌어올리는 데 필요한 근원 Source과의 연결은 없었다. 에너지 힐러는 효과적인 치유를 위해 단순한 기술 이상을 구현해야 한다.

시간이 지나며 나는 두 가지를 결합하는 방법, 즉 빛을 받아서 수행하고 전달하는 능력을 익혔다. 더불어 치유 학교에서 배운 기술을 동시에 활용하게 되었다. 어두운 에너지도 안전하게 중심을 잡고 보호받으며 처리할 줄 알았다.

나는 기독교 목사를 취재하는 도중에 처음으로 이니시에이션을 목격했다. 나는 교회 뒷자리에 앉아 있었고, 한 여성이 앞에 나와서 치유를 받는 중이었다. 갑자기 엄청난 에너지 폭발이 느껴졌다. 동시에 무릎을 꿇었고 공기를 타고 날아가는 기분이 들었다. 나는 근처에 앉아 있는 여인에게 가서 속삭였다. "방금 무슨 일이었어요?" 그녀는 말했다. "오, 우리는 이것을 이니시에이션이라고 말해요."

나의 크리스천 선생님 중 한 분에게 당시 경험을 이야기했더니, 내가 비슷한 경험을 복돋는 사람이 될 수 있겠다며 재능이 있다고 말씀하셨다. 현장에서 오래 일해본 경험도 없었기에 믿기 힘든 말씀이었다. 재능이 있다고 생각하지는 않았지만, 내면 깊은 곳에서 하고 싶은 열망이 얼마나 큰지를 깨달았다. 다음 단계를 위해 나 자신을 끊임없이 단련했다. 공부하고, 기도하고, 금식하고, 명상했다. 언제 어디서나 도움이 필요할 때마다 봉사했다.

그러던 어느 날, 드디어 이니시에이션 에너지를 감지할 뿐 아니라, 전달하는 방법을 터득했다. 수년 동안 수천, 수만 번의 이니시에이션을 통해 신성한 에너지를 유치하여 특정한 개인에게 수행하고 전달하는 방법을 깨달았다. 나중에는 받은 사람이 잃어버리지 않도록 확실히 마무리하는 법도 알게 되었다. 매우 섬세한 단계까지 나아간 것이다. 최근에는 신성한 에너지를 화면을 통해 집단에 전송하는 방법을 알게 되었다. 다음은 어떤 방법을 배우게 될지 누가 알겠는가?

더 높은 삶을 향한 출입구

에너지가 당신에게 전달된다는 것은 어떤 의미인가? 질문에 답하기 전에 이니시에이션 단계를 설명하는 것이 좋겠다.

모든 사람은 첫 번째 단계인 생존 단계에서 시작한다. 당신은 그 시절을 기억한다. 살아남는 법, 직업 걱정, 배우자, 외모에 대한 관심이 생존 단계의 전부이다. 이니시에이션은 새로운 에너지가 펼쳐지는 통로를 개시한다. 삶에 인식의 깊이를 더하며 수준 높은 존재로 진보한다. 때로는 한 단계에서 다음 단계로 넘어가기까지 수년이 걸리기도 한다. 예를 들어 몇 년간 연로한 어머니를 돌보았지만, 의무감으로 한 일이라서 행복하지 않았다고 해보자. 새로 확장된 인식은 어머니가 나의 일부임을 보여준다. 어머니를 돌보는 행동이 나를 돌보는 것임을 알게 된다. 이제 당신은 개인 대 개인으로 맞서지 않고 두 영혼이 함께 지내듯 어울리게 된다. 더 평화롭고 평온하다. 돌보는 일을 은혜롭게 여긴다. 인식의 차원이 상승하면 주변 사람들과의 관계가 바뀐다. 시각은 더욱 자애로워지고 다른 사람이 직면하는 문제를 더 잘 이해하게 된다.

에너지 치유는 최대한 가장 높은 단계에서 해야 효과가 크다. 예수 그리스도는 근대 역사상 가장 효과적인 치유자이며, 우리가 아는 한 최고의 이니시에이션을 이루었다. 예수님처럼 전체 군중을 치유하고 싶지 않은가? 나는 그럴 수 있기를 바랐다. 아직 그만한 치유 능력을 보지 못했기 때문이다. 실제로 당신의 에너지 장은 이니시에이션을 통해 끊임없이 지혜와 지식이 유입되며 확장한다. 에너지 장을 거대한 거품이라고 생각해보자. 당신은 에너지 장 안에 앉아 있고, 거품은 점점 커진다. 다른 사람을 돕는 방법을 더 많이 배우고픈 간절함이 커질수록, 당신의 영혼은 확장된다. 당신의 신성한 상위 자아로부터 메시지와 진동을 받기 시작한다. 책의 끝부분에서 이야기할 치유 그룹은 당신과 세상에 치유 에너지를 더욱 촉진하고 확장하게 한다. 끊임없이 확장되는 의식의 거품처럼 선한 뜻이 펼쳐진다.

이니시에이션의 첫 일곱 단계

이니시에이션은 다양한 과정을 거쳐 일어난다. 깨달음을 향한 여정에서 자아는 이니시에이션을 통해 거듭난다. 영적 진화 과정이 점진적으로 발생하며, 어떤 이니시에이션은 실제로 매우 육체적으로 느껴지는 때도 있지만, 육체적인 현상은 아니다.

근원으로 돌아가는 여정은 352단계의 이니시에이션을 거친다.[6] 우선 상승 과정의 첫 번째 라운드인 첫 일곱 단계를 설명하자면, 이 단계는 대부분 사람이 일생에 만날 가능성이 있는 과정이다. 시간이 지나 더 높은 의식 수준으로 진입하면 당신은 삶의 태도에 더 많은 책임을 져야 하고, 진실과 양심에 거리낌이 없어야 한다. 이니시에이션 과정에서 받는 높은 주파수를 유지하는 법을 배우며 받은 재능을 관리할 책임이 있다. 에너지 치유에 관심 있는 사람에게는 치유의 재능이 부여된다.

첫 번째 이니시에이션: 육체적 자아 – 출생

첫 번째 이니시에이션은 육체적 자아를 의미하며, 살면서 언제라도 강력한 경험을 하는 순간 발생한다. 예를 들어 파트너와 친밀한 순간, 출산하는 순간, 죽어가는 사람을 돌보는 동안에 경험할 수 있다. 자연을 만끽하거나, 달리거나, 스키를 타거나 앉아 있거나, 파도를 보거나 할 때 잠시 모든 것이 연결되어 있음을 느낀다.

첫 번째 이니시에이션 이후 당신은 근원에 더 많이 연결된다. 자신에게만 집중하지 않고, 다른 사람들에게 도움이 되고 싶은 염원이 생긴다. 자신의 길을 발견하고 영성 서적, 동반자, 스승을 찾아 나서기도 한다. 당신은 음식, 성性, 안전 욕구 같은 육체의 굶주림을 통제하는 법을 배운다. 당신의 삶뿐만 아니라 자연의 모든 삶에 감사하게 된다. 첫 번째와 두 번째 이니시에이션은 언제든지 자발적으로 발생할 수 있다. 가만히 돌이켜보면, 자신의 첫 번째 또는 두 번째 이니시에이션이 떠오를 수도 있다.

두 번째 이니시에이션: 감정적 자아 – 세례

두 번째 이니시에이션은 감정적 자아를 대표하며, 당신은 신성한 사랑에 눈뜨게 된다. 진정한 자아를 알고 싶은 갈망이 일어난다. 감정과 갈망을 더 의식적으로 처리하기 시작한다.

두 번째 이니시에이션의 가장 큰 걸림돌은 자신을 사랑하지 않는 마음이다. 스스로를 파괴하는 아주 큰 문제라고 할 수 있다. 감정체를 관리하고 자신의 책임을 다하면, 이니시에이션 과정이 열린다. 더는 희생자가 되거나, 다른 이를 탓하지 않기 때문이다.

나는 두 번째 이니시에이션을 경험한 순간을 분명히 기억한다. 1년 동안 상급 명상 지도자 과정을 공부하는 중이었다. 수료를 한 달여 남긴 어느 날 우리는 명상 홀에서 침묵 속에 앉아 눈을 감고 방금 받은 강한 진언을 마음속으로 반복하고 있었다. 갑자기 열이 나는 느낌이 들었다. 열은 손에서 팔목을 거쳐 목과 머릿속으로 들어왔다. 나는 당황했다. 갱년기 열감을 느끼기엔 젊은 나이였기 때문이다. 갑자기 마음속에서 방에 있는 명상하는 75명이 모두 연결된 것을 보았다. 연결을 뛰어넘어 우리는 모두 하나였다. 놀라운 순간이었다. 순간 내 안에 하나의 심장 박동만 울렸고, 방에 있는 우리 모두의 심장을 다 껴안은 듯했다. 통일장을 잠시 맛보았던 그 순간은 말로 표현하기 힘든 경험이었다.

세 번째 이니시에이션: 영혼의 합일

성실한 수행자는 두 번째와 세 번째 이니시에이션 사이의 시간이 가장 어렵다. 자아의 불균형한 성격이 나타나는 시기이기 때문이다. 자신의 문제를 명확히 알게 되고 세상의 환영에 사로잡히지 않는다. 이제 영혼의 합일이라고 부르는 세 번째 이니시에이션을 위한 준비가 되었다. 당신은 이성적인 마음과 생각을 능숙하게 다루기 시작하고 자아로부터 생성된 문제를 훨씬 더 잘 알게 된다. 차크라의 오랜 막힘과 왜곡을 풀기 시작한다.

세 번째 이니시에이션이 진행되는 동안, 소울 스타(여덟 번째 차크라, 7장 참조)에서 당신의 머리 꼭대기와 차크라 전체에 빛을 보낸다. 발바닥을 타고 내려와 지구의 핵에 닻을 내린다. 영혼의 빛, 에너지, 의식은 육체와 합쳐져 영혼을 지구로 데려온다. 진정 몸 속에 내재하며 영혼이 인식을 이끌기 시작한다. 이제 살면서 어떤 선택을 할 때 낮은 차크라의 욕망보다 영혼의 의식에 기반을 두게 된다.

네 번째 이니시에이션: 십자가형

네 번째 이니시에이션의 준비가 끝나면, 자아보다 영혼과 동일시된다. 일곱 번째 정수리 차크라가 열리고 점점 정화된다. 이 단계의 이니시에이션은 황홀한 경험이 될 수 있다. 소울 스타의 '막 membrane'이 머리 위 열두 번째 차크라로 흡수된다. 소울 스타는 전생에서 이해한 모든 것을 내려받는다. 과거의 삶을 기억할 수도 있다.

점점 진행이 빨라진다. 당신은 더 깊고 완전한 자각을 원한다. 전능한 '지금 나의 현존I AM presence'이 당신의 주요 가이드가 된다. 순응이 시작된다. 부와 지위, 외모와 성性을 통해 당신의 자존심을 세우던 방식을 내려놓는다. 모든 것이 제거된다. 당신의 더 높은 마음이 영과 혼을 하나로 묶는다. 이제 개인의 해방을 바라기보다는 인류에게 당신의 인생을 헌정하려 한다.

영spirit의 통로가 되는 사람들은 임무를 수행하기 위해 목숨을 바치기도 한다. 예수, 마하트마 간디, 마틴 루서 킹을 보면 알 수 있다.

다섯 번째 이니시에이션: 아트마(상위 자아)−통달

다섯 번째 단계에서는 빛이 가득한 소울 스타의 중심에서 나오는 에너지가 당신의 가슴으로 내려온다. 차례로, 당신의 가슴과 가슴샘 사이의 연결 고리를 활성화한다. 당신의 에너지 장과 육체 사이의 연결도 활성화한다. 의식 수준이 높아지면 태양 의식solar consciousness이 내재하기 시작한다. 태양 의식은 당신 마음속에서 가치 없다고 여겨지는 잔재를 정화한다. 첫 번째 승천 과정을 잠시 겪기도 한다. 지상의 성격, 영혼, 위대한 '지금 나의 현존'이 지구에서 하나로 통합된다. 이제 초보 마스터가 되었다고 할 수 있다.

여섯 번째 이니시에이션: 모나드monad(신아God Self)−결정

여섯 번째 이니시에이션에서, 당신은 실제로 상승을 타고 5차원으로 들어간다. 우주 장이 제공하는 모든 것에 완벽히 접근하고 빛 에너지를 사용하는 법을 배우기 시작한다. 육체적 차원에서 다른 사람들을 쉽게 치유할 수 있다. 지구를 떠나거나 인류의 봉사를 위해 머무르는 선택을 하게 된다.

더더욱 빛으로 채워지고, 행복이 충만하다. 근원과 승천한 마스터 에너지가 더 깊게 발현된다. 어떤 진화의 길이 자신에게 맞는지 선택하게 된다(승천한 마스터의 주된 가르침은 일곱 빛줄기에 근거한다. 힘, 지혜, 사랑, 평화, 진리, 풍요, 정의).

일곱 번째 이니시에이션: 로고스(우주아Cosmic Self) − 부활

당신은 이제 지구에 속한 기능을 완전히 벗어나 승천 능력을 계발한다. 일곱 번째 이니시에이션은 지구에 있는 동안 도달할 수 있는 가장 높은 단계이다. 일곱 번째 단계에 도달한 사람들은 세상의 스승World Teachers이다. 가슴 에너지가 내폭한다. 모든 차크라는 반짝반짝 빛나는 빛으로 바뀐다. 전적으로 봉사에 전념한다. 이제 물리적 법칙을 초월하는 능력, 즉 부활을 할 수 있게 된다. 신의 자녀로서 근원으로 돌아왔다는 뜻이다. 평화롭고 평온함에 가득 찬 상태이며 행성 외 존재와 관계를 시작한다.

7단계가 달성된 후에는, 이니시에이션 과정에 경험한 물리적 차원의 모든 것을 아스트랄(행성), 태양, 은하, 우주, 다원적 우주로 상승하며 복기한다. 새로운 단계로 승천할 때마다 이니시에이션의 다음 단계가 이어진다. 새로운 단계마다 힘, 사랑, 지혜가 더 커지며 에너지 치유에 사용된다.

임사체험

처음 이니시에이션의 두 단계는 '문턱을 넘는' 이니시에이션으로 알려져 있다. 마치 출입구에 서서 먼 거리에 있는 밝은 흰색 빛을 보는 것과 같은 경험이다. 빛은 당신에게 앞으로 오라는 듯 손짓한다. 임사체험Near-Death Experiences을 묘사하는 것처럼 들릴 수도 있다. 실제로 이니시에이션은 임사체험 중에 자발적으로 발생하기도 한다. 임사체험은 당신이 죽어가는 과정의 마지막 순간에 죽음이 중단되며 일어난다. 견인차가 당신 차를 끌고 가는 장면이 보인다. 심장 발작이 일어나고, 해변에서 숨을 멈추고, 수술을 받는데 갑자기 천장에서 모든 광경을 내려다보는 것 같다. 의사가 멈춘 심장을 다시 뛰게 하려고 노력하는 모습이 보인다.

놀랍게도 임사체험 중 당신은 평화롭고, 안전하며, 따뜻하고, 통증이 없고, 몸에서 분리된다. 어두운 터널 끝에 빛이 보이기도 한다. 당신은 빛으로 다가간다. 자기 생이 파노라마처럼 눈 앞에 펼쳐지는 광경을 경험할지도 모른다. 아직 시간이 되지 않았다는 음성을 듣는다. 아무리 빛을 떠나기가 꺼려져도, 돌아갈 몸이 엉망이어도 다시 돌아가야 한다는 소리를 듣는다. 빛의 존재, 내면의 가이드, 사랑하는 고인을 만날 수도 있다. 모두 같은 메시지를 전한다. 당신은 다시 몸으로 돌아와 있다.

임사체험에서, 심장이 멈추거나 뇌가 작동하지 않아도 의식이 지속한다는 점은 매우 흥미로운 사실이다. 무엇보다 임사체험은 삶을 변화시키기에 더욱 흥미롭다. 죽음을 경험하고 돌아온 사람들은 삶을 감사하는 마음이 생기고 다른 사람들을 돕겠다는 동기가 강해진다. 이제 지구상에 존재하는 목적을 알게 된다. 더 나은 사람이 되는 소임을 기꺼이 받아들인다. 다시 말해 영적 이니시에이션이 남긴 여파를 경험하게 된다.

나는 세 번이나 죽음을 경험했다. 그중 두 번은 거의 익사에 이른 상태였다. 한 번은 산에서 실족했을 때였다. 스무 살이 막 지날 무렵, 남편 에릭과 유럽으로 첫 여행을 갔다. 에릭은 프랑스의 가족을 방문한 다음 등산을 계획했다. 에릭은 공인 샤모니Chamonix[2] 가이드 인증을 받은 세계적 수준의 등산가이다. 나는 그렇지 못했다. 등반 이력은 1년 정도 되었고, 끊임없이 올라가 보려고 노력하는 중이었다. 캘리포니아 산은 알프스산맥에 비해 매우 온화한 편이며, 알프스는 여럿이 함께 등반해야 안전한 산이다.

우리는 다른 두 팀과 함께 등반했고, 각각 밧줄 세 개에 두 사람씩 다섯 명의 경험 많은 산악인들과 함께했다. 우선 좁은 길을 미친 듯이 달려서 약 3,000미터 위 고산지 마을에 도달했다. 오래된 석조

---

2 정식 명칭은 샤모니몽블랑Chamonix Mont Blanc, 프랑스 동부 오트사부아주 남동부 몽블랑 북쪽의 등산 기지로, 알프스산맥 중 세계적으로 유명한 등산 근거지이다.

주택이 있는 마을은 수백 년은 되어 보였다. 우리는 이곳에서 야영을 했다. 그리고 다음 날 빙하가 여전히 단단한 시간에 건너야 했으므로 새벽 1시에 출발했다. 알프스의 빙하는 한 시간이면 건널 수 있는 캘리포니아의 빙하보다 훨씬 난코스이다.

빙하는 거대했다. 너무 늦은 시간에 건너면, 틈으로 떨어질 수 있어 위험했다. 우리는 자정에 눈을 떴다. 갑자기 꺼림칙한 예감이 강하게 들었다. 에릭에게 말했다. "가면 안 될 것 같아. 오늘 무서운 일이 일어날 듯해."

에릭은 "조심할 거야"라고 말했다.

우리는 산을 올라 새벽 2시경 빙하 주변에 도착했다. 칠흑처럼 어두웠다. 빙하는 수직 절벽이었다. 정말로 무서웠다. 우리는 쇠 갈고리를 매달고 배낭에서 얼음도끼를 꺼냈다. 시야가 확보되도록 전등이 달린 헬멧을 착용했다. 밧줄로 서로를 묶었다. 우리 중 하나가 떨어지면 밧줄에 연결된 다른 사람이 이탈을 막을 수 있게 했다. 실제로 팀원 중 한 명이 틈에 빠졌고, 곧 그 사람을 구조해냈다. 나는 동료 산악인을 구조할 능력이 없다는 것을 깨달았다. 마음이 타들어 갔고 더욱 긴장했다.

태양이 떠오르던 시간에 정확하게 저 멀리 빙하의 반대쪽에 도착했다. 갑자기 헬리콥터 두 대가 우리 근처를 날아갔고, 30분 후에 다시 돌아왔다. 바위 절벽에서 실족해 사망한 등반가 시체 두 구를 운반하는 길이었다.

산은 만만한 상대가 아니었지만, 우리는 갈 길로 향했다. 구조 대원이 방금 시체 두 구를 운반해 갔음에도 불구하고 우리는 정상으로 향했다. 빙하를 지나, 헐렁하고 불안정한 부서지기 쉬운 바위 위에 있었다. 캘리포니아의 하이 시에라High Sierra³에 올랐을 때는 바위 얼굴이 꽤 단단했다. 느슨한 바위는 내가 매우 조심해야 하는 또 다른 이유였다.

오후 2시경 나는 뼛속까지 지쳤다. 실수로 이탈했고, 위에서는 폭스바겐 비틀 자동차 크기만 한 돌이 내 머리로 떨어지고 있었다. 필사적으로 밧줄이 나를 붙들어 주기를 기도하면서, 거대한 바위에서 벗어나기 위해 본능적으로 산머리 아래로 몸을 던졌다. 심연 위로 나를 밀어 넣었고, 의식의 또 다른 상태로 들어갔다. 죽음을 확신했다. 돌덩어리가 나를 지나 무릎을 스쳤다. 기적적으로 플랫폼에 착륙했다. 에릭은 바로 위에 있어서 나를 볼 수 없었다. 그는 밧줄이 느슨해지자 돌덩어리에 잘렸다고 생각했다. 내가 줄곧 떨어져서, 수천 미터 아래 빙하로 떨어져 죽었다고 여겼다. 곧 나의 비명이 들렸다. 돌은 내 무릎을 그냥 스치기만 한 것은 아니었다. 바지에 구멍이 나고 다리 근육이 파열했다. 나는 한쪽 다리를 쓸 수가 없었다.

---

3 미국 캘리포니아 시에라네바다산맥에서 보통 해발 3,000미터 이상에 있는 고산 지대를 부르는 이름.

산꼭대기까지는 아직 한참 더 가야 했지만 더 완만한 쪽으로 하산하기 위해서는 정상으로 가야 했다. 올라온 길로 내려가는 것은 불가능했다. 엎친 데 덮친 격으로 폭풍이 몰려왔다. 캘리포니아는 몇 시간 전에 날씨를 예측할 수 있지만, 알프스산맥은 종종 폭풍이 몰아칠 때까지 산맥에 가려 속수무책이었다. 번개가 내리쳐 얼음도끼에 불이 붙었다. 공중에서 허밍 소리가 윙윙거렸다. 알프스의 폭풍은 무서웠다. 다섯 명의 동료 등반가들은 밧줄을 묶었다. 끊임없이 내 몸을 끌면서 그곳에서 나와야만 했다. 팔을 걸어 고정된 밧줄에 실려 올라갔다. 내 실수로 다른 다섯 등반가의 목숨을 위험에 빠뜨리게 한 것이다. 우리는 악천후를 뚫고 정상에 올라 다른 편으로 내려갔다. 15시간이 아니라 24시간이 소요되었다. 나는 남은 여름을 프랑스 병원에서 보냈다. 그리고 몇 년이 지난 후에야 비로소 그 산에서 영적 이니시에이션을 경험했음을 깨달았다.

이니시에이션 프로세스 시작하기

처음 두 단계는 대부분 스스로 해낸다. 예를 들어보자. 바닷가를 걷던 중 통찰이 오거나, 고인의 장례식에 참석한 다음 인생을 되돌아 보게 되거나, 영혼의 동반자와 단둘이 있는 은밀한 순간에 어떤 영감이 떠오른다. 당신은 온전히 모두 연결되었음을 느낀다.

퍼즐의 조각이 마침내 완성되는 듯하다. 이제 복수를 다짐하는 마음 없이 이혼을 감당한다. 자신을 벌하지 않고도 직장을 잃은 상황을 받아들인다. 더는 물건을 쌓아놓거나 마구 소비하지 않는다. 마음이 달라지면 생존 단계에서 벗어나기 시작한다. 부정적인 생각과 행동에 사로잡혀 다르게 보지 않으려 고집하지 않으며, 인식이 높아지는 방향으로 결정을 내린다. 또 봉사하는 삶을 살면 이니시에이션을 준비하게 된다. 세 번째 단계 이상의 이니시에이션은 나처럼 훈련된 사람이 촉진자 역할을 맡아야 한다. 반드시 잘 훈련된 사람이어야 한다. 마음이 따뜻하고 잘 훈련된 사람은 의식의 사다리를 올라가도록 돕는다.

이니시에이션과 그 이후

자크Jacques는 내 워크숍에 참석한 학생이었다. 나는 그가 깊은 명상에 이르렀음을 감지했다. 비교적 조용한 성격이었지만 어렵게 않게 내면의 깊은 힘을 느꼈고 그가 3단계 이니시에이션의 준비가 되었음을 알아보았다. 자기 수련을 많이 한 학생들에게 3단계는 드문 일이 아니었다. 나는 그의 흉선胸腺[4]이 준비된 상태임을

---

4 가슴샘thymus. 양쪽 폐 사이 가슴 중앙에 있는 나비 모양의 중요한 면역 기관. 네

감지했다. 이곳은 영적 진전의 기반이 되는 자리이다.

자크는 무대 앞으로 나왔다. 그가 다가오자 빛의 공이 그의 머리 꼭대기로 내려옴을 감지했다. 내려오는 에너지에 나의 진동을 맞추었다. 그래야 에너지를 끌어올 수 있다. 내 에너지 장이 커지면서 들어오는 에너지를 내 에너지 장에 안착시켰다. 동시에 내 가슴 차크라가 에너지를 흡수하기 위해 넓어졌다. 에너지를 끌어와 내 에너지 장으로 통과시킨 후 자크에게 전송하였다. 불굴의 의도unbending intent로, 에너지를 수직 힘이 흐르는 데로 가져와 내렸다. 척추를 따라 수직 힘이 흘렀다. 그의 발까지 그리고 땅속으로 내렸다. 그렇게 해야, 이니시에이션 에너지를 잃지 않는다. 자크는 마치 샴페인 거품이 자신을 통과한 기분이라며 자리로 돌아갔다. 이니시에이션은 매번 다르다. 사람마다 경험하는 내용이 각기 다르다.

잠시 후 자크와 다른 사람들에게 이니시에이션을 잃는 경우를 설명했다. 매 이니시에이션 후에는 테스트처럼 보이는 일을 세 번 정도 겪는다. 세 번 모두 실패하면, 새로운 확장 대신에 이전 단계의 상태로 돌아갈 수도 있다. 이니시에이션을 회복하기가 불가능하지는 않지만, 매우 어렵다. 부끄러운 일화가 있다. 여름에 치유

번째 차크라와 연관되며, 이곳의 에너지 상태를 체크하여 많은 정보를 얻을 수 있다.

학교를 떠나 있는 동안 나는 이니시에이션을 경험했다. 학교로 돌아오자마자 동료 교사들에게 내가 경험한 큰 이니시에이션을 자랑하느라 바빴다. 학교를 이끌고 계시던 스승이 교실로 들어온 얼마 후, 에고_ego_를 온몸으로 표출하고 있던 나는 곧 부엌으로 추방되었다. 치유 테이블에서 멀리 벗어나, 1년 내내 감자 껍질을 벗겨야 했다. 스승의 신속한 행동이 나를 구해주었던 것이다. 마찬가지로 이제 나는 당신을 도우려고 한다.

숨겨진 재능 일깨우기

간단히 살펴본 이 일곱 단계 이니시에이션은 당신의 초자연적인 능력을 활짝 열어준다. 일반 사람들이 알고 보고 생각하고 느끼는 이상의 감각이 열린다. 당신의 재능은 세포의 기억과 집단 무의식 속에 잠들어 있다. 인간은 누구나 놀라운 능력을 내재하고 있다. 당신은 인식하지 못한 채 재능을 사용한다. 전화벨만 울려도 누가 한 전화인지 직감할 때가 있다. 학교에서 전화가 오기 전 이미 당신의 아이가 곤경에 처했음을 알기도 한다. 특정 주택이나 아파트를 임대하거나 구매하려다가 찜찜한 마음에 그만두는 일도 있다.

　이와 같은 재능은 셀 수 없이 많다. 어쩌면 당신은 예지력을 타고나 미래에 어떤 일이 일어날지를 알 수도 있다. 직관적 능력이 강할 수도 있다. 투시력이 뛰어나 다른 차원이 보일지도 모른다. 높은 차원에서 말하고, 가르치고, 치유하도록 의도가 설정되기도 한다. 어쩌면 당신은 표출하는 재능 가운데 하나 이상을 이미 알고 있을지도 모른다. 에너지 치유는 자기 자신을 열고 특별한 재능을 꽃피우는 과정을 촉진한다. 먼저 자신이 알고 있는 재능부터 사용해보자. 그것은 가장 먼저 두드러진 재능이며, 다른 재능도 곧 날개를 펼치고 날아오를 것이다.

2부에서는 의식을 확장하는 방법 가운데 내가 아는 최상의 몇 가지를 설명하려 한다. 영적인 길에 단단히 발을 묶고, 자신을 치유하는 능력을 향상하여, 다른 사람도 포용할 수 있기를 바란다.

HEAL YOURSELF
HEAL THE WORLD

2

에너지
치유 도구

9

궁극의 에너지 도구:
명상

이 책을 읽기 전에는, 자기 자신이나 다른 사람을 치유할 수 있다는 생각조차 못 했을 수도 있다. 우리는 이미 에너지 치유의 힘과 작동 원리를 알아보았다. 치유의 힘이 어디서 비롯되고, 삶에서 어떻게 활성화하는지를 배웠다. 그리고 몸의 일곱 에너지 센터와 머리 위의 여덟 번째 차크라(그리고 그 너머까지)를 공부했다. 치유에서 차크라는 핵심을 이룬다. 앞으로는 내가 개인적으로 배우고 습득한 독특하고 강력한 도구를 소개할 것이다. 에너지 힐러가 되는 과정에서 중요한 내면의 힘을 강화하는 도구를 배워, 치유와 선한 마음을 위해 사용하기를 바란다.

명상

첫 번째 에너지 치유 도구이자 궁극적인 치유 방편으로 명상을 제안한다. 명상이 무엇이고 혜택이 무엇인지는 조금씩 들어봤을 것이다. 설명을 조금 덧붙이자면, 명상meditation의 어원은 라틴어 메디타툼meditatum에서 유래하며 '숙고하다'란 뜻이다. 하지만 실제 명상은 생각하는 것이 아니라 주의를 내면으로 돌리고, 마음을 진정시키는 수행을 의미한다. 명상은 정서적, 신체적, 정신적으로 당신을 변형하고 치유하는 광범위한 능력을 발휘한다. 명상에는 단점이 거의 없다. 수천 년 동안 주로 동양에서 수행하다가, 최근에는 서양에도 널리 알려지고 있다.

현대의 명상은 주로 불교, 힌두교, 도교 등 동양의 종교적 전통에 뿌리를 두지만, 명상 수행을 위해 종교인이 될 필요는 없다. 명상 기법은 여러 단계에서 당신을 치유하고 의식과 자비심을 함양한다. 하루 한 번에서 두 번 하는 20분 명상이 당신 삶에 활력을 불어넣는다. 명상이라고 하면 향 연기가 피어오르는 방 안에서 방석 위에 가부좌를 틀고 앉은 이미지를 떠올릴 수 있다. 그러나 그것보다 훨씬 단순한 방법으로도 가능하다. 적절한 연습을 하면 쉽게 앉아 있게 된다. 아늑한 의자 또는 주행하지 않는 차 안에서 등을 곧게 펴고, 눈을 감는다. 몇 분 동안 명상 존으로 들어간다. 이것이 전부이다. 백단향을 피울 필요도 없다. 명상은 당신을 가장 편안하게 만드는 방법이다.

명상의 목표는 마음을 닫거나 귀찮은 생각에서 도망치는 것이 아니라, 마음을 자신에게 맞추는tune in 것이다. 바깥으로 산만하게 내달리던 주의를 그 주체인 자신에게 돌리면, 자신과 상황이 더 명확하게 보인다. 그러면 문제의 해결책이 자연스럽게 떠오른다. 명상은 스트레스를 없애고 휴식을 취하는 매우 좋은 방법이며, 당신을 건강한 상태로 끌어올린다. 영적으로 더 깊은 곳으로 데려가 근원과 만나게 하고 모든 측면에서 차크라 균형을 유지하게 돕는다.

명상이 에너지 치유의 중요한 도구인 이유는, 주의를 기울이고 주의를 조율할 수 있는 힘이 명상을 통해 길러지기 때문이다. 명상은 당신의 의식에 주의를 집중시키고, 생각 사이의 틈으로 들어갈 수 있게 하고, 당신을 보편적인 우주 에너지 장으로 연결한다. 누군가 내게 빛으로 채워진 치유의 삶에 대한 비밀을 물어오면, 나는 첫 번째로 항상 '명상'을 꼽는다. 영적 스승이자 에너지 힐러로서 치유의 진전을 위해 최고로 추천하는 방법은, 매일 하는 명상이다. 단순히 매일 5분 혹은 10분씩 가만히 앉아 있는다거나, 멍 때리고 있거나, 부드러운 음악에 빠지거나, 다른 사람이 목소리로 안내하는 명상을 듣는 것은 추천하지 않는다.

집중하는 법을 배워보자. 예컨대 진언을 사용하면 지금 그대로 존재하기가 수월해진다. 명상은 내면의 침묵과 심오한 고요 안으로 깊숙이 들어가게 도와준다. 그다음 우주 장과 만나게 하는데, 당신의 상위 자아뿐 아니라 세상과 연결되도록 하기 때문에 매우 중요한 역할을 한다. 명상으로 우리가 모두 연결된다면 세상이 어떻게 될지 상상해보라!

내가 명상을 처음 시작했을 때와 마찬가지로 당신에게 묵은 스트레스가 꽤 있다면 깊게 들어가기까지 시간이 다소 걸릴 수도 있다. 하지만 처음 명상을 시작했더라도 치유의 혜택은 즉시 느낄 수 있다. 명상은 의식을 높이기 시작한다. 그리고 오랜 트라우마 에너지를 해소하고 지금까지 인생에서 겪은 부정적인 에너지로부터 풀려나도록 돕는다. 앞에서 말했듯이, 20대 중후반의 젊은 변호사였을 때 나는 저돌적으로 일했다. 건강을 희생해서 힘들게 성공의 사다리를 바쁘게 올랐다. 괜찮다고 생각했다. 중독을 일시적 수단으로 정당화했고, 목표를 위해서는 어쩔 수 없다고 여겼다. 그러나 끝이 보이지 않았다. 사다리를 올라가는 단계마다 또다른 도전이 기다렸다. 더 많은 돈을 벌어야 했고, 살을 더 빼야 했고, 더 큰 소송 건을 이겨야 했다. 암 진단을 받고 나서야 어쩔 수 없이 내 모습을 직면했다. 쉽지 않은 일이었다.

나는 건강을 되찾기 위해 해야 할 모든 일이 너무나 두려웠다. 스트레스는 엄청났다. 자기 파괴에서 벗어나기 위해 명상을 시작했다. 아침에 20분, 오후에 20분을 할애했다. 큰 변화를 알아차리기까지 몇 주밖에 걸리지 않았다. 나는 매일 집의 현관을 걸어 나가, 차를 타고 출근했다. 항상 똑같은 문을 열고 오갔다. 명상을 시작한 후 어느 날, 갑자기 앞마당에서 자라는 이국적인 꽃이 눈에 띄었다. 작년에 다년생식물을 심어놓았다는 사실을 깨달을 때까지 이 꽃이 어디에서 왔는지 깨닫지 못했다. 몇 주간 꽃이 만개했지만, 생각에 사로잡힌 터라 꽃조차 보지 못한 모양이었다. 명상은 주변 세상에 눈을 뜨도록 했다. 나는 더 열렸고, 두려워하지 않기로 했다. 이후로 나는 매일 명상을 한다.

누구에게나 치유해야 할 문제가 있다. 질병이나 건강 상태, 불안 스트레스, 수면 장애, 전반적인 우울감 및 활력 저하 혹은 에너지 정체가 오래되어 최상의 상태로 살기 어렵거나 제 기능을 제대로 못하기도 한다. 근본적으로 변화될 준비가 되었다면 명상을 가장 첫 도구로 삼기를 권한다.

명상을 계속하면 인생의 모든 면이 훨씬 수월해진다. 당신은 외부 세력에 덜 반응하게 된다. 사려 깊고, 현존하며, 행복하고 건강해진다. 명상은 에너지 치유에서 최고로 좋은 도구이다. 진언을 이용한 만트라 명상도 효과적이다. 적절한 만트라가 없다면 호흡에 집중하는 연습을 해보자. 호흡 연습은 명상을 준비하는 데 매우 좋은 방법이다.

마음챙김 호흡

등을 곧게 펴고 편안하게 앉는다. 가볍게 눈을 감고 호흡에 주의attention를 기울인다. 들숨에 콧구멍으로 들어오는 공기의 흐름을 느껴보고, 날숨에 콧구멍에서 나가는 공기의 흐름을 느껴본다. 의식을 코끝에 두고, 마치 코끝에 '앉아서' 콧구멍으로 숨이 들어오고 나가는 것을 지켜보듯 현상을 알아차린다. 호흡이 폐로 확장될 때 그것을 따라가지 말고, 단지 코끝에 주의를 두고 들숨과 날숨을 느끼고 알아차린다.

어떤 느낌이 드는가? 잘 살펴보면, 모든 숨이 다르다. 호흡이 코의 특정 부분에서만 잘 느껴지기도 한다. 숨이 가벼울 때도 있고, 거칠거나 얕아지기도 한다. 감각이 확장되면서 윗입술까지 어떤 느낌이 들 수도 있다. 심호흡하거나 숨을 조절할 필요는 없다. 숨을 쉬는 데 옳고 그른 방법은 없다. 통제하지 말고, 그냥 숨을 '쉰다'. 오랜만에 바닷가에 갔을 때, 해변에서 파도가 왔다 갔다 하는 것을 신기하게 보듯이, 코끝에서 느껴지는 들숨과 날숨을 편안하게 관찰하고 느껴본다.

자연스레, 주의가 왔다 갔다 할 것이다. 생각에 사로잡히거나, 주변의 소리, 몸의 다른 감각에 주의가 흐트러질 것이다. 가렵거나 다리가 저릴 수도 있다. 마음이 코끝에서 벗어나 있다는 사실을 자각하는 순간, 코끝의 호흡 감각으로 돌아오면 된다. 지금 들숨인지 날숨인지, 호흡의 결이나 상태가 어떤지 살펴보고, 호흡의 자연스러운 리듬으로 주의를 돌리기만 하면 된다. 마음이 흐트러졌을 때, 코끝으로 다시 마음을 챙겨 돌아오는 연습 자체에 큰 의미가 있다.

코끝에서 호흡을 관찰하며 알아차리는 것이 처음에는 힘들 수도 있다. 이럴 때는 '호흡을 세는 연습'을 한다. 날숨에 하나, 그다음 날숨에 둘 하는 식으로 열까지 호흡을 세고, 다시 반복한다. 잡생각을 떨쳐버리려 애쓰지 말고 가볍게 놓아둔 채, 계속해서 호흡으로 돌아온다. 호흡을 세는 집중력이 키워지면, 다시 코끝의 호흡 감각을 자각하는 연습을 병행한다.

마음챙김 호흡은 단 몇 분이라도 훌륭한 명상이 된다. 한 번에 20분 이상 매일 꾸준히 연습하면, 과학적으로도 이미 입증된 긍정적인 변화가 몸과 마음에 발생한다.

만트라 명상

만트라는 내면에서 신성한 음절을 반복하는 방법으로 마음에 집중하게 한다. 주의를 호흡으로 돌리는 대신 진언에 집중한다. 호흡을 관찰하는 것보다 훨씬 쉬운 방법이다. 만트라는 산스크리트어로 만Man(마음)과 트라tra(자유)의 합성어이다. 진동으로 당신의 마음을 자유롭게 한다는 뜻이다.

진언은 특정한 결과를 내기 위해 집중하는 확언과 다르다. '나는 행복하다. 나는 건강하다. 나는 온전하다'는 확언이다. 만트라는 고대 산스크리트 종자 음절에 기초하여 미묘한 추진력을 지닌 소리로, 높은 의식 수준을 돌파하게 한다. 만트라를 이용하면 아주 깊은 명상의 상태로 들어간다. 고대 베다 전통에서 내려오는 만트라의 소리는 우주 통일장으로 우리를 인도한다. 그러므로 호흡에 집중하거나 시각화하는 명상보다 더 효과적이다.

만트라는 발음이 매우 중요하다. 근원에 맞닿게 하는 올바른 진동의 만트라는 사람마다 다르다. 종자 음절은 건강의 근원인 당신의 가장 높은 힘에 접속하며 여러 차원에서 힘을 재충전할 수 있다. 일단 자신의 만트라를 받으면 그것의 신성한 힘을 알고 소중하게 자신만의 음절로 간직해야 한다. 큰 소리로 말하거나 다른 사람들과 나누어 사용해서는 안 된다. 당신이 만트라를 받기 전까지는(개인 만트라를 받는 방법에 대한 자세한 내용은 책 뒤쪽에 수록했다)

일반적인 씨앗 음절인 '옴AUM'을 사용하면 된다.

야생마 같은 생각을 진정시키다

명상은 끝없이 돌아가는 생각의 고삐를 당기는 멋진 장점이 있다. 끊임없는 생각은 마음을 폭격한다. '원숭이 마음'은 항상 잡담을 멈추지 않는다. 생각하는 마음은 늘 그렇게 쉼 없이 일한다. 우리는 쳇바퀴에 걸려 끊임없이 생각을 재생한다.

만트라를 이용하는 명상은 생각을 멈추게 하지 않는다. 생각을 멈추는 것은 불가능하다. 생각하는 것은 마음의 일이다. 명상은 생각 주변에 더 많은 공간을 제공한다. 그래서 명상을 마친 후에 생각을 더 분명히 볼 수 있도록 한다. 생각을 더욱 냉철하게 알아차리면, 당신은 자동으로 불필요한 항목을 삭제한다. 자신에 관한 오랜 나쁜 생각도 마찬가지이다. 명상 수행은 부정적인 생각 패턴을 보게 하고, 편안하게 바꾸게 한다.

명상의 결과로 자신을 더 잘 알고 자기 생각을 분명하게 보고 숙고하면, 명상 수행의 이점을 알게 된다. 평온함, 변치 않는 평화로움, 세상과 하나 됨을 경험한다. 명상을 통해 생각과 생각 사이

---

1   시끄럽고 집중을 못하는 마음가짐.

의 공간으로 들어가 우주 장에서 쉴 수 있다는 것을 알게 된다. 주기적인 명상은 다른 휴식 기법보다 효과가 탁월하다. 스트레스를 줄이고, 건강을 증진하고, 우울한 감정이 해소되는 효과가 있다. 당신은 활기찬 얼굴로 회복되며, 모든 방면에서 삶의 질이 향상된다. 정말 좋지 아니한가?

어두운 생각이 들 때

당신이 명상을 처음 접한다면, 명상을 하는 중이거나 끝낸 후 어린 시절에 묻어둔 부정적인 생각이 떠오르기도 한다. 그렇다고 걱정할 필요는 없다. 때로 지나가는 과정이다. 잠시 시간을 들여, 비평하지 않고 가만히 감정을 관찰한다. 생각과 감정이 일어나는 것은 정상적인 과정이다. 명상은 에너지 장에서 낡은 감정과 기억을 지우고 당신을 생기롭고 새롭게 한다. 당신에게 해를 끼친 사람들에게 용서를 보내보자. 당신의 실수와 안 좋은 경험도 용서한다. 이것은 자아 통달의 한 과정이다. 부정적인 상태에서도 편안하게 두려워하지 않고 자세히 탐구할 수 있다면, 부끄러움, 시기심, 분노, 거친 감정과의 전쟁에서도 이길 수 있다.

명상을 하면 고요함 속에 작게 울리는 내면의 목소리가 들린다. 내가 좋아하는 명상의 매력이다. 당신이 삶에서 잘못된 방향으로 나아갈 때 내면의 소리가 울려온다. 유지해야 하는 관계라면 당신은 더 관심을 두고 지켜봐야 하는지 여부를 분명히 알게 된다.

명상을 하면 내면의 목소리가 커진다. 목소리는 자신을 신뢰하고 내린 결정을 든든하게 뒷받침해준다. 당신은 궁극적으로 최선의 삶을 위해 필요한 것이 무엇인지 이해하게 된다.

높은 수준의 사고, 더 높은 차원의 우주와 연결하는 능력 또한 명상을 통해 계발된다. 수행을 지속하면서 능숙해지면 이것이 어떤 의미인지 더욱 잘 이해할 수 있다. 가장 명확한 지각은 일반적으로 명상하는 동안이 아닌 명상을 끝낸 후에 일어난다. 샤워하거나, 아침 식사를 하거나, 개를 산책시키다가 큰 통찰이나 아이디어가 떠오른다.

명상이 가장 좋은 이유와 에너지 치유의 궁극적인 도구가 되는 이유가 여기에 있다. 알다시피 영성의 사다리를 타고 가면, 자신뿐 아니라 다른 사람을 돕는 중요성을 깨닫게 된다. 꾸준한 명상 수행을 통해 실제로 지구의 모든 사람을 도울 수 있다. 불편한 뉴스를 듣고, 보고, 읽을 때마다 명상으로 평화로운 치유의 진동을 보내는 역할을 할 수 있다. 명상을 통해 높은 의식을 우주 에너지 장으로 전파함으로써 당신은 모두에게 좋은 치유 에너지를 보내게 된다. 궁극적으로 세상을 치유하는 데 일조한다. 그래서 에너지 치유라고 일컫는 것이다. 그럼, 다음 장에서 명상하는 법을 배워보자.

10

치유를 위한
명상 활용법

명상하는 법을 배우기 위해 한적한 동굴이나 먼 산꼭대기까지 갈 필요는 없다. 하루 한 번 또는 두 번 조용한 곳에 앉아서 기본 지침을 따르면 된다. 다음 지침은 수행이 잘되도록 돕고 일상에서 명상 수행을 할 수 있는 이상적인 방법이다.

매일 명상하기

매일 20분씩 한 번 또는 두 번 꾸준히 명상을 한다. 꾸준한 명상만이 효력이 있다. 매일 하면 점차 효과가 나타난다. 명상 수행 초기에는 뇌의 소프트웨어에 영향을 준다. 5년 동안 주기적으로 명상을 하면, 뇌의 하드웨어에도 영향을 미친다는 연구 결과가 있다. 하버드 의과대학의 신경과학자가 연구한 바에 따르면 참가자가 하루에 두 번 20분씩 몇 달만이라도 명상을 할 경우 각기 다른 네 영역, 즉 학습과 기억력, 공감 능력, 자기 적합성, 감정 조절 능력과 관련된 뇌의 부피가 증가하고, 신경전달물질을 생산하는 뇌간 일부분이 강화되었음이 밝혀졌다. 연구자들은 또한 '투쟁 또는 도피' 반응이 더 줄어들고 스트레스 수준, 불안 및 두려움이 감소함을 확인했다.[7] 당신은 시간이 지남에 따라 명상으로 인해 심장박동 수가 느려지고, 수면 개선 및 혈압 완화 효과를 경험할 것이다. 모든 사람이 명상을 배울 수 있으며, 더 오래 연습하면 수월해진다. 명상 일정을 계획하고 매일 같은 시간에 하면 더 좋다.

명상에 좋은 때

아침에 일어나자마자 제일 먼저 명상을 한다. 일어나서 운동하기 전에, 이메일이나 소셜 미디어를 확인하기 전에, 아침 식사 전에, 심지어 모닝커피를 마시기도 전에 시작한다. 이른 아침 해 뜨는 시간이 상위 자아와 만나는 최적의 시간대이다.

이상적으로는 두 번째 명상은 퇴근 후 저녁 식사 전에 시간을 내면 좋다. 사무실이라면 문을 닫고 방해받지 않게끔 한다. 집으로 가는 중이라면 운전하기 전 차에 앉아 명상한다. 명상을 너무 늦은 시간에 하면 때로 잠들기 어려울 수도 있으니 주의한다. 저녁 식사 전 시간대가 무난하다.

하루에 주어지는 시간을 더 늘릴 수는 없지만, 명상을 하면 집중력이 높아져 생산성이 향상되고 시간이 늘어난 기분이 든다. 너무 바빠 하루에 한두 번 아무것도 하지 않고 20분간 있을 만큼 짬을 내기 어렵다고 생각할지도 모르겠다. 그러나 명상의 묘미를 느끼게 되면, 곧 매일 나만의 시간을 고대하는 날이 올 것이다.

준비하기

혼자 있을 수 있는 의자나 방석에 앉거나, 주차된 차의 좌석에 등을 곧게 펴고 앉는다. 눕거나 소파에 기대앉아서는 안 된다. 몸은 잠들라는 신호로 받아들일 수 있다. 허리를 지지하는 등받이를 사용하거나 의자에 앉아도 되므로, 허리를 너무 곧게 펴기 위해 무리하지 않아도 된다. 눈을 감거나, 반쯤 뜬다. 눈을 감으면 시야로 들어오는 것들 때문에 산만해질 가능성이 낮아진다. 밖을 보지 않으면 내면에 집중하기가 더 수월하다.

주의 산만 없애기

외부의 소리와 내면의 잡담은 집중을 방해한다. 몸은 가려움증, 가벼운 통증, 따끔거리거나 낯선 감각으로 인해 정신을 산란하게 할 수 있다. 산만함은 명상 자체의 결과일 수도 있다. 오래된 트라우마와 관련한 얼굴이나 이미지가 떠오를 수 있다. 귀뚜라미, 종

소리, 아름다운 멜로디가 내면에서 들리기도 한다. 모두 정상적으로 스트레스가 해소되는 과정이므로 무시하면 된다.

명상을 최대한 활용하려면, 되도록 산만한 방해 요인이 없어야 좋다. 예를 들어, 반려동물은 다른 방에 둔다. 같은 공간에 있으면 동물이 명상 에너지를 흡수해 간다. 휴대전화를 끄고 문에 방해 금지 표지판을 걸어놓는다. 주의가 산만한 부분은 물리치기 어려우므로 최선을 다해 무시한다. 만약 마음이 떠돌아다니고 있음을 깨달았으면 다시 호흡이나 만트라로 집중하여 돌아온다.

잠들어도 괜찮다

명상 중 꾸벅꾸벅 졸아도 괜찮다. 자연스럽게 흐름을 타도록 하라. 잠깐 쉬어도 괜찮다. 그러나 명상 때마다 졸고 있다면, 스트레스가 많거나 밤에 충분히 자지 않았다는 뜻이다. 평소에 조금 더 잘 쉬고 잘 자도록 하자. 적절한 수면은 업무 효율을 높이고, 기분을 좋게 유지한다.

내면의 시계에 맞추라

20분 동안 명상하기로 마음을 정한다. 시계로 알람을 설정하지는 않는다. 소리 때문에 갑자기 명상에서 깨지 않도록 한다. 그 대신 내면의 시계를 사용하여 시간이 얼마나 지났는지 가늠해본다. 처음엔 가끔 한 눈만 떠서 가까운 시계를 보며 확인한다. 몇 주 동안 연습하면, 내면에 자연스러운 시간 감각이 생긴다.

명상을 마친 후에는 급하게 바로 일상으로 돌아가지 않는다. 잠시 눈을 감고 있거나, 서서히 몸을 움직이며 일상 의식으로 복귀한다. 명상 상태에서 너무 빠르고 급하게 일상적인 상태로 돌아오면, 평온한 의식이 잘 유지되지 않고 두통이 생길 수도 있다.

명상으로 더욱 젊고 건강해지기

명상을 하면 젊어지고 노화의 속도가 느려지는 경험을 할 수 있다. 과학자들의 엄격한 통제 연구[1]를 통해 더 많은 증거가 모이고 있다. 연구 결과 명상은 '젊어지는 샘'임이 밝혀졌다.

1982년 명상과 노화에 관한 첫 번째 연구에서 로버트 키스 월리스Robert Keith Wallace 박사는 '50세 여성이 5년간 명상을 하자 실제로 생물학적 나이는 12년이나 젊었다'라는 결과를 발표했다.[8] UCLAUniversity of California Los Angeles의 연구는, 노화가 진행되는 동안 명상가의 뇌가 일반인보다 덜 수축되며 두뇌의 다른 영역 간 연결이 더욱 좋아졌음을 밝혔다.[9]

---

1 변수의 영향을 최소화하도록 설계된 실험 혹은 관찰 연구. 대개 실험군과 대조군 간의 측정과 비교를 통해 결과의 신뢰성을 높인다.

명상은 건강에 또 다른 긍정적인 영향을 미친다. 마음/신체 의학연구소Mind/Body Medical Institute의 연구 결과에 따르면, 하루 15~20분 명상으로 월경전긴장증후군PMS의 불편한 증상이 58퍼센트 완화되었고, 여성의 안면 홍조도 줄어들었다. 실험에 참가한 여성 명상가들은 노화를 부정적으로 보는 시각이 일반인보다 훨씬 덜했다.[10]

2007년에 콜로라도의 샴발라마운틴센터Shambhala Mountain Center[2]에서 시행한 사만타Shamatha 프로젝트는 3개월간의 수행 과정을 연구하였다.[11] 과학자들은 3개월의 명상 기간 동안 시작, 중간, 끝 시점에 참가자들의 뇌와 심장 파동을 연결하여 관찰하였다. 연구 정보의 흐름을 일관성 있게 살펴보기 위한 방법이었다. 2012년에 UCDUniversity of California, Davis의 마음과두뇌센터 Center for Mind and Brain 신경과학자인 클리퍼드 사런Clifford Saron 이 이 연구 결과를 출판하였다. 일반적인 신체 반응 효과도 증명되었는데, 명상으로 혈압이 낮아지고, 덜 불안해하고, 인지기능도 향상되었다. UCSFUniversity of California, San Francisco의 심리학자 엘리사 이펠Elissa Epel은 이 연구 자료를 검토하고, 명상이 텔로미어telomere와 관련한 노화 방지에 극명한 효과가 있다는 놀라운 결

---

2 1971년 티베트 승려 초감 트룽빠 린포체가 미국 콜로라도 로키산맥에 설립한 대규모 불교 수행단체.

과를 알아냈다.

텔로미어란 무엇인가? 신발 끈의 끝부분을 싼 플라스틱과 비슷한 모양의 텔로미어는 DNA의 모든 가닥 양쪽 끝을 덮은 마개와 같다. 텔로미어는 염색체를 보호한다. 시간이 지나 세포가 분열하면 텔로미어가 더 짧아지고, 결국 DNA 가닥이 손상된다. 이제 세포는 노화되고 죽는다. 흡연, 운동 부족, 스트레스, 식욕 부진, 비만 등의 요인들이 텔로미어를 빨리 짧아지게 한다. 사만타 연구에 참여한 명상가들은 텔로미어 복원 효소인 텔로머라제telomerase가 높은 수준으로 유지되었다. 이 효소는 텔로미어가 짧아지지 않도록 보호한다. 《가디언The Guardian》의 조 마천트Jo Marchant가 보도한 바에 따르면, 이펠은 "명상가들에게 텔로머라제의 증가가 충분히 오래 지속된다면 텔로미어 역시 더 안정적이고 오랫동안 유지된다고 추론할 수 있다"[12]고 설명했다.

명상으로 삶의 시간을 늘릴 수 있다는 뜻이다. 그러니 명상 고속열차에 올라타기를!

빛으로 채우기

명상과 비슷한 방법으로 '소주천小周天, Microcosmic orbit'을 소개한다. 소주천은 빛의 순환으로 알려진 도교 수행법이다. 에너지를 배양하고 순환시키는 데 사용되며, 기氣 혹은 개인 에너지를 몸의 에너지 통로를 따라서 쓸어낸다. 도교적 수련 운동인 태극권太極拳이나 기공에서 활용되는 기법이다. '따뜻한 흐름'이라고도 하는데, 몸의 경락을 따라 차크라로 보내지는 에너지가 따뜻하기 때문이다.

이 기법은 명상을 대체하기보다는 명상을 보충하는 방식으로 활용하면 좋고, 밤에 잠들기 어려울 때 도움이 된다. 소주천을 안에서 열면, 몸보다 크게 확장하고 우주 에너지 장과 결합할 수 있다.

매일 하루에 5~10분 동안 연습해본다. 첫 번째 연습부터 스트레스가 현저히 줄어든다. 매일 연습하면 10일만 지나도 더 명확해지는 자신을 발견할 수 있다. 주의할 점은, 정크푸드와 첨가제 및 방부제가 들어간 음식 섭취를 줄이거나, 끊어야 한다. 궤도를 오르내리는 데 속도가 느리다면 탁한 불순물이 경락을 막았기 때문이다. 되도록 건강한 음식 섭취를 유지하여 최상의 결과를 경험하길 바란다.

소주천

옆의 그림을 보고 몸에서 에너지가 어떻게 흐르는지 참고하자. 두 종류의 화살표가 보일 것이다. 첫 번째(실선)는 독맥督脈, 지배governor 채널, 남성 채널로, 척추 기저부에서 시작하여 등을 타고 쿤달리니kundalini(원초) 에너지를 척추 위로 올린다. 뒤통수와 머리 꼭대기의 백회혈百會穴을 거쳐, 뇌하수체와 솔방울샘(송과선)을 지나 입천장으로 내려온다. 이것은 양陽 또는 뜨거운 에너지에 해당한다.

임맥任脈, 기능functional 채널, 여성 채널이라고 하는 두 번째 흐름의 화살표(점선)는 몸 앞 혀끝에서부터 가슴과 하복부를 따라 아래쪽으로 흘러 회음부(생식기 바로 뒤에 있는 자리)까지 내려간다. 이것은 음陰 또는 차가운 에너지에 해당한다.

이와 같은 통로는 당신의 소우주 궤도를 형성한다. 에너지를 순환하는 법을 배우고 소주천을 따라 원활하게 흐르도록 하면, 에너지를 보다 잘 느낄 수 있게 되고 몸 안팎에서 어떻게 흐르는지를 알게 된다. 치유가 필요한 신체 부위로 에너지를 전달하고 움직일 수 있게 된다.

이제 준비하고 시작해보자. 다음은 몸 전체에 에너지를 전달하고 궤도를 순환하는 방법이다. 편안한 속도로 연습한다.

1. 편안하게 앉아 눈을 감는다. (나중에 더 익숙해지면 서서 혹은 누워서도 할 수 있다.) 숨을 깊이 들이쉬고 에너지와 빛으로 자신을 채운다는 의도를 세운다. 혀를 위쪽 입천장, 즉 위쪽 치아 뒤편에 편안하게 붙인다.

2. 아랫배 단전丹田에 주의를 둔다. 단전은 배꼽에서 손가락 세 개쯤 내려간 아랫배에 위치한다. 빛, 에너지, 온기가 축적되어 해당 부위 전체가 충만한 느낌이 들 때까지 아랫배 단전에 주의를 두고 잘 느껴본다. 억지로 힘을 주거나 심상화하지 말고, 아랫배에 편안하게 의식을 두는 것만 잘 연습한다. 댐에 물이 가득 차면 저절로 압력이 생기듯이, 단전에 적절한 에너지가 모이면 아랫배가 따뜻해지면서 다음 단계로 자연스럽게 이동할 수 있게 된다.

3. 따뜻한 에너지가 하단전에서 아래 꼬리뼈 쪽으로 이동한다. 소주천 궤도는 꼬리뼈에서 시작된다. 여기서 척추 위

를 타고 오르는 에너지를 느껴본다. 등에서 배꼽 바로 뒤쪽 허리 한가운데 위치한 명문혈命門穴, Gate of Life까지 에너지가 올라감을 느껴본다. 척추를 따라 에너지 통로를 열어본다.

4. 따뜻한 에너지가 척추 맨 위에 도달하면, 백회를 거쳐 두개골에서 머리의 중앙에 있는 솔방울샘으로 에너지가 흐르는 것을 느껴본다. 잠시 멈추고 에너지가 몸 앞쪽으로 내려오도록 한다.

5. 따뜻한 에너지가 몸의 앞쪽으로 내려올 때, 뇌하수체 줄기를 통해 따뜻한 황금 공의 에너지가 목구멍과 식도로, 위장으로, 또 하단전으로 내려온다고 상상한다. 다시 몸통 밑 회음부, 음낭과 음낭 사이, 궤도가 시작된 꼬리뼈 부위로 돌아오도록 한다.

6. 계속해서 편안한 속도로 궤도를 돌면서 에너지를 순환시키고 막힌 부분을 호흡한다. 통로가 넓게 열린다고 심상화한다.

7. 여러 번 궤도를 연습한 후에는 숨을 들이쉴 때 따뜻한 에너지가 등뼈를 올라가는 것을 느낀다. 머리 꼭대기 백회에서 아랫배 단전까지 궤도를 타고 내려갈 때 숨을 내쉰

다. 에너지가 편안하게 꼬리뼈 아래로 내려가게 한다. 각 주기는 한 번의 완전한 호흡과 함께한다. 들이쉬면서 척추 위로 올라가고, 내쉬면서 앞쪽으로 내려간다. 의지로 상상으로 밀어붙이기보다는, 자연스러운 호흡과 함께 흐르는 에너지의 흐름을 느껴본다.

소주천을 통해 에너지 순환이 편안해지면, 다음의 여덟 번째 단계를 시도해볼 수 있다.

8. 고대 그리스인들은 소주천 수행을 우로보로스 uroboros로 상징화했다. '꼬리를 물고 있는 뱀'을 의미하는데, 이렇게 꼬리를 물면 완전한 원을 이룬다. 소주천을 수행할 때, 컨베이어벨트처럼 에너지의 흐름이 몸의 모든 부분을 한 번에 모두 통과하는 것을 느껴본다. 서두르지 말고 이완된 마음과 몸으로 흐름을 느낀다.

소주천 연습이 편안해지면, 숨을 들이쉴 때 등 뒤로 에너지가 올라가고 숨을 내쉴 때 몸 앞으로 에너지가 내려가는 것이 자연스러워진다. 다음과 같이, 삶의 어려움에 대처하는 방법

<u>으로</u>도 응용할 수 있다.

1. 과거에서나 지금, 나를 화나게 하는 특정 사람, 사건, 상황을 느끼거나 상상한다. 그 사람, 상황, 일에 초점을 맞춘 채 그대로 상자에 넣는다. 소주천 궤도를 따라 돌고 있는 컨베이어벨트에 상자를 올려놓는다.

2. 잠시 소주천의 속도가 느려지는 것처럼 느껴질 수 있지만, 걱정할 필요는 없다. 곧 정상 속도로 회복된다. 상자와 안에 있는 것들이 사라질 때까지 소주천 궤도를 따라 움직인다. 솔방울샘으로 다가갈 때 상자를 빛으로 내보낸다고 상상할 수도 있다. 시각화하는 경우, 상자와 색깔, 궤도 자체가 한동안 어둡게 보일 수 있는데, 나중에는 밝아지고 깨끗해진다.

3. 상자가 당신의 소주천 궤도를 따라 움직이면, 그 상황이 무엇을 가르쳐주기 위해 일어난 일임을 알게 될 수도 있고, 시간이 지난 나중에 어떤 통찰이 올 수도 있다. 혹은 이 상황에 관해 알게 되는 것이 없을 수도 있다. 그러나 유사한 상황이 생기면 다르게 대응하는 자신을 발견하게 된다. 모두 정상적인 반응이다.

4. 끝낼 때에는, 상자 안의 스트레스를 해소함으로써 생긴 열린 공간을 더 높은 의식이 채우도록 한다.

예를 들어, 아버지가 당신을 경멸하고 멍청이라고 불렀다면, 상자에 수치스러움과 하찮은 인간이라는 느낌을 넣는다. 상자는 빛으로 풀려나고, 아버지에게 억눌리지 않기 위해 만든 오래된 부정적 행동 패턴과 생각은 다시 올라오지 않는다. 도전에 직면했을 때 항상 자신을 하찮게 생각하고 행동했다면, 이제 그 패턴을 내려놓고 살아갈 수 있게 된다.

명상에 대한 조언

여러 측면에서 명상은 이제 주요한 흐름이 되었고, 사람들이 배우는 명상 기법도 점점 다양해지고 있다. 책이나 온라인으로 배우는 명상은 대개 스트레스를 줄이거나 긴장을 완화하는 기초적인 방식이다. 그러나 명상은 그 이상의 역할을 할 수 있다. 육체적 차원뿐만 아니라 영적인 차원에서 도움을 받을 수 있다. 소주천이나 간단한 명상 기법을 통해 우선 시작할 수 있겠지만, 자격을 갖춘 사람에게 제대로 배우기를 권하고 싶다.

11

영적 가이드
만나기

매일 명상을 하다 보면 영적 가이드(조력자)가 멀리 있지 않음을 깨닫기도 한다. 당신은 언제라도 필요한 순간에 당신을 기다리던 신성한 멘토나 영적 가이드와 접속할 수 있다. 이들은 지혜로운 조언을 해주고, 어려운 상황에서 필요한 지침을 알려주며, 길을 잃을 때마다 방향을 제시하기도 한다.

안타깝게도 영적 가이드는 쉽게 알아차리기 힘들 수 있다. 아마도 당신에게 도움이 필요한 순간, 누군가 귀에 속삭이는 것처럼 그 존재를 희미하게 느낀 적이 있을 것이다. 나에게 필요한 메시지나 손길이라기보다는 단지 상상이라며 무심코 지나쳤을 수도 있다. 그러나 영적 가이드는 실제로 존재하고 당신을 위해 함께하니, 당신은 요청하기만 하면 된다.

영적 가이드는 여러 형태로 나타날 수 있다. 이미 고인이 된 사랑하는 사람이나 조상 중 한 사람, 전문가, 천사, 심지어 주위의 동물이나 승천한 마스터, 상위 자아의 가르침 모두 해당한다. 이제 각기 다른 가이드들이 당신을 위해 어떻게 존재하는지 알아보자.

조상

세계의 고대 문화 대부분은 조상祖上을 존중한다. 그러나 안타깝게도 서구에서는 이 전통이 거의 사라졌다. 조상이 우리에게 전하는 풍부한 정보도 없어졌다. 하지만 마음을 열면 고인이 된 사랑하는 사람들에게 소중한 도움을 받을 수 있다. 친척과 서로 도움을 주고받듯이, 그들은 당신이 이 세상을 사는 길을 인도하고, 당신은 그들을 더 높은 차원의 빛으로 이끌어준다.

조상이 영적 가이드인 경우는 보통 가까운 가족으로, 당신이 좋아하던 삼촌이나 사랑하는 할아버지, 할머니일 수 있다. 혹은 당신이 알지 못했지만 가족 계보의 일원이었을 수 있다. 최근이든 오래전이든 돌아가신 친척은 항상 있기 마련이다. 생전의 삶이 불완전하게 보였을지라도, 그들은 봉사할 준비가 되어 있다. 우리 할아버지는 소방관이셨고 직장에서 자주 해고되던 술꾼이었지만, 고통스럽고 두려운 마지막 병치레를 통해 행동에 변화가 찾아왔다. 등산하거나 운전하는 중에 길을 잃을 때마다, 할아버지는 가이드로서 나를 도와준다. 방향을 제시하는 데 정말로 능숙하다.

인생의 특정 분야에서 당신을 도와줄 고인을 찾아볼 수도 있다. 예술가였던 사람은 어쩌면 창의적인 프로젝트에 도움을 줄 수 있다. 사업가였던 사람은 재정 상태를 정리하는 데 도움을 줄 수 있다. 가족의 뿌리를 파다 보면 풍부한 지식과 통찰력을 얻는다. 예컨대, 나는 할머니가 포르투갈에서 힐러였다는 사실을 알고 기뻤다. 주기적으로 할머니를 떠올리며 치유 핏줄을 단단히 하고 있다.

조상이 어디서 왔는지, 어느 시대에 살았는지를 알면 역사상 그때 일어난 일을 찾아볼 수 있다. 당신의 조상은 전쟁이나 자연재해를 겪었을지 모른다. 혹은 종교 박해를 피해서 신대륙으로 향했을 수도 있다. 아니면 아메리카 대륙의 원주민 부족의 일원이었지만 유럽인에게 학살되었을 수도 있다. 반대로 전쟁을 시작한 사람들일 수도 있고, 종교적 박해를 주도하거나 정복자였을 수도 있다. 아픈 기억으로 인한 깊은 상처는 여러 세대 동안 이어진다.

가족의 역사를 알고 나면, 전에는 분명하지 않았던 자신의 일부를 이해하게 된다. 조상의 경험이 현재의 당신에게 실제로 영향을 미칠 수 있다고 하면, 비논리적이거나 심지어 터무니없다고 여겨질 수 있다. 그러나 나쁜 습성이 자손을 통해 전해 내려올 수도 있고, 조상이 저지른 죄로 고통을 겪기도 한다. 조상의 잘못이 있었다면 용서하기를 권한다. 고인을 위해 치유 기도를 해봐도 좋다.

그러면 가족의 왜곡된 패턴이 해소되어 후손들이 영향을 받지 않게 된다. 왜곡된 패턴을 해소하기 위한 제례 의식이나 기도는 조상 치유에 도움이 될 수 있으며, 동시에 당신의 치유를 돕는다.

전생에서부터 조상 가이드와 연결되는 강한 뿌리를 가진 예도 있다. 뉴욕 출신의 유대인 친구 하나는 히말라야의 산기슭을 자기 집처럼 편하게 여긴다. 전생이 인도에 뿌리를 두고 있어서인데, 그래서 그녀는 그쪽 조상들에게 가르침을 구한다. 나의 워크숍에서는 종종 참가자와 중요하게 연결되어 가르침을 주는 선조들의 이미지가 비치기도 한다.

조상 가이드와 접속하기 위해 굳이 전생을 믿을 필요는 없다. 우리는 다양한 차원을 동시에 경험하고 있으니, 마음을 열어놓기만 하면 된다. 그다음 정보를 받아들일지, 거부할지, 마음을 바꿀지를 결정해도 좋다.

선조의 도움 받기

부모님이나 조부모님이 당신에게 도움을 줄 가능성이 가장 크다. 아래 연습을 활용하면, 집안의 모든 조상에게 도움을 받을 수 있다. 긍정적인 의도intention를 유지해서 긍정적인 에너지와 연결되어야 한다는 점을 잊지 말자.

1. 밤에 조상을 떠올려본다. 가장 좋은 시간은 밤에 잠들기 전이다. 불을 끄고 눈을 감은 채 조상과 만나고 싶다는 긍정적인 의도를 분명하게 표현한다.

2. 가장 마음이 가는 조상을 선택한다. 처음 생각나는 분인 경우가 많다.

3. 그 조상을 떠올려본다. 할아버지를 투덜거리는 심술 많은 노인으로 기억할 수도 있다. 하지만 할아버지도 결혼식 사진에서는 잘생긴 훈남이었다. 당신이 태어나기 전의 모습이므로 기억과는 다를 수 있겠지만, 원한다면 할아버지의 훈남 이미지를 활용해볼 수 있다.

4. 구체적인 일을 질문한다. 일상의 문제 혹은 가족 문제에

대해 조상에게 도움을 구한다. 나중에 당신의 꿈에 조상 가이드가 나타나거나, 명상을 끝내고 난 후 문제의 해결책이 떠오를 수도 있다.

기억하라. 당신의 조상과 모든 가이드는 당신을 도와주고 싶어 한다. 단, **구체적으로** 물어야 도움을 얻을 수 있다. 당신이 얻는 정보는 그들이 얼마나 근원과 연결되어 있는지에 달려 있다. 내 경우, 내가 사랑하는 이모는 가족 문제 해결에는 탁월하지만, 그분에게 누군가의 치유를 도와달라고 요청하지는 않을 것이다.

전문가

각 분야 전문가에게도 도움을 구할 수 있다. 현재 힐러 역할을 하고 있다면, 역사 속 위대한 힐러에게 도움을 요청할 수 있다. 여기에는 예수님도 포함된다. 브라질에 갔을 때 유명한 치유사와 치유 작업을 함께한 적이 있는데, 꽤 많은 수의 돌아가신 의사들이 그를 돕고 있었다. 집으로 돌아왔을 때에도 그들 중 일부는 내게 남아 있었는데, 나는 종종 그들이 나를 통해 일하는 것을 느낀다.

만일 당신이 작가이고 등장인물을 개발하기 어렵거나 인상 깊은 장면이 떠오르지 않아 고민 중이라면, 존경하는 작가에게 도움을 청할 수 있다. 소설가 재키 콜린스Jackie Collins[1]는 문장을 맛깔스럽게 쓰도록 도와줄 것이다. 당신이 어려운 심리학 시험을 봐야 하는 학생이라면 지그문트 프로이트Sigmund Freud나 카를 융Carl Jung에게 자료를 이해하도록 도와달라고 요청할 수도 있다.

전문가 가이드에게 도움 요청하기

전문가 가이드는 존경하는 마음과 겸손한 태도로 대해야 한다. 살아 있는 전문가에게 존경하는 마음을 보이는 것과 같다. 어떤 도움이 필요한지 생각해보고, 각 분야 가이드에게 함께 해달라는

---

1 1937~2015, 영국 출신으로 미국에서 활동한 베스트셀러 소설가이자 영화배우.

의도를 정한다. 당신을 둘러싼 둥근 빛을 상상해본다. 둥근 빛은 방어막으로, 당신에게 가장 좋은 것만을 허용한다. 겸손하게 마음을 모아 조언을 듣기 위해 내면의 소리에 귀를 기울이며 감사를 표한다. '감사'는 당신과 가이드 사이에 강한 유대감을 만들어준다.

천사

에너지 치유에서는 우리를 안내하는 불빛으로서 천사들의 참여를 요청하는 경우가 많다. 천사는 뛰어난 힐러로, 당신과 우주 에너지 장 사이에 통로 역할을 하며, 당신과 내담자 사이에 다리를 형성한다.

천사는 당신의 신성한 에너지와 상위 자아, 근원의 신성한 에너지를 연결하도록 돕는다. 상위 자아로부터 그리고 때로는 당신이 알지 못하는 힘으로부터 메시지를 가져온다. 천사가 곁에 있으면 육체적 질병, 정서적 문제, 영적 고민을 치유하는 등 좋은 일이 일어나기 마련이다.

천사 가이드에게 도움 요청하기

천사에게 도움을 청하려면, 먼저 의도를 정해야 한다. 존재가 잘 느껴지지 않아도 걱정할 필요는 없다. 천사들은 거기에 있다. 먼저 도움을 청해야 한다는 점을 기억한다. 다른 모든 가이드와 마찬가지로, 요청이 없으면 천사들은 먼저 나서지 않는다.

우리 개개인에게는 수호천사가 있으며, 수호천사 바로 위에 대천사가 있다. 먼저 수호천사에게 도움을 요청하는 것이 좋다. 수호천사의 이름을 정하면 연결 강도가 더 세진다. 천사의 시각적인 이미지와 특징을 떠올려봐도 좋다. 수호천사가 당신과 함께 있음을 알 수 있는 사인을 요청한다. 천사에게 조용히 또는 크게 소리 내어 특정한 증표를 보여달라고 말해본다. 실제로 증표가 있을 때까지 계속 요청한다.

가이드의 도움을 받을 때는 늘 감사를 표한다. 감사의 마음은 가이드에게로 전달되며, 우리의 감사하는 마음으로 연결이 강화된다. 그러면 당신의 에너지 장이 더 밝아지고 삶에 도움을 받게 된다. 나는 보통 아침 명상 전과 잠들기 전에 천사를 만나는 편이지만, 당신은 필요할 때마다 천사를 부를 수 있고 계속해서 사랑과 감사를 보낼 수 있다.

천사는 여섯 번째 차크라에서 쉽게 연결할 수 있다. 제3의 눈은 천사의 에너지에 접근하기 가장 좋은 지점이다. 이곳에서 인생의 계획을 구상하고 원하는 방향으로 움직일 수 있다. 인생을 망쳤다는 생각이 들어도 걱정할 필요는 없다. 그렇다고 천사들이 놀라서 달아나지는 않는다. 당신이 완벽하게 살고 있지 않아도 그들은 당신을 완전한 상태로 알아본다.

천사들은 절대로 분별심을 내지 않는다. 그러므로 영적 가이드의 서열에서 최상위에 위치한다. 그들은 조건 없는 사랑의 진동을 보낸다!

동물 가이드

항상 신뢰할 수 있는 또 다른 가이드 그룹이 있다. 동물의 왕국에서 온 동물 가이드는 차크라의 정화를 돕고 당신과 다른 사람에게 필요한 치유 에너지를 지원한다. 동물은 지구에서 조화롭게 사는 법을 알고 있기에 우리보다 현명하다. 인간이 할 수 있는 것 이상으로 모든 감각을 활용할 줄 안다.

동물은 저마다 지식과 힘을 갖추고 있다. 육지 동물은 당신을 직감과 의식 세계로 연결한다. 예를 들어, 곰은 태곳적 어머니Primal Mother로 자기 성찰의 가치를 가르친다. 곰은 언제 혼자 있고, 동면해야 하는지를 안다. 물에서 헤엄치는 동물들은 당신이 인식하지 못하는 생각이나 행동을 인정하도록 돕는다. 예를 들어, 심해에 사는 물고기는 고대 지혜의 신성한 전령으로 간주

된다. 알락돌고래 꿈을 꾸면 당신의 진정한 재능이 발견될 수 있다. 고래는 내면의 목소리에 맞춰 개성이 발현되도록 돕는다. 공중에 날아다니는 동물은 당신을 더 높은 지식으로 연결한다. 독수리는 태양의 중심에서 메시지를 전달하고, 당신의 기도를 창조자의 영역으로 운반한다. 곤충은 당신이 자연과 조화롭게 지낼 수 있도록 가르침을 준다. 우리는 늦게나마 꿀벌의 중요성을 깨닫고 있다(너무 늦지 않았기를 빈다). 꿀벌은 가루받이에 중요한 역할을 하고, 다산을 상징하며, 숨겨진 지혜의 수호자임을 기억해야 한다.

동물 가이드가 꼭 실재하는 동물일 필요는 없다. 꿈속에 용이 나타나 당신의 두려움을 없애기 위해 불을 뿜기도 한다. 신화 속 불사조phoenix가 나타나면, 큰 변화나 새롭게 거듭남을 준비하라는 징조이다. 유니콘이나 인어가 당신에게 메시지를 보내올 수도 있다.

동물 가이드에게 도움 요청하기

동물 가이드와 의사소통을 하려면 많은 인내와 연습이 필요하다. 동물 가이드를 만나는 한 가지 방법은, 자연 속 어딘가로 떠나 영적 가이드를 만나는 산책을 하는 것이다. 마음을 열고 다가오는 모든 표시나 상징에 관심을 기울여야 한다.

새털이 당신 앞에 날아와 떨어진다거나, 숲속을 걷는 동안 뱀이 꿈틀거리며 지나간다거나, 말이 당신이 믿을 만하다고 생각한 사람과 거리를 두고 싶어 할 때처럼, 당신은 줄곧 동물 가이드의 메시지를 받는다. 당신과 긴밀하다고 느끼는 동물들에게 마음을 열고, 실제로 어떤 동물이 나타나는지 기다려본다. 명상할 때, 의도를 정하고 각 차크라에 연관된 '토템 동물'의 이름을 불러볼 수도 있다. 척추를 타고 올라가면서 주의를 기울여 각 차크라의 동물을 느끼거나 볼 수 있도록 겸허하게 불러본다.

어떤 동물이 나타나는지를 보면 차크라의 에너지 정보를 얻을 수 있다. 첫 번째 차크라에서 겁에 질린 토끼가 보인다면 더욱 안정이 필요한 상태이다. 가슴에 상처 입은 코끼리가 있다면 큰 상처를 치유해야 한다는 뜻이다. 제3의 눈에서 위로 날아가는 독수리가 보인다면 더 높은 영역으로 올라갈 준비가 되었음을 의미한다. 굶주린 동물에게는 사랑과 연민을 베풀어 마음을 꽉 채워준다. 이 동물에게 도움을 요청해야 한다는 사실을 기억해둔다.

승천한 마스터

토끼나 뱀을 이야기하다가 갑자기 위대한 백색 형제단Great White

Brotherhood^{2}을 언급하면 생뚱맞게 느껴질 수도 있을 듯하다. 백색 형제단의 승천한 마스터들도 영적 가이드로 요청할 수 있다.

'승천한 마스터Ascended Masters'는 누구인가? 그들도 예전에는 당신이나 나와 같은 사람이었다. 그들은 여러 번의 삶 속에서 수행을 거치며 상위 자아와 통합을 이루고 승천하였다. 영성의 변화 과정인 여섯 번째 이니시에이션을 경험했다는 뜻이다. 6차원에서 **'지금 나의 현존'**과 완벽히 통합되어 머물면서, 최고의 목표를 이루고 소중한 지혜를 전하며 도와주는 일을 한다.

위대한 백색 형제단의 높은 차원에는 많은 영적 마스터들이 있다(백색은 피부색이 아닌 순수한 흰빛을 뜻한다. 백색 형제단은 남성과 여성 모두를 포함한다). 이들을 위대한 우주 형제단Great Universal Brotherhood, 화염의 지배자the Lord of the Flame, 빛의 지배자Lords of Light라고 부르기도 한다.

아홉 번째 이니시에이션(3차원 지구에서 최고 경지)을 이룬 사람은 세상의 제왕이 된다. 이들은 정확히 무엇을 성취했을까? 당신이 경험한, 순간적인 영적 통찰에서 시작된 깨달음을 근본적으로 체화한 존재가 되었다. 불교에서 보살은 해방의 길을 이해하는 사람

---

2 선택된 인간들을 통해 영적 가르침을 전파하는 위대한 힘을 지닌 완벽한 존재를 뜻한다. 고대 지혜의 마스터, 승천한 마스터, 비가시적 교회 등이 구성원으로 알려져 있다.

이다. 성불하면 지혜, 자애심, 기량이 모두 현존하는 온전한 깨달음을 경험한다. 힌두교에서는 모든 열정과 욕망으로부터 벗어남을 뜻하는 해방moksha을 얻었다고 말한다. 완전히 깨어난 사람은 사트-치트-아난다sat-chit-ananda(온전한 존재, 의식, 지복)에 이른다. 그들은 호흡마다 몸에서 얻을 수 있는 의식의 가장 높은 상태를 드나드는 본연 삼매sahaja samadhi에 머무른다. 완전한 깨어남은, 외형적 신의 어떤 형태를 넘어서 당신의 상위 자아를 완전히 알게 됨을 의미한다. 그것은 예수님과 같은 존재를 숭배하는 것에서부터 자신의 그리스도 빛과 통합하는 과정이다.

　이것은 높은 의식 상태를 경험한 신비주의자들의 세계이다. 완전히 깨달은 신비주의자들이 모든 종교의 시작점이었고 모든 종교의 중심에는 신비주의자들이 있다. 기독교의 영지주의자들, 유대교의 카발리스트[3], 이슬람의 수피, 불교 및 힌두교의 성자와 현자들이 여기에 해당한다.

　핵심은 신과 하나가 되는 '은밀한' 지식이다. 이것은 비밀 교리 혹은 성전의 가르침이라고 불리지만, 모든 종교 및 문화에서 동일한 진리로 발견되는데, 신성한 삼위일체의 각기 다른 버전으로 창조주·보존자·파괴자(브라흐마, 비슈누, 시바), 영·혼·물질, 아버

3　유대교 신비주의인 카발라를 믿고 연구하고 실천하는 사람들을 일컫는 말.

지·어머니·아들, 아버지·아들·성령으로 설명한다.

역사가 기록된 시대에도 그 이전에도 승천한 마스터는 영적 가슴에 삼위일체의 빛이 자리한, 섬기는 이들에게 도움을 주었다. 이 빛의 삼중 불꽃은 푸른 깃털(신의 의지와 힘), 노란 깃털(지혜와 차별의 올바른 사용), 분홍 깃털(사랑과 연민)로 이루어진다. 세 가지 불꽃 깃털이 마음에서 균형을 이루면, 힘은 사랑에 의해 조절되고 사랑은 지혜로 채워진다.

승천한 예수님은 내부 세계inner planes에서 사난다Sananda라고 불린다. 대천사 유리엘Uriel은 모든 사람의 형제애, 평화, 봉사 개념, 자유를 지원하며 조건 없는 사랑의 힘을 이해하고 많은 행동을 사랑으로 행하도록 돕는다. 레이디 나다Lady Nada는 세례 요한의 어머니 엘리사벳으로 육화한 승천한 마스터이다. '봉사의 빛ray of service'의 리더이며, 이름인 나다Nada는 '침묵의 목소리'라는 뜻으로 소리 치유에 도움을 준다. 레이디 마스터인 팔라스 아테나Pallas Athena(진실의 여신), 관음보살과 함께 지구의 남성성 에너지와 여성성 에너지의 균형을 맞춘다. 서양의 승천한 마스터로는 성모 마리아가 있다. 여성과 어린이를 보호하고 치유를 돕는 존재이다. 고대 이집트 시대에 그녀는 신비주의자들을 가르치는 이시스Isis[4]였다.

---

4 고대 이집트에서 숭배된 최고 여신.

헤르메스 트리스메기스투스Hermes Trismegistus는 고대 이집트에서 신의 서기관이었다. 유명한 신학자와 현자, 연금술사, 신비주의 학자의 후원자였던 그는 다양한 방법으로 반대의견을 중재하고 조율한다. 그는 철학의 아리송하고도 심오한 질문을 해석하고 숨겨진 신비를 이해하는 데 도움을 준다.

연금술사는 납의 기본 금속성을 금으로 바꾸려 하지만, 마스터들은 자아 변형을 이뤄서 우리 의식이 변화하도록 도움을 준다. 쿠트후미Kuthumi[5], 엘 모리아El Morya[6], 드왈 쿨Djwal Khul(티베트인)[7], 생제르맹Saint Germain[8]은 우리의 깨달음을 위해 함께 노력하는 마스터들이다.

---

5 1875년 신지학 학회의 설립에 영감을 준 마하트마 중 한 명으로 알려진 인물.

6 신지학 학회를 설립한 블라바츠키H. P. Blavatsky가 영적 스승으로 밝힌 인물.

7 '영원한 지혜Ageless Wisdom'라는 용어를 남긴 작가이자 신지학자인 앨리스 베일리Alice A. Bailey의 스승으로, 텔레파시로 지시하여 책을 남겼다고 전해진다.

8 1691?~1784, 18세기의 전설적 인물. 연금술사, 신비주의자 등으로 알려져 있다.

보라색 불꽃

물병자리 시대[9]를 담당하는 승천한 마스터 생제르맹 백작 (미국을 담당)은 지구에 있는 우리에게 변환할 수 있는 힘을 가진 보라색 불꽃을 보내주었다. 이것은 에너지를 동원하는 강력한 방법이다. 두려움에서 용기를, 증오로부터 사랑을, 불안으로부터 평화를 불러일으킨다. 보라색 불꽃은 당신 업장의 어려운 부분을 변환하고 다른 사람들도 똑같이 도울 수 있게 한다. 또 세상의 문제를 해결하도록 당신의 에너지를 끌어낸다.

보라색 불꽃은 **지금 나의 현존**(당신의 상위 자아)을 요청하는 기도이다. 어떤 상황도 신성한 빛의 에너지로 변환시킨다. 피해자의 마음에서 벗어나고, 두려움을 줄이고, 부정적인 에너지 장애를 없앨 수 있다. 특정한 해결방안을 요청하지 않아도 신성한 계획이 상황을 조화롭게 바꾼다.

당신의 가슴 차크라에 주의를 모아 기도의 말을 음미하며

---

9 20세기 말 점성학에 기반을 둔 뉴에이지 운동에서 나온 개념. 현대는 새로운 세대New Age로서 물고기자리에서 물병자리로 옮겨가는 과정에 있다고 설명한다.

보라색 불꽃을 심상화한다. 불꽃은 불처럼 뜨겁지 않으며 보라색 광선이 힘 있게 너울대는 모습으로 보인다. 에너지의 변화를 느낄 때까지 다음 기도를 반복한다.

> 사랑하는, 신성한 **지금 나의 현존이여**. 내 주위에 보라색 변형의 불길을 통과하게 해주세요. 나는 보라색 불꽃의 완전한 힘이 [어떤 부정적 문제라도] (수치심, 분노, 자기 증오, 결핍, 또는 질환처럼 개인적으로 해결하기 힘든 문제 등) 내 안에 있는 문제의 원인, 핵심, 에테르 기록, 기억 및 결과를 변형하도록 요청합니다. 사랑과 용서로, 내 전체 에너지 장에 보라색 불꽃을 비춥니다. 나는 두 손 모아 위대한 **지금 나의 현존**이 성령의 황금빛으로 나를 채워주기를, 무한한 빛, 사랑, 번영과 건강을 누리기를 간청합니다. 그리고 그렇게 되겠나이다.

이제 보라색 불꽃에 당신의 부정적 문제를 태워버리고, 성령의 빛으로 모습을 바꾸게 된다.

인도 전통에는 훌륭한 성인과 아바타(비디오게임에 사용되는 분신이 아닌 신의 화신) 들이 있다. 지난 5천 년 동안 히말라야

지역을 배회한 불멸의 화신인 바바지Babaji[10]는 지금도 계속 목격되고 있다. 파라마한사 요가난다 Paramahansa Yogananda[11]는 《요기의 자서전Autobiography of a Yogi》에서 바바지는 "그리스도와 끊임없이 친교를 한다. 함께 구원의 진동을 내보내고, 이 시대를 위한 구원의 영적 기술을 계획한다"[13]라고 했다. 바바지의 이름을 경건하게 부르면 당신도 그의 축복을 받을 수 있다.

서양 신도들이 많이 따르는 근대 인도의 성인들이 있다. 메허 바바 Meher Baba[12], 라마나 마하르쉬Ramana Maharshi[13], 라마크리슈나 Ramakrishna[14]가 좋은 예이다. 라마나 마하르쉬는 제자들에게 '나는 누구인가?'라고 자문하는 자기 탐구를 가르쳤다. 라마크리슈나는 여신 칼리Kali를 숭배하고 신성한 어머니와 연결한다. 불교에 끌리는 사람들은 관음보살(자비의 여

---

10 마하바타르 바바지Mahāvatāra Bābājī. 존경받는 아버지'라는 뜻이다. 크리야 요가Kriya Yoga의 시조로서, 살아 있는 신의 화신으로 알려진 인물.

11 1893∼1952, 인도의 수도사, 요기, 크리야 요가Kriya Yoga의 구루.

12 1894∼1969, 인도의 영적 지도자. 영적 사명을 깨달은 후 스스로 '메허 바바(자비의 아버지)'로 거듭났다.

13 1879∼1950, 인도의 성자로. 비차라Vichara(진아 탐구)를 중시하였다.

14 1836∼1886, 인도의 종교가이자 사상가. 모든 종교에서 신神에 이르는 길은 같다고 주장하였다.

신) 혹은 티베트 성인 밀라레파Milarepa[15]와 미륵불의 안내를 받을 수 있다. 또 다른 티베트인으로 레이디 마스터 레토Lady Master Leto가 있다. 드왈 쿨의 쌍둥이 불꽃이며 생제르맹 백작과 밀접하게 연결되어 있다. 인디고와 크리스털 아이들[16]을 일깨우는 사람들을 돕는 중요한 연결 고리이다. 이들은 빛을 위해 일하며 심령과 텔레파시를 이용하여 세상을 치유할 수 있는 능력이 있다.

지금까지 당신에게 도움이 될 수 있는 승천한 마스터 일부를 소개하였다. 그들은 신의 마음과 통합되어 있고 조건 없는 사랑을 그대로 구현하며 모든 인류의 보호자로 헌신한다.

---

15 1052~1135, 티베트 불교에서 가장 유명한 고행 성자.
16 뉴에이지에서 인류의 영적 진화에 대한 믿음에 기초한 개념. 대부분 1980~1990년 이후에 출생한 아이들로, 초자연적 특성이나 능력을 소유한다고 여겨진다.

당신의 상위 자아

마지막으로 가장 중요한 내면의 가이드를 만날 시간이다. 바로 나 자신이다. 그냥 내가 아닌 진정하고 진실한, 굉장한 나 자신이다. 의심, 공포, 불안정, 부정의 모든 층 아래 저 깊은 곳에 사는 나이며 자신감으로 끄떡없고 어떤 유혹이나 방해에도 관심을 보이지 않는 나 자신이다.

순수하고 진실한 나 자신은 당신의 상위 자아이다. 가장 정확하고 믿을 만한 정보를 얻을 수 있는 출처이기도 하다. 정보를 들으려면, 이 직관 메시지를 전달하는 최고의 채널에 귀를 기울이고 내면의 '직관적 느낌'을 따라야 한다. 당신의 상위 자아는 다른 사람의 치유 작업에서 매우 중요한 역할을 한다. 대상의 상위 자아에 진동을 맞추면서 치유 작업에 도움이 되는 중요한 정보를 주의 깊게 듣기 때문이다.

의식의 여러 유형

의식에는 네 가지 종류가 있다. 깨어 있는 의식, 꿈꾸는 의식, 잠자는 의식, 명상하는 의식이다. 평상시 깨어 있는 의식일 때 당신은 기본적으로 미각, 촉각, 시각, 청각, 후각의 오감에서 정보를 얻는다. 이 의식은 이성적으로 생각하는 마음이 가장 편안해하는 곳이다. 당신의 마음은 특정 신념을 형성하고, 고통과 괴로움에 대한 방어벽을 만들고, 삶에서 일이 잘못되면 다른 사람을 비난한다. 많은 사람이 알고 받아들이는 유일한 현실 속 인식이다.

두 번째로 꿈꾸는 의식은 잠재의식이 꿈을 만들어 스트레스를 정화하는 상태이다. 간혹 당신의 가이드가 꿈을 통해 메시지를 보낼 수도 있다.

세 번째로 잠자는 의식은 말 그대로 잠자는 상태에 있는 의식이다.

네 번째인 명상하는 의식은 가장 높은 유형의 의식이다. 잠에서 혹은 꿈에서뿐만 아니라 일반적인 인식의 상태에서 **깨어났을 때** 명상 상태가 된다. 이곳에서 평범한 상태를 넘어 개인의 성장과 더 높은 수준의 의식으로 도약하게 되며 인생에서 책임을 지기 시작한다. 이 수준의 의식을 경험하기 위해서는 상당한 자기 치유가 이루어져야 한다. 일단 경험하고 나면, 새 옷이나 승진과 같은 물질적 보상은 당신을 만족시키지 못한다. 당신의 상위 자아를 받아들이기 시작하면서, 모든 지혜가 궁극적으로 당신 안에 있음을 발견하게 된다.

당신은 완전히 정렬되고 균형 잡혀 있을 때, 더 많은 에너지와 활력이 생긴다. 이와 함께 건강이 안정되고, 치유를 받을 수 있는 능력도 좋아진다. 영적 본성을 진정으로 이해하면서 생각이 더욱 깊어진다. 행복하고, 즐겁고, 열정적이고, 평화로우며, 당신의 삶과 조화를 이루게 된다. 마음이 열리고, 사랑으로 충만하고, 창의력이 빛을 발한다.

상위 자아와 연결하기

상위 자아와 연결하는 가장 좋은 방법은 명상을 하는 것이다. 마음이 안정되고 생각이 고요해지면, 상위 자아의 목소리가 들린다. 명상은 또한 감정을 비우게 한다. 내적 평화를 방해하는, 해결하지 못한 감정도 정리된다. 명상을 하면 상위 자아의 소리가 가장 명확하게 들리는 가슴에서 머무르게 된다.

20분 동안 만트라 명상을 하고 난 후나 밤에 자기 전, 상위 자아가 머리 위 60~90센티미터, 여덟 번째 차크라 위치에 있음을 느껴보거나 상상해본다. 상위 자아를 초대하여 몸에서 존재감을 느껴보고 열린 마음으로 더 단단하게 연결해본다. 당신의 진동수가 증가하고 있다고 느껴보자. 당신이 느끼는 모든 것은 시간이 지나면서 또 매번 수행을 마칠 때마다 당신만의 고유한 경험이 될 것이다. 경험은 순간마다 바뀔 수 있지만, 특정 에너지는 매번 같은 방식으로 느껴질 수도 있다. 예를 들어, 어두운 에너지는 항상 당신의 목 아랫부분에서 무겁게 느껴질 수 있다. 반면, 밝은 에너지는 몸 안에 거품이 이는 것처럼 보글보글 느껴진다. 사람은 대부분 이것을 몸의 감각을 통해 알게 된다. 밝음 속에서 어깨와 가슴이 펴지고 확장되며, 어둠 속에서 닫히고 축소됨을 느낄 수 있다. 개인적으로, 나는 밝고 어두운 에너지를 구별할 때 몸에 서로 느낌이 조금 다른 소름이 돋는 기분이 든다.

당신이 무엇을 필요로 한다고 느끼든, 상위 자아에게 물어보라.

당신이 사랑하는 사람들에게 에너지를 보낼 수도 있다. 상위 자아가 보내는 모든 메시지에는 항상 감사를 표한다.

글쓰기를 하면 상위 자아와의 관계가 깊어진다. 자신의 감정, 통찰, 꿈을 적고, 질문이 있으면 적어둔다. 당신의 꿈을 꾸준히 적어본다. 적다 보면 당신에게 오는 메시지를 이해하고 해석할 수 있게 된다. 당신이 과거에 그냥 넘겼을 수 있는 직감, 속삭임, 육감을 인식하게 된다. 부정적인 상황을 피할 수 있는 귀중한 정보가 보이기도 한다.

인간 에너지의 비틀림과 변화를 읽을 수 있는 또 다른 훌륭한 도구를 다음 장에서 설명한다. 마음/몸 유형과 방어기제를 알아보자.

12

마음/몸 유형

인간 에너지 장은 다양한 외부의 힘을 만나 형성되거나 재형성 된다. 어린 시절(자궁 내 태아 시기부터 7세까지) 에너지가 틀어지면, 틀어진 상태를 신체 형태가 반영한다는 것을 마음/몸 유형Mind/ Body Types은 알려준다. 이때 틀어진 에너지는 심리적 방어기제로 작동하며 자신을 보호하는 역할을 맡는다.

인생에서 오직 두 가지만 가르쳐야 한다면, 나는 명상하는 방법 과 마음/몸 유형을 알고 다루는 방법을 알려주고 싶다. 배워서 일 상으로 돌아가 회사에서, 비영리 단체에서, 육아에서 활용해보자. 두 가지 도구를 배우고 연습하면 실제로 자기 삶의 주인이 될 수 있다.

차크라는 유아에서 성인까지 몸의 성장곡선을 따라 발달한다.

당연히, 미성숙한 몸의 차크라는 미숙하다. 또 차크라는 당신이 느끼는 심리적 패턴에 따라 발전한다. 우리는 트라우마나 불쾌한 경험에 반응하여 감정을 막거나 묻어두는데, 그렇게 되면 차크라가 계발되는 영역의 에너지 흐름이 멈춘다. 차크라가 닫히고 반시계 방향으로 회전하면서 에너지를 외부 세계로 내보낸다.

심리학자들은 이것을 '**투사**projection'라고 일컫는다. 당신은 세상의 현실을 이해하는 신념 체계를 만들지만 결국 그것은 당신이 투사한 것일 뿐이라는 설명이다. 예를 들어, 아들이 태어난 후 난치병을 진단받은 엄마가 아이와 떨어져 병원에서 오랜 시간을 보냈다고 해보자. 아이는 엄마를 그리워하다가 엄마가 자신을 거부했다고 생각하고, 거부당한 아픔을 느끼지 않으려고 가슴 차크라를 닫게 된다. 아이는 세상이 가혹하다고 믿고 성장할지 모른다. 이처럼 '신념belief'은, 세상에 투사하고 있는 자신의 감정emotion과 느낌feeling을 기반으로 한다.

무섭고 고통스러운 경험을 떨쳐내려 할 때마다 긍정적인 감정도 차단된다. 차크라는 결국 왜곡되거나 정체된 에너지로 막히거나 잘못된 방향으로 회전하고, 움직이지 않기도 한다. 이를 수정하지 않으면 몸에 질병이나 문제가 발생한다. 참고로 차크라의 회전 방향은, 내 앞에 있는 사람이 나를 바라보는 관점에서 돌아가는 방향을 말한다. 몸과 마음을 잘 돌보지 않았다면, 대부분 차크라 몇 개는 틀어져 있기가 쉽다.

나는 에너지 의학의 관점에서 마음/몸 유형을 가르친다. 감정이 육체와 차크라에 어떤 영향을 미치는지 명확하게 표현해주기 때문이다. 일단 마음/몸 유형으로 식별하는 법을 익히면, 사람들이 어린 시절에 어떤 트라우마를 겪었는지 유추해볼 수 있다. 또 어린 시절에 만든 방어기제를 아직도 얼마나 자주 사용하는지를 알 수 있다. 감정 에너지는 실제로 몸의 물리적 모습을 바꾼다.

에너지 의학을 공부하는 사람들에게 이 체계는 사람을 빠르게 읽어내는 방편으로 사용될 수 있다. 이 시스템을 활용해 나 자신을 검사하면, 어떤 부위에 더욱 신경을 써서 트라우마를 치유해야 하는지를 알 수 있고, 진정성 있게 자신을 표현하는 법 또한 배우게 된다.

마음/몸 유형은 어디서 유래했을까?

마음/몸 유형(다른 말로 '성격학characterology')은 심리학과 보디워크[1]가 결합한 체계이다. 알렉산더 로언Alexander Lowen이 1940년대 후반에서 1950년대 초반에 정리했으며, 동인도 아유르베다Ayurveda[2]와 그리스 고전에서 같은 유형의 체계를 찾아볼 수 있

---

[1] 신체의 약화를 방지하고 활동성을 강화하기 위해 시행하는 물리적·심리적·에너지적 요법을 통틀어 이르는 말.

[2] 고대 인도 힌두교의 대체 의학 체계. '생명의 지식'이라는 뜻이다.

다. 어린 시절에 경험한 일로 영향을 받아 특정한 몸 유형이 만들어진다는 것을 밝히는 체계이다.

1950년대에 동료인 존 피에라코스John Pierrakos와 함께 마음/몸 요법을 정리한 알렉산더 로언은 생체에너지 분석bioenergetic analysis을 대중화하였다. 로언은 1975년에 출간한 《바이오에너제틱스Bioenergetics》에서 지금 우리가 사용하는 용어인, 정신의학 계가 택한 프로이트의 성격 장애 정의를 인용했다. 후에 영적 스승이자 존의 아내였던 에바 피에라코스Eva Pierrakos는 에너지 차원과 영적인 측면을 다섯 가지 성격 구조에 각각 적용하였다.

마음/몸 유형

방어기제로 알려진 다섯 가지 성격 유형을 가리키는 용어는 다음과 같다.

● 회피하는 유형(스키조이드Schizoid)
스키조이드는 '정신 분열'이란 뜻을 지닌 단어이지만, 일반적인 조현병 환자를 의미하지 않는다. 외부 현실과 접촉하지 않고 땅과 연결감이 없는 사람을 의미한다.

● 의존하는 유형(오럴Oral)

유아기에 다른 사람들에게 기대면서 안아주기를 바랐던 경우이다. 독립에 문제가 있고 기저에 박탈된 결핍감이 있다.

● 지배하는 유형(사이코패스Psychopath)

에너지 대부분이 머릿속에 갇힌 사람을 말한다. 심리학에서 말하는 사이코패스의 의미와 다르게 쓰인다.

● 복종하는 유형(마조히스트Masochist)

불평하면서도 복종하는 사람들을 가리킨다. 우월감과 적개심을 틀어막아 폭발하지 않으려 한다. 자폐증과는 아무 관련이 없다.

● 완고한 유형(리지드Rigid)

자부심으로 뻣뻣한 사람들이다. 조종당할까 하는 두려움에 방어적인 자세로 자신을 보호하려는 기제가 작동한다.

수십 년간 에너지 치유를 경험해보니, 문제는 항상 자신의 뒤틀어진 신념에 근거하고 있다는 사실을 알게 되었다. 자기혐오는 각기 다른 마음/몸의 구조적 형태로 나타난다. 어떤 유아나 어린이에게 트라우마로 남은 일이 또 다른 사람에게는 아무런 영향을 미치지 않을 수도 있다. 영혼이 삶에서 배우고자 하는 교훈에 따라 그 영향이 달라지기 때문이다.

마음/몸 유형을 적용하여 당신 자신을 치유하기 위해서는 당신의 방어기제가 무엇인지 알 필요가 있다. 방어기제가 나 자신과 동일하지 않다는 사실을 깨닫고, 방어기제를 언제 사용하는지 알아야 한다. 어떤 상황에 어떤 유형으로 행동하는지 잘 살펴보고 자신의 습관적 반응을 이해하면 점차 변화할 수 있다.

마음/몸 유형을 각각 더 자세히 살펴보자.

회피하는 유형(스키조이드)

항상 맨 처음 논의되는 성격으로, 삶에서 가장 이른 시기인 자궁 안 또는 출생 당시 생성된다. 여러 상황 중 일반적인 시나리오는 어머니가 적대적 냉담형인 경우이다. 어머니는 전시의 난민 또는 포로였거나, 자연재해 혹은 힘든 이혼을 겪는 상황에 놓였을 수 있다. 부모의 죽음을 슬퍼하거나, 임신이나 출산의 어려움을 겪었을 수 있다. 어쩌면 어머니는 출산을 끔찍한 경험이라고 듣고 두려운 마음이었을 수 있다. 아니면 단순히 임신 중 혹은 출산 시 화가 났을 수 있다. 그러면 유아는 '나를 원하지 않아. 여기는 위험해. 여기서 나가야 해'라고 인식한다. 태아와 유아의 차크라는 잘 발달하지 않은 상태이고, 신경 체계도 발달하지 않았다. 이때 특별한 대처 능력이 계발되는데, 회피하고-분리하는Dodge-split 습관이 생긴다. 외부 세계를 피하고 무서운 내면의 감정에서 안전한 천국으로 돌아가려는 성향을 보이는 습관이다.

이 방어기제는 어린 시절엔 잘 작동하지만, 성인이 되면 발목을 잡게 된다. 어떤 상황이나 누군가가 당신을 힘들게 할 때, 당신은 몸에서 벗어나는가? 이 오랜 방식을 계속 사용하는 이유는 무엇인가? 전에 그 방법이 효과적이었기 때문인가? 몸을 아주 쉽게 떠날 수 있고 두려움과 불안이 많다면 아직도 이 방어기제를 사용하고 있다고 이해하면 된다. 일반적으로 우리는 하나의 방어기제만 사용하지 않는다. 대부분은 여러 가지를 조합하고, 한두 가지를 우세하게 사용한다.

다시 당신의 유아기로 돌아가 보자. 당신의 어머니는 남편을 두려워하거나, 임신을 혼자서 감당해야 하는 상황에 놓였을 수 있다. 어쩌면 아이를 원하지 않았지만, 종교 또는 윤리 의식에 따라 낙태는 불가하다고 생각했을 수 있다. 이와 같은 상황에서 아이가 자궁에서 느끼는 첫 번째 감정은 무엇일까? 거부이다. 거부당한 상처는 세상에 존재할 권리가 있다는 생각을 빼앗으며, 머물러 있으면 매우 위험하다고 느끼게 한다.

회피하는 유형은 협박당하거나 위협받는다고 인식하면, 에너지적으로 자신을 작게 만들어서 영의 세계의 안전한 곳으로 들어가는 방어기제이다. 몸을 떠나는 습관이 생기고, 의식을 쪼개고 비틀어서 에너지 대부분을 머리 꼭대기에서 빠져나가게 한다. 이리되면 사람의 에너지 장이 약해진다. 다른 사람들이 침투하기 쉬워지고, 세상은 역시 안전한 곳이 아니었음을 확인하게 된다.

회피하는 유형은 전생에 육체적인 고통, 고문에 의한 죽음, 또는 다른 중증 외상을 경험한 사람들이 강하게 발달시키는 방어기제이다. 그들은 마지못해 세상에 오게 되었고, 세상은 적대적이어야 한다는 기대심리가 있다. 그리고 결국, 그런 믿음을 현실로 만들어주는 부모를 선택한다.

거부당한 상처가 있는 사람들은 겉모습이 어떨까? 보통 몸이 길어 보이고 관절이 약하다. 손발이 차고, 척추옆굽음증이 있다. 현실을 회피하고 몸에서 나가려는 시도가 몸에 반영된 것이다. 방어기제를 사용할 때는 멍해 보이고 현실에 있지 않으며 땅과 닿지 않고 하늘거린다. 대화를 시도하면, 뒤로 물러서거나 감정의 교류 없이 지적인 대화만 하려 한다. 땅과 닿아 있지 않기 때문에 사고가 잦다.

회피하는 유형의 방어기제는 다음과 같이 작동한다. '나는 출생 당시 거의 죽을 뻔했다. 나는 확실히 죽을 것이다. 나는 파괴되고 싶지 않다. 해결책은 내가 당신을 먼저 거부하는 것이다. 그러면 당신은 나를 거부하지 못할 테고, 실재하는 두려움에 빠지지 않아도 될 테니까.' 내 학생 가운데 벳시Betsy는 회피하는 유형의 특성을 잘 보여준다. 다문화가정에서 자란 벳시는 어머니의 가족들이 다른 인종의 남자과 관계했다는 이유로 어머니에게 등을 돌리고, 낳은 아이마저 거부하는 상처를 받았다. 어머니는 이미 여러 번

유산의 고통을 겪었고, 임신 기간 내내 유산할까 봐 긴장했다. 벳시가 태어났을 때, 어머니는 수혈을 받느라 몇 주 동안 병원에 있어야 했다. 신생아 벳시는 버려진 느낌이 들었다. 힘들었던 자궁 내의 환경과 출생의 경험은 거부당한 상처의 근원이었다. 벳시는 스트레스를 받을 때면 주변을 돌아보지 못해서 직업을 유지하기가 힘들었다. 벳시는 방어기제를 사용하게 되는 상황을 파악했고 방어 행동이 계속된다고 느낄 때 자기 자신을 바로잡을 수 있는 방법을 배웠다.

몸은 에너지 장의 청사진대로 자라는데, 에너지 장은 어린 시절의 외상 경험으로 왜곡될 수 있다. 어떤 방어기제를 사용하는 줄을 알면(대부분 한 가지 이상을 사용한다) 거기에 주의를 집중하는 것만으로도 특정 방어기제의 사용을 멈추게 된다.

회피하는 유형의 방어기제를 사용하는 사람들은 종종 매우 영적이며, 자기 삶의 목적과 깊게 연결되어 삶의 의미를 잘 이해한다. 여섯 번째 에너지 장인 천상체celestial body가 매우 강하며 밝은 색으로 채워져 있고, 다른 사람들의 삶에 영성을 일깨울 수 있다. 이들이 이번 생에서 깨달아야 하는 교훈은 내면의 분노와 공포를 직면함으로써 자신의 영성과 창조성을 충분히 세상에 펼칠 수 있게 하는 것이다. 이들은 주로 하위 차크라의 균형이 고르지 않다. 주는 것보다 받는 에너지가 적기 때문이다. 대부분 차크라가 시계 반대 방향으로 회전한다. 두 번째, 세 번째, 여섯 번째, 일곱 번째

차크라가 열려 있을 때 비대칭이거나 혹은 균형을 이루지 못할
수도 있다.

치유를 위해서는 땅에 발을 딛고 아무리 힘든 감정이라도 온전
히 느끼고 내려놓아야 한다. 자기표현의 수단인 글쓰기나 일기 쓰
기는 자신의 영성이 현실에 존재하도록 돕는다. 나 자신을 사랑
하고 내가 누구인가에 대한 진리를 따라가며 살아야 한다. 스스로
조금씩 몸을 관리하도록 주의를 기울이고 이곳에 마땅히 있을 권
리를 되찾아 삶에 참여하면서 서서히 스스로를 재통합해야 한다.

마음/몸 유형이 각각 어떤 모습인지 이해를 돕기 위해, 유명인
의 사례를 들어 살펴보려 한다. 요즘 우리의 대화에는 늘 공통적
으로 팝 문화가 등장한다. 영화와 TV, 유명 잡지에 등장하는 사람
들 중에 각 유형에 해당하는 사람을 찾아보자. 스키조이드의 전
형적인 예를 들라면 우디 앨런Woody Allen의 영화 〈애니 홀Annie
Hall〉에서 다이애나 키튼Diane Keaton이 맡은 애니 홀을 들 수 있
다. 그녀는 멍하고 몸을 떠나 있어서, 관절이 취약하다. 또 다른 예
로 TV시리즈 〈홈랜드Homeland〉에서 클레어 데인즈Claire Danes가
분한 캐리Carrey를 들 수 있다. 배우 짐 캐리Jim Carrey도 몸이 길쭉
하고 종종 스키조이드에 어울리는 역을 잘 소화한다.

의존하는 유형(오럴)

생후 첫 6주에서 최대 1년 사이, 모유 수유 시기에 충분히 먹지

못했거나 보살핌을 받지 못해서 생성되는 기제로 어머니로부터 육체적으로 혹은 정서적으로 버려지는 경험을 한다. 생명이 위협받는 상황에 놓이기도 하고, 엄마가 충분한 모유를 주지 못하거나 다른 어린 자녀를 돌보느라 바쁠 수 있다. 엄마는 시간을 정해 수유하려 하고 아이는 배가 고파 울어도 정해진 시간이 아니라고 굶게 되면, 의존하는 유형(오럴) 방어기제가 나타난다.

모유 수유나 젖병 수유는 아기와 유대감을 맺게 한다. 어떤 이유에서건 어머니와 교감이 생략되거나 부족하면 아이는 건강한 상태로 성장하는 데 필요한 안락함과 안전을 결코 느끼지 못할 수 있다.

엄마는 거부할 의도가 없었기에 잘못이 아닐 수 있지만, 아이는 엄마가 거부했다는 느낌을 받는다. 배고프고 못 먹으니 굶주리다가 필요하다고 느끼는 감정을 억누른다. 필요로 하는 것이 무엇이든 요구하기가 너무 무섭다. 요구해도 얻지 못한 경험을 했기 때문이다. 절대로 충분히 얻지 못할 테니 다른 사람에게 매달려 에너지를 빨아들이는 것으로 어린 시절 트라우마에 반응한다.

에너지 뱀파이어, 비극의 여왕은 그렇게 탄생한다. '나는 충분하지 않아', 그래서 '나는 네게 받은 에너지로 채워야 해'라고 생각한다. 이 방어기제는 어떤 방식으로든 위협받을 때만 나타나고 인생에서 습관적 성격으로 등장하고 싶어 하지 않는다. 아니면 욕심을 부리고, 모든 걸 최대한 붙들려고 한다. 끊임없는 충족과 보살핌을 원한다. 이 유형의 가장 큰 문제는 피로감이다. 너무 지쳐 스스로 자립이 어렵기에 상호의존에 훨씬 쉽게 빠진다. 다른 누군 가가 나를 돌봐주면 좋겠다고 생각한다.

모든 의존하는 유형은 보살핌을 필요로 한다. 요구가 많고, 다른 이들로부터 자립 능력이 부족하다고 평가된다. 실제로 이 유형은 다른 사람을 능숙하게 조종한다. 목소리가 낮고, 질문이 많다. 이들이 무엇을 원하는지 이해하려면 하는 말을 유심히 들어야 한다. 이 유형은 직접 요청하는 것은 사랑이 아니라고 여기는 딜레마를 겪는다. 그러나 요구하지 않으면 얻을 수 없다. 그들의 가면에는 무엇이라고 쓰여 있는가? '나는 네가 필요하지 않아'라고 말하지만 실제로는 온몸으로 필요하다고 외친다. 당연하게도, 의존하는 유형은 먹고 말하고 흡연하는 일에서 안정을 찾는다. 전생에 굶어 죽었거나 기근을 겪었을 수 있다. 버림받고 거부당할지 모른다는 상처를 치유하고, 자신을 돌볼 수 없다는 신념을 바로잡기 위해 이번 생을 살게 된다.

항상 영양 섭취가 필요하므로, 수동적 태도를 보이고 피로감을 호소한다. 의존하는 유형의 주된 에너지는 머리에 있으며, 여섯 번째와 일곱 번째 차크라가 가장 열려 있다. 신체적 움직임보다는 지적인 말로 하는 활동을 선호한다.

의존하는 유형인 사람들은 신체적으로 근육이 거의 없고, 가슴이 꺼져 있다. 어깨가 아래로 처지고 항상 에너지가 부족한 것처럼 보인다. 또 쉽게 피로감을 느끼거나 우울해한다. 다리는 약하고 발바닥 아치도 무너지고, 미성숙해 보이기도 한다. 눈은 애원하는 강아지의 눈이다. 에너지 대부분이 보통 머리에 있으므로 일반적인 에너지는 낮다. 영화 〈레미제라블Les Misérables〉에서 팡틴Fantine 역을 맡은 앤 해서웨이Anne Hathaway가 보여준 모습이 의존하는 유형의 완벽한 예이다. 제이크 질런홀Jake Gyllenhaal이 영화 〈브로크 백 마운틴Brokeback Mountain〉에서 보여준, 사랑해달라며 애원하는 눈빛 또한 의존하는 유형의 전형적인 모습이다.

에너지 측면에서 보면 의존하는 유형은 세 번째 차크라에서 다른 사람에게 코드를 연결하려고 한다. 에너지를 끌어내리려고 눈을 맞춰 에너지를 빨아들이며 바이오 플라스믹bio plasmic 빛다발을 형성한다. 이 유형은 모든 차크라가 정상 크기에 미치지 못한다. 다른 사람의 에너지를 얻기 위해 너무 많은 에너지를 사용하기 때문이다. 에너지 장이 약하고 내부에서 채우기가 버거워 다른 사람에게 의지한다. 의존하는 유형과 가까이 있으면 힘들기 마련이므로 다른 사람들과의 상호 작용에서 거부당하는 경험을 자주 하게 된다. 이런 경험을 하면서 자기에게는 욕구를 충족시키는 권한이 없다는 사실이 또다시 증명되었다고 생각한다.

일반적으로 이들은 다른 사람들에게 받을 것을 기대하고 베푼다. 필요한 바가 있어 베푸는 행위여서 더 많이 피로하다. 이들이 삶에서 깨달아야 하는 교훈은 희생자가 되기를 멈추고 자신을 완전히 채워보는 경험을 하는 것이다. 스스로 돌보는 힘을 깨달아야 한다. 그래야 비로소 충만한 마음으로 바라는 마음 없이 다른 사람들에게 내줄 수 있다. 의존하는 유형은 어린 시절 충분한 보살핌을 받지 못한 비통함을 풀어내는 노력을 해야 한다. 항상 대지와 연결하여 어머니 대지의 무한한 사랑을 받아야 한다. 땅과 연결하면 차크라가 충전되고, 더 많은 에너지를 가져올 수 있다. 다른 사람에게 내주기 전에 나를 사랑하고 키워내는 엄청난 능력을 스스로 만끽할 수 있게 된다.

지배하는 유형(사이코패스)

지배하는 유형의 방어기제는 생후 18개월에서 48개월 사이에 형성된다. 이 시기에 아이는 이성 부모와 무언의 동맹을 맺는다. 여자아이라면, 아빠(또는 아버지 역할을 하는 사람)와 한 팀으로 엄마를 상대한다. 어린 소녀의 마음에는 자기가 아빠의 파트너이다. "나는 아빠와 결혼할 거야"라고 말할 수 있다. 엄마와 아빠는 서로 사이가 좋지 않을지 모르지만, 아이와 어른들은 잘 지내기 마련이다. 아빠는 내 것이라고 상상하는데 보통 실제로는 그렇지 않으므로, 배신감을 느끼게 된다.

이때 통제하는 태도가 방어기제로 발달하고 "내 방식을 따르지 않을 거면 떠나라"라는 식이 된다. 지배하는 유형은 이겨야만 하고, 좋게 보여야 한다. 패배감을 느끼면 자신을 보호하기 위해 거짓말을 한다. 의존하는 유형처럼 바라는 게 많고 불안정하지만, 이상적인 모습의 가면을 쓰고 아무 일 없다는 듯 행동한다. 자신을 거대하게 만들고, 상황을 어떻게든 통제할 수 있다고 생각하며 최대한 대단히 적극적인 모습을 보인다. 지배하는 유형은 신뢰를 필요로 하지만, 배신의 상처가 남아 있다. 그래서 '나는 옳고 너는 틀렸다'는 가면 뒤에 숨는다.

지배하는 유형은 알아보기가 쉽다. 일반적으로 매우 위협적이고 조종하는 성격으로, 소통 능력이 뛰어나고 연기를 잘한다. 배우, 가수, 변호사, 정치인이 이런 성격을 일부 보이기도 한다. 드라마 〈소프라노스The Sopranos〉에서 제임스 간돌피니James Gandolfini가 분한 토니 소프라노Tony Soprano는 지배하는 유형의 전형적인 예이다.

지배하는 유형은 전생에서 대의를 위해 싸운 전사였을 수 있다. '나쁜' 놈을 이기는 '좋은' 사람이었을지 모른다. 그러나 가장 신뢰하던 사람들에게 배신당했을 것이다. 이제 아무도 믿을 수 없다고 믿는다. 세상은 무섭고 통제가 필요하므로 어떤 방식을 동원해서라도 다른 사람을 지배한다. 집단따돌림, 조작, 유혹, 제압, 거짓말도 불사한다. 공격적으로 대하므로 또 다른 공격을 불러오는 대가를 치른다. 삶은 진정한 전쟁터가 된다.

지배하는 유형은 자신감 있는 모습으로 지휘하는 매력이 돋보인다. 에너지를 위로 끌어올리기 때문에 상체가 하체보다 더 크고, 상반부 에너지가 하반부 에너지보다 더 세다. 때로 이 유형은 에너지가 위치를 바꾸었다고 해서 전위되었다고 표현되기도 한다. 이 방어기제는 세 번째 차크라가 발전하는 시기에 형성되는데 에너지의 전위는 다섯 번째 차크라에 집중된다. 그래서 사람을 유혹하는 말솜씨가 뛰어나 의사소통에 탁월한 재주를 보인다. 상위 차크라는 열려 있지만, 감정 센터는 닫혀 있다. 특히 첫 번째 차크라와 두 번째 차크라는 에너지가 다른 곳으로 이동되어 고갈되기 때문에 땅에 안정적으로 연결되지 않고 성생활도 취약하다. 유혹하는 능력 또한 친밀하고 지속적인 관계로 연결되지 않는다. 항상 파트너가 배신한다고 예단하기 때문에 성을 서로의 쾌감이 아닌 정복의 일환으로 여긴다.

전위된 에너지는 어깨가 넓은 상체를 만든다. 골반은 차고 빡빡하고, 엉덩이는 좁다. 다리가 약하고, 눈은 강인하다. 에너지가 지나치게 활동적이고 이후에는 쓰러질 정도로 붕괴한다. 사람들과 상황에 자신을 던져버리기도 하며, 곧이어 피로로 무너진다. 등과 관절이 비교적 취약하지만 전반적인 건강 상태는 좋다. 다만 배신의 상처로 가슴 차크라를 닫아서 심장마비가 올 가능성이 크다.

지배하는 유형은 삶에서 다른 사람을 통제하는 마음을 내려놓는 공부를 해야 한다. 다른 사람을 믿고 자신을 믿어야 한다. 치유는 안전하다고 느낄 때, 인간이기에 실수해도 괜찮다고 느낄 때 효과가 있다. 항상 이기거나 특별하지 않아도 괜찮으며 인류의 일원으로서 이미 충분한 존재임을 깨달아야 한다. 지배하는 유형의 방어기제에서 해방되면, 매우 정직해지고, 진실성과 용기, 삶의 결단력이 두드러지게 나타난다.

은밀하게 지배하는 유형이 있다. 앞에서 미소 지으며 뒤에서 공격하는 사람들이다. 에너지를 머리 위로, 제3의 눈을 통해 내보낸다. 죽기 살기로 덤비는 행동으로, 살면서 힘을 빼앗긴 경험이 있는 사람들의 방어기제이다. 내가 젊은 변호사 시절에 주로 사용하던 방법이기도 하다. 짧은 치마를 입고 법정에 입장해 은밀하게 판사와 다른 변호사를 꼬여내다 공격하는 식이었다. 매우 재능 있는 연설가, 연기자, 배우, 변호사 역시 지배적인 에너지를 보인다. 청중에게 지배하는 에너지를 보낼 수 있어야 하기 때문이다.

이 방어기제는 두려움에 기반한다는 사실을 기억해야 한다. 유아나 어린아이 시절, 트라우마를 겪고 상처나 위험에 빠지거나 어떤 식으로든 취약한 상황에 놓이면 자신을 보호하기 위해 방어할 방법을 찾게 된다. 지배하는 유형의 방어기제는 위협을 느끼거나 구석에 몰렸을 때 나온다. 우리는 벽에 부딪혔을 때 습관적 방어기제를 사용하게 된다. 그렇더라도 당황할 필요는 없다. 저 고릿적 지배하는 유형이 다시 나왔구나, 하면 된다.

복종하는 유형(마조히스트)

복종하는 유형의 방어기제는 아이들이 자립을 시작하는 2~4세 사이(지배하는 유형과 같은 시기)에 형성된다. 언제 무엇을 먹고, 어떤 옷을 입고, 머리는 어떻게 하고 등등을 일일이 간섭하고 통제하는 부모님 밑에서 자란 경우에 생성된다. 잦은 통제로 아이의 말을 끊거나 개인적인 공간을 허용하지 않았을 수도 있다.

그러면 에너지 면에서 아이들은 짓밟힌다고 느낄 수 있다. 자율성 계발이 허용되지 않는다. 밖으로 배출되지 않기에 폭발하는 불만이 내면에 점점 쌓인다. 부모는 아이들의 자기표현을 억압하며 아이가 그에 대해 죄책감을 느끼게 한다. 복종하는 수밖에 다른 방법이 없다. 아이들은 굴욕감을 느끼며 모든 감정을 참아낸다. 부모의 인정을 받기 위해 자기표현, 창의력을 억누른다.

무슨 일이 일어나는가? 아이들은 패배하고 덫에 걸린 기분으로 잔뜩 긴장한 상태이다. 부모의 인정을 원하기 때문에 따르지만, 자신의 분노를 두려워하게 된다. 화를 내도 굴욕스럽고, 화를 내지 않아도 굴욕감을 느낀다. 딜레마에 시달리는 것이다. 가장 큰 두려움은 굴욕감을 느끼는 것이다. 그러면 어떻게 대응하는가? 다른 사람들이 상처를 입히기 전에 스스로 상처를 낸다. 자기 자신을 존중하지 않는 분노를 밖으로 표출하지 못하고 내면에서 자기 자신을 가혹하게 질책한다.

결국 부모가 대하는 방식 그대로 자신을 대하게 된다. 자라는 동안 특정 방식을 강요받았다면, 내적으로 많은 압력을 가하게 된다. 수동적 공격 성향의 불평 또는 징징대는 태도는 다른 사람들의 분노를 일으키기 위해, 복종하는 유형이 쓰는 무의식적 방법이다. 다른 사람이 먼저 화를 내면 그에 응당한 화를 낼 수 있는 명분이 생기기 때문이다. 자기표현을 하려면 타인에게 의존해야 하는 상황이다.

이들은 많은 생애 동안 다른 사람들에게 통제당하고 억압되었을 가능성이 크다. 아마도 노예였거나 투옥되었거나 종교 또는 정치 집단의 규칙에 복종했을 수 있다. 그래서 이번 생에서 옥죄는 부모를 선택했을 수 있다. 모든 것을 마음속 깊이 담아두는 법을 배웠기 때문에 자신의 창조성을 표현할 능력이 없다. 심지어 말할 때 자주 쉬거나, 부분 문장으로 말한다. 다른 사람들이 말을 마무리해주면, 그들은 자기가 아이디어를 공식화하고 표현할 능력이 없다는 것을 확인한다. 에너지가 매우 내면화되었기 때문에, 에너지 장은 충분하고 커 보인다. 그러나 에너지 경계는 잦은 침략으로 구멍이 가득 나 있어 다른 사람들의 에너지가 침투하기 쉽다. 두꺼운 보호벽을 만들었더라도, 실제로는 벽에 구멍이 숭숭 나 있는 상태이다.

복종하는 유형은 침입당하는 것을 두려워하고, 다른 사람들이 어디서 들어오고 어디서 나가는지 경계를 알기가 힘들다. 여섯 번째와 세 번째 차크라가 열려 있으므로 기본적으로 멘털, 감정 센터에서 주로 활동한다. 복종하는 유형의 몸은 무겁고 압축된 모양으로 위에서 아래로 눌린 듯한 모습이다. 목이 짧고, 허리가 짧으며, 근육이 지나치게 발달했을 수 있다. 목 차크라는 막히고 머리가 앞으로 밀려 나와 있다. 눈은 혼란스러워 보이며 안은 '끓고' 있지만, 에너지는 낮은 수준에 머무른다.

결국 놀림을 많이 당하는데 수치심과 죄책감에 휩싸여 질색한다. 코미디 드라마 〈사인펠드Seinfeld〉에서 제이슨 알렉산더Jason Alexander가 연기한 조지 카스탄자George Costanza의 성격이 복종하는 유형의 전형적인 예라고 할 수 있다. TV 드라마 〈걸즈Girls〉에서 레나 던햄Lena Dunham이 맡은 해나 호바스Hannah Horvath의 성격도 마찬가지이다.

복종하는 유형은 허리와 어깨에 많은 압박을 받는다. 당뇨병이 흔히 생기는데, 내부 압력이 커져 생기는 문제이다. 자유롭기를 갈망하므로 자기표현을 연습하여 치유하도록 한다. 반드시 자신의 감정, 특히 어렵고 연약한 감정을 드러내야 한다. 자기 자신이 아닌 다른 사람들에게 화내는 법을 배워 굴욕감에서 벗어나야 한다.

완고한 유형(리지드)

마지막 마음/몸 유형으로서 제일 늦은 때인 만 4세에서 6세 사이에 형성된다. 심장이 가장 열려 있는 이 시기에 아이들은 이성 부모에게 거부당하는 경험을 한다. 아이는 그 마음을 숨기는 방법을 배울 정도로 너무나 큰 배신감을 느낀다. 아니면 아이들은 부모로부터 이제 다 컸으니 제대로 행동하라는 지시를 받았을 수 있다. 아이들의 진정한 자아는 인정받지 못하거나 사랑받지 못한다. 그래서 아이들은 받아들여지지 않으리라 생각하며 진정한 감정을 숨긴다. 단순히 좋게 보이고 행동해야 하는 것이 완고한 유형의 방어기제가 된다.

완고한 유형은 어리석어 보이지 않으려고 자신의 감정을 뒤로 숨긴다. **완벽**해지려고 노력하다가 진정한 자신과 연결된 유대감을 잃어버린다. 감정적인 욕구 또는 약점을 인정하지 못한다. 이 유형은 취약해지는 것이 가장 두렵다. 그래서 무엇이든 자부심에 해가 될 수 있는 말을 하거나 행동할 위험을 감수하지 않는다. 세상에서 거두는 업적을 가장 중요하게 여긴다. 어린 시절 받지 못한 부모의 인정과 사랑을 얻기 위해 무의식적으로 세상의 성공을 추구하지만 아무리 크게 성공해도 만족하지 못한다. 약물 남용이 실질적인 문제로 불거질 수 있다.

완고한 유형은 전형적인 성공 지향적 성격으로 다른 사람의 감정에 민감하지 않다. 경력을 개인적 관계보다 더 중요하게 여긴다. 세상의 눈으로 보면 성공한 엄친아이다. 세상의 최상위 자리에 있는 것처럼 보인다. 상담이나 치료를 받는 중일 수 있으나, 외부에서 보기엔 전혀 문제가 없고, 도움을 요청하는 일도 거의 없다. 나는 알코올 중독자였지만 처음으로 알코올 중독자 치료모임에 참석할 때 멋지고 비싼 카우보이 부츠를 신고 갔다. 완고한 유형은 완벽하게 외모를 꾸미지만 정작 무엇을 하고 있는지 인지하지 못한다. 여러 생을 사는 동안 생존을 위해 완벽한 외모를 유지하는 노력을 했을 것이다.

완고한 유형은 지저분한 감정을 두려워한다. 그러므로 모든 것이 완벽하다. 머리 한 올까지 제자리에 있다. 이들은 유혹적이거나 공격적인 말투로 다른 사람을 조정하고 자신의 경계를 보호하며 의지를 관철한다. 다른 사람의 의견은 거의 듣지 않으며 항상 방어적이다. 골반이 뒤로 밀려 있지만, 일반적으로 몸의 갑옷이 너무 두꺼워 잘못된 것을 감지할 수 없다. 그들의 눈은 현재 시점에서 반짝이며 에너지도 좋다. 과거에 일어난 모든 고통으로부터 멀리 떨어져 있다. 그러나 애정 관계에는 종종 문제가 생긴다. 사랑을 주고받는 것은 어렵지만, 그들은 분명 근사해 보인다! 법정 드라마 〈굿 와이프The Good Wife〉에서 줄리아나 마걸리스Julianna Margulies가 맡은 얼리샤 플로릭Alicia Florrick이 대표적인 완고한 유형이다. 그녀는 늘 완벽한 옷차림으로 아무 일 없었던 듯 행동한다. 드라마 〈매드멘Mad Men〉에서 존 햄Jon Hamm이 분한 돈 드레이퍼Don Draper도 완고한 유형의 좋은 예이다.

느낌을 담당하는 몸 앞의 에너지 센터는 일반적으로 닫혀 있지만, 뒤쪽의 의지 센터는 특히 강하게 발달해 있다. 두 번째 차크라는 닫혔을 수 있다. 두 번째 차크라의 생명력이 세 번째 차크라로 밀려나 있다. 이 유형은 주로 의지와 머리로 살아간다. 치유가 끝나면 앞쪽의 느낌 센터가 더 열리게 된다.

완고한 유형의 가장 큰 두려움은 자신의 불완전성이 드러나서 창피해지는 것이다. 그것이 발견되지 않기를 바라는 마음에서 모든 것을 올바르게 하려 한다. 진정한 모습을 숨기는 것이다. 자기 자신을 진정으로 경험할 수도 없고 자신의 영성과 연결하기도 힘들다. 완고한 유형은 매우 경쟁적이다. 당신이 너무 가까이 다가가면 그들은 완전히 물러설 것이다. 그들의 생각이 발목을 잡는다. 자신이 어떤 방향으로 가든 그들은 틀렸다고 여긴다. 완벽주의와 자기 통제를 내려놓는 법을 배우고, 무엇보다 느낄 줄을 알아야 해방될 수 있다. 그러면 대담한 모험심과 삶의 큰 열정으로 다른 사람들에게 영감을 줄 수도 있다.

다른 사람의 방어기제를 대할 때

방어기제는 자궁에서나 유아 시기 또는 어린 시절 문제를 해결하기 위해 형성된 시스템이다. 이제는 그때만큼 도움이 되지는 않아도 습관적 반응으로 같은 방어기제를 사용하는 경우가 많다. 결과적으로 신체에도 방어기제의 모습이 반영된다. 방어기제에서 벗어나기 위해서는 어느 마음/몸 유형을 쓰고 있는지 먼저 알아야 한다. 다섯 가지를 모두 사용할 수도 있다. 아니면 방어기제를 어느 정도 극복한 상태로, 심각한 자극이 있을 때만 같은 방식으로 반응하기도 한다. 스스로 선택한 일이 아니고, 특정한 방식으로 행동하게 되는 것이다. 필요한 순간에 방어기제가 작동했다고 해서 자신을 비난하거나 탓하지 않아야 한다.

특정 방어기제를 보이는 사람들에게는 어떻게 대응해야 할까? 먼저 회피하는 유형에게는 지금 이 순간 더 많은 것을 느낄 수 있도록 돕고, '여기에' 머물게 해야 한다. 의존하는 유형에게는 '도와주세요'라는 애원에 약해지지 말고, 책임을 지고 자신의 두 발로 설 수 있도록 돕는다. 지배하는 유형을 상대할 때는 당신의 에너지를 작게 끌어모아 그들의 폭발을 피할 수 있게 한다. 복종하는 유형은 인식하기가 가장 어렵고 도움을 주는 일도 쉽지 않다. 이들을 대하는 방법은 상황별로 달라진다. 완고한 유형을 대할 때는 무엇보다 먼저 마음을 열어야 한다. 그들에게는 열린 마음이 가장 중요하다. 책 뒤쪽에 수록한 참고자료에서 다양한 마음/몸 유형을 보여주는 재미있는 비디오 링크를 찾아보길 권한다.

에너지는 몸과 행동을 형성할 수 있다. 우리는 우리 안에 있는 것이든 다른 사람들에게서 오는 것이든 어둠과 대면할 때 에너지의 힘을 또 다른 방식으로 느끼게 된다. 다음 장에서는 어두운 에너지를 설명한다. 당신을 보호하는 에너지가 함께 있으니, 어두운 에너지를 알고 이해한 다음 차단하거나 풀어내어 괴로움 속에서 힘들어하지 않기를 바란다.

✦ 13

어두운 에너지
다루기

우리는 선과 악, 빛과 어둠이 공존하는 이원성의 세계에 살고 있다. 빛과 어둠 모두 우리 안에 공존하며 우리는 내면의 이중성에 끊임없이 직면한다. 치유를 위해 우리는 에너지로 무엇을 하는가? 내면의 어둠을 인정하고 풀어내며 외부에서 오는 어둠으로부터 자신을 보호하는 법을 배우고, 자신과 다른 사람, 주변 환경이 밝아지게 한다.

내면의 어둠이란 무엇인가? 무엇보다 자신의 진실한 모습을 알고 싶어 하지 않는 저항이다. 실수를 인정하고 내면의 아름다움과 지혜 속에 발을 딛고 서야 비로소 에너지가 자유롭게 흐른다. 만약 자신을 실패자라거나 쓸모없는 존재로 여긴다면, 부정적인 자아상으로 인해 에너지 흐름이 막힌다. 정체된 에너지를 풀어주어야 숨통이 열리고 밝아지며 어둠에서 벗어난다. 하나 됨과 빛을 따르는 마음이 진실을 알려고 하지 않는 마음보다 강해질 때, 어두운 에너지가 변형되고, 삶은 밝아진다. 이러한 변화는 에너지 치유의 약속이기도 하다.

어두운 면

당신은 빛으로 태어났다. 하지만 자궁에 있을 때부터 부정적인 에너지를 흡수했을 수 있다. 영아 때 삶의 흐름 속에서 부모님이나 돌보는 사람들의 부정적 성향을 받아들였을 수 있다. 이 부정적 감정에 주의를 기울이지 않으면, 더 사로잡히게 된다. 그리고 자기가 느끼는 고유한 어두운 감정이 있다. 무엇보다 자신의 어둠을 인식할 수 있으면 가장 좋다. 질투, 판단, 불안, 불쾌감, 증오를 알아차리고 풀어내면 인생을 바꿀 수 있다.

우리는 모두 어두운 면이 있다. 나는 살아오는 동안 외부로부터 많은 어둠이 밀려왔다. 그러면서 내면에 상당한 양의 어둠을, 특히 질투와 교만을 만들어냈다. 불안해하는 사람에게 전형적으로 나타나는 부정적 감정이다. 나는 이 크고 어려운 감정을 개인적인 글쓰기로 풀어냈다. 알지 못하면 바꿀 수 없으므로, 항상 내면에서 무엇이 일어나는지 알아차리는 것이 첫 단계이다.

어둠이 들어오는 방법

정말로 간절히 무엇인가를 원할 때, 어둠은 종종 유혹적인 제안을 해온다. 예를 들어, 유산, 중요한 승진, 일등상을 위해 당신은 수단과 방법을 어느 선까지 동원할 것인가? 거짓말, 부정행위, 조작을 통해 다른 사람을 짓밟고 원하는 것을 얻으려고 할 때 어둠이 승리한다. 원하는 것을 얻기 위해 부정적인 수단을 쓰면 당신은 조금 더 어두워진다. 자신에게 거짓을 말할 때, 특히 자존심과 에고로 그것을 감출 때 가장 큰 피해를 보게 된다.

질투, 괴로움, 수치심, 분노, 복수심, 불안 등 우리는 부정적 감정을 느낀다. 이들 감정을 무시하거나 숨기거나 부정하면 어둠이 우세해져 문제를 일으킬 수 있다. 그러므로 생각과 감정을 알아차려 처리하고 내보내는 방식이 가장 좋다. 자신의 감정을 알면 어둠을 멀리할 수 있다.

또한 개인의 힘인 자력을 유지해야 한다. 주변 환경에서 악과 폭력에 노출되지 않아야 한다. 그러므로 TV 방송이나 영화를 보거나 책을 읽을 때 내용을 가려 골라야 한다. 비록 허구의 인물이라도 다른 사람의 어둠을 흡수하지 않는 것이 가장 좋다. 어둠은 에너지 장에 틈이 보이면 그 구멍과 균열을 통해 들어온다. 당신이 처리하지 않은 감정과 해결되지 못한 트라우마는 틈을 남겨놓는다. 몸을 함부로 할 때도 에너지 장으로 어둠이 흘러들어 온다.

술이나 약물 남용, 정크푸드 섭취, 수면 및 운동과 일조량의 부족은 부정적인 에너지를 불러들인다. 15장의 '자가 치유 계획'을 참고하여 힘든 시기를 극복하는 방법을 활용하길 바란다.

이제 특정 유형의 어둠을 알아보고 각각의 어둠을 처리하는 도구를 살펴보자.

심령 공격

심령psychic 공격은 다른 사람이 자신의 그림자를 당신 쪽으로 조준할 때 발생한다. 시어머니가 악의적인 눈빛을 발사하거나 이혼 후 전 배우자가 막말을 쏟아내는 경우, 친구인 줄 알았던 사람이 상사가 당신에게 더 관심을 보이자 냉소적인 차가운 시선을 던질 때, 부모가 자식의 성취를 자랑스럽게 여기기보다는 질투하는 등의 상황이 해당한다. 가해자나 스토커가 당신을 표적으로 삼을 때도 심령 공격이 발생한다.

공격을 받을 때는 균형을 유지하기가 어렵다. 폭력 가능성과 분노 또는 질투에 압도당하기 쉽다. 그들을 향한 생각을 멈출 수가 없다. 마치 파멸의 춤에 묶여 있는 것처럼 보인다. 강한 부정적 에너지를 통해 서로가 서로에게 묶여 있는 것이다.

코드는 우리를, 차크라와 차크라 사이를 서로 연결하는 빛의 통로이다. 예를 들어, 내 가슴 차크라에서 당신에게 코드를 보내면 당신의 가슴 차크라에 다다른다. 코드는 우리가 인식하는 3차원 공간을 넘어 우주 에너지 장의 네 번째 층위에서 연결된다. 상대가 사망하더라도 연결된 코드는 계속 이어진 상태이다.

사랑을 주고받는 코드나 세 번째 차크라에서 세 번째 차크라로 상호 존중을 보내는 경우는 좋은 코드일 수 있다. 좋지 않은 부정적 코드는 모든 학대 상황에서 형성된다. 내가 성폭력을 당하고 순수한 어린 시절을 빼앗겼을 때는 학대자의 두 번째 차크라에서 나의 두 번째 차크라로 부정적 코드가 연결되었다. 동시에 가해자의 가슴 차크라에서 나의 가슴 차크라로 긍정적 코드도 연결되었다. 이와 같은 혼란스러운 상황에서, 관계를 유지하려면 좋은 코드를 강화할 필요가 있다. 나는 어린 시절의 아픈 상처를 묻어두지 않고 성적 학대로 인한 폐해를 처리하기 시작했을 때, 가해자를 용서하고 가슴끼리 사랑의 코드를 강화했다. 코드는 보낸 사람과 받는 사람 사이에 공유된다. 비록 성폭력을 통해 부정적으로 묶였지만, 우리의 연결은 기본적으로 따뜻하고 사랑스러웠다.

사람들이 공유하는 다양한 부정적 에너지 코드는 '스위핑 호흡Sweeping Breath'을 연습하면 상당히 쉽게 교정할 수 있다. 방법은 이번 장 뒷부분에 설명해두었다.

어떤 경우에는 완벽히 통제할 수 없는 막강한 힘이 당신에게 영향을 미친다. 코드보다 더 강력하게 암흑 에너지를 보내는 힘인

'위압적 벡터vectors of force'[1]를 소개한다. 벡터는 수신자가 동의하지 않은 상태에서 진행된다. 마치 당신을 향해 조준된 화살과 같다. 약물, 탐욕, 증오, 질투 등 자신을 망칠 수 있는 다양한 이유로 인해 에너지 장에 구멍이 있는 상태일 때 우리는 취약해진다. 누군가가 벡터로 당신을 조준했다면, 삶의 일부가 당신 통제하에 있지 않은 듯 느껴질 것이며, 실제로 통제하지 못할 가능성이 크다.

코드와 달리 벡터는 항상 부정적이며 스스로 취소하거나 풀어내기가 어렵다. 벡터를 제거하려면 많은 연습이 필요하다. 만약 당신이 벡터의 대상으로 의심되는 경우, 이 장 마지막에 설명하는 '적극 되돌림Advanced Recapitulation'을 연습하면 도움이 될 것이다.

다시 말하지만, 심령 공격을 멀리하려면 건강한 신체와 긍정적인 태도를 유지하여 강한 에너지 장을 지키는 것이 최선의 방법이다.

에너지 뱀파이어

에너지 뱀파이어energy vampire는 초자연적 형태의 공격으로 당신의 에너지를 소모한다. 그들은 아무것도 아닌 일을 크게 부풀리는 성향으로 '드라마의 여왕drama queen'이라 불린다. 사소한 실수도 큰 비극처럼 말하며, 모든 것을 불평하는데, 특히 질병의 경우

---

1 매우 위험한 심리적, 정신적 공격을 가리키는 에너지 의학상의 용어.

엔 극에 달한다. 에너지 뱀파이어는 당신의 '주의attention'를 끌고 긍정 에너지를 훔친다. 남을 비판하면서 기분이 좋아지는 부류이며, 자신의 문제를 해결하기 위해 모든 사람을 비난한다.

에너지 뱀파이어를 만나고 나면 피로감, 슬픔이 밀려오고 우울해진다. 긍정 에너지가 빠져나가 허무하고 피곤하게 느껴진다. 피로에서 회복하기 위해 몇 시간을 먹고 자고 쇼핑하며 보낼 수도 있다.

당신이 친절한 사람이라면, 파괴적인 사람들을 돕고자 하는 마음이 생길지도 모른다. 에너지 뱀파이어는 수줍어하며 부드러운 말로 당신을 유혹해 끌어들인다. 부정적인 에너지를 끊임없이 방출하기 때문에, 끊임없이 당신의 에너지를 훔쳐서 자신의 에너지 탱크를 다시 채우려 한다.

에너지 뱀파이어를 피하는 것은 당신에게 달려 있다. 다행히 어렵지는 않다. 무엇보다 함께 보내는 시간을 최대한 짧게 해야 한다. 대화를 끊을 방법을 준비한다. "가야 해, 밥하다가 나왔어!"라고 하든지, 지금 바로 해결해야 할 상황이 있음을 알린다. 그들의 부정적 에너지로부터 가능한 한 침착하게 거리를 유지한다. 문제를 해결하거나 그들을 구출해주려는 충동에서 벗어나, 가볍게 걸어 나간다. 가능하면 엘리베이터 같은 좁은 공간에 가까이 있지 말고, 눈을 똑바로 마주 보지 않도록 주의한다. 자신을 지키고 경계를 보호해야 한다.

때로 에너지 뱀파이어는 당신의 어머니, 형제 또는 배우자의 가족일 수도 있다. 그렇다면 당신은 무엇부터 해야 할까? 먼저 당신이 만나는 에너지 뱀파이어가 어떤 유형인지를 알아야 한다. 에너지 뱀파이어는 12장에서 배운 마음/몸 유형에 해당하는 다섯 가지 종류가 있으며, 각각 다른 방식으로 대응해야 한다.

● 배신당한 에너지 뱀파이어(사이코패스 유형)

배신당한 에너지 뱀파이어의 주요 카르마는 자기희생과 전투에서의 승리이다. 전생에 전사였던 경험에서 배신자가 있거나 자신을 죽일 수도 있는 적이 있음을 배웠다. 그들은 여전히 전쟁에서 승리하려고 노력한다. 모두가 적이고, 인생은 전쟁터이다. 몸의 상반부에 에너지 장이 집중되어 있다. 앞에 누가 있든 공격 에너지를 투사한다. 이와 같은 유형의 에너지 뱀파이어와는 논쟁하지 말고, 눈을 마주치지 않도록 한다. 목소리를 낮추고 부드럽게 말한다. 그들의 왜곡된 세계관을 바꾸려고 하지 않는다. 이들은 어떤 대가를 치르더라도 이겨야 하는 유형으로, 당신을 논쟁으로 끌어들이려고 코너로 몰면서 자신이 맞고 당신이 틀렸음을 증명하려 든다.

● 두려움이 많은 에너지 뱀파이어(스키조이드 유형)

두려움이 많은 에너지 뱀파이어의 카르마는 가난한 영혼이 전생에 영성 수행이나 형이상학적 신념을 이유로 고문을 당하다 사망한 경우와 같은 상황을 주제로 한다. 그들에게 유일한 탈출구는 몸을 떠나는 것이었다. 이생에 다시 태어나기를 두려워했고 온전히 몸에 머물기를 몹시 무서워한다. 영적인 영역에 너무 많이 머물러 있다 보니 직선적 시간에 적응하기를 어려워한다. 몸의 차원에서 임무를 수행해야 하는 상황에서 화를 내고 공격적으로 되어 에너지 뱀파이어로 변한다. 이 유형을 대하는 최고의 방법은 회피이다.

● 불안한 에너지 뱀파이어(오럴 유형)

이들은 여러 생을 거치는 동안 충분한 음식과 사랑 없이 보살핌을 받지 못했다. 또 현재 삶에서 버려졌을 수 있고 다시 그렇게 될까 봐 두려워한다. 이들은 다른 사람들이 자신의 에너지를 고갈한다며 무서워한다. 그래서 다른 사람의 에너지를 흡수하여 보상받으려 한다. 매우 나긋나긋 말하는 편이라서 길고 지루한 이야기를 들어주기가 힘들다. 강박적인 성격으로 과체중이거나 모든 종류의 중독 행동에 취약하다. 항상 자신이 당신의 주의를 끌 만한 가치가 없음을 증명하려고 노력한다. 무기력하며 당신이 자신을 돌봐야 한다고 고집한다. 바로 앞에서 뱀파이어의 눈을 마주치지 않도록 한다. 무엇인가를 제공하겠다고 제안해서는 안 된다. 단, 격려의 말을 많이 해주는 것은 도움이 된다. 그들은 거절당하고 버려질까 두려워하며 살아간다. 연민으로 안타까워하다 그들의 희생자가 되지 않도록 한다.

● 수동적 공격 에너지 뱀파이어(마조히스트 유형)

이 뱀파이어는 갇혀 있고, 통제되고, 자신을 표현할 수 없는 전생을 살았다. 아마도 노예나 포로였거나 종교 또는 정부에 희생당한 피해자였을 것이다. 자유를 원하지만 두려움 때문에 얻을 수가 없고, 분노와 분개 속에 산다. 세상에서 물러나 있으면서도, 다른 사람에게서 세상으로 들어가도 된다는 허락을 받고 싶어 한다. 당신의 의견을 묻지만 동시에 저항한다. 다른 사람들을, 자신의 앞길을 간섭하며 말을 가로막는, 있으나 마나 한 사람으로 여긴다. 내면 세상이 명확하지 않고, 반쯤은 환상과 아이디어로 가득 차 있다. 분노를 표현할 수 없기에 스스로를 가두고 외로움과 절망, 억울함을 투사한다. 당신의 충고를 원하면서도 막상 제안은 거절한다. 이 유형에게 조언해주고자 하는 마음을 접어야 한다.

● 로봇 에너지 뱀파이어(리지드 유형)

이들은 생존을 위해 책임을 다해 일하고, 완벽한 모습을 유지해야만 하는 전생의 삶을 경험했다. 밖에서 보기에는 완벽한 세상을 살지만 내면 세상을 거부해 자신의 핵심 본질은 차단되어 있다. 사회에서 매우 성공하였고 평판도 좋다. '완벽한' 배우자와 가족이 있으며 건강해 보인다. 다른 사람들은 그들을 부러워하며 자기 문제를 들고 찾아간다. 이 유형은 절대 불평하지 않는다. 완벽해 보이고 그들이 환상을 유지할 수 있는 한, 세상은 아름답다. 멀리서 관찰하는 것이 가장 좋은 유형이다.

슬라이머

에너지 악당인 슬라이머slimer의 심령 공격은 낮은 수준의 공격으로 분류된다. 자신의 부정적 에너지를 실어, 비유적으로 말하자면 당신에게 끈적끈적하게 달라붙는다. 교통 체증 줄에 무례하게 끼어드는 사람이거나 머리를 복잡하게 하는 막무가내 고객이 슬라이머에 해당한다. 에너지 장이 취약하면(즉 나에게 구멍이 있으면), 짧은 시간 온라인 연락이나 전화 응대만으로도 영향을 받는다.

그러면 어떤 일이 벌어지는가? 우선 컨디션이 매우 떨어진다. 기력이 없고, 왜 그런지는 잘 모르지만 몸살감기가 오는 듯하고, 오래된 문제가 표면에 떠오른다. 갑자기 과자 한 봉지를 우적우적 먹어치우기도 한다.

에너지 장에 작은 구멍만 있어도 부정적 에너지는 충분히 들어올 수 있다. 구멍의 위치에 따라 부정적 에너지가 나타나는 방식도 달라진다. 가슴 차크라 근처라면, 오래된 배신의 감정이 올라오며 깊은 슬픔을 느낀다. 구멍이 더 낮은 차크라에 있다면, 오랜 습관성 행동 패턴에 의존하게 된다. 보통 슬라이밍sliming은 고의적이지 않으며 무의식적으로 이루어진다. 그렇다고 침투하지 않는다는 의미는 아니다.

정화 목욕

당신에게 묻었을지 모를 끈적끈적한 부정적 에너지의 잔해를 정화하는 방법으로 정화 목욕을 추천한다. 베이킹소다와 천일염을 종이컵으로 각각 세 컵 분량씩 미온수에 푼다. 20분 이상 욕조에 몸을 담근다. 욕조를 비운 후, 샤워를 하면서 몸과 머리카락을 말끔하게 한다. 이렇게 목욕을 하면 좀 더 깨끗하고 상쾌하며, 활력을 되찾게 된다. 이제 푹 자고 나면 에너지 장이 충전된다. 당신은 다시 웃으며 세상에 나갈 준비가 된다. 매우 효과적인 또 다른 방법은 바다 수영을 하는 것이다(바닷물은 정화에 탁월하다). 또는 20분 동안 최대한 다양한 부위의 피부를 햇빛에 노출하며 일광욕을 하는 것도 좋다.

에너지 되돌리기

부정적 에너지는 언제든지 당신에게 묻을 수 있고, 당신의 에너지 장에 흔적을 남길 수 있다. 누군가 직장에서 당신을 질투하며 늘 상사 앞에서 당신을 무너뜨리려 할 수도 있고, 길거리에서 부정적인 진동을 뿜어내는 사람이 지나가며 꺼림칙한 느낌을 남길 수도 있다. 건강과 활기를 되찾는 데 도움을 주는 '스위핑 호흡Sweeping Breath'이라는 에너지 기법이 있다. 고대 멕시코 톨텍 전통에서 수천 년 전부터 내려온 호흡법이다. 톨텍 샤먼은 그들이 '발광 집합체luminous mass'(인간 에너지 장)라고 부르는 곳에서부터 거미줄 모양의(바이오 플라스믹 빛다발) 필라멘트가 뻗어 나온다고 가르친다. 이 필라멘트는 감정에 좌우된다. 감정이 개입된 모든 상황이나 에너지 교환은 에너지 장을 고갈시킬 수 있다.

카를로스 카스타네다Carlos Castaneda[2]는 '박식한 남자'인 야키족의 돈 후안 마투스Don Juan Matus로부터 톨텍 샤머니즘을 수련받는 우화를 기록해두었다. 이야기는 다음과 같이 시작된다. 카스타네다가 사막에서 돈 후안을 만났을 때, 돈 후안은 그에게 '아는 사람을 모두 적은 목록'을 만들라고 했다." 나중에 그가 샤먼에게

---

2 1925~1998, 페루 출신의 미국인 인류학자이자 작가. 1968년 《돈 후앙의 가르침》을 시작으로 총 열두 권의 샤머니즘 체험기 및 수행기를 발표하였다.

돌아오자, 돈 후안은 그를 혼자 있도록 하고는 모든 관계마다 숨을 들이쉬고 내쉬는 스위핑 호흡을 연습하게 하여 관계에서 주고받은 에너지를 정화하게 했다. 카스타네다가 1년간 이 호흡을 연습하고 다시 샤면에게 돌아오자, 돈 후안은 그를 보고 "제대로 하지 않았어"라며 돌려보냈다. 카스타네다가 얼마나 어렵게 이 기법을 익히고 자신을 정화했는지를 보여주는 상징적인 일화이다. 돈 후안이 더 연습하라며 다시 돌려보낸 이유는, 카스타네다의 자만심을 다스리기 위해서였다.

평생 당신이 인연을 맺은 사람들과의 감정적 교류를 생각해보자. 친구, 이웃, 직장 동료, 직장 상사, 낯선 사람과의 관계를 잘 살펴보자. 당신은 바이오 플라스믹 빛다발을 통해 다른 사람들과 늘 에너지를 주고받는다. 심령 공격을 받는 에너지 교환에서는 자신의 에너지를 빼앗기기도 한다.

특히 당신이 민감한 유형이라면 다른 사람에게 받은 심리적 잔재가 있을 수 있다. 힐러들은 대부분 민감한 유형에 속한다. 그래서 건강에 악영향을 받을 수 있으며 노화가 빨라진다. 당신의 에너지를 되찾아오지 못하고 줄곧 다른 사람에게 남겨놓게 되면, 질병에 걸리거나 사고가 나고 쉽게 우울해지며 재정 문제에 봉착할 수 있다. 다른 사람들에게 남겨둔 당신의 에너지를 되찾고, 그들이 당신에게 남겨놓은 에너지를 되돌려주어야 한다. 이제 스위핑, 즉 '청소' 호흡을 연습해보자.

스위핑 호흡

호흡을 사용하여 에너지를 복원하는 쉬운 기법이다. 만약 지금 몸이 피곤하다면 다음에 연습하도록 한다. 깨어 있는 상태로 해야 효과가 있다.

1. **의도를 세운다.** 신발을 벗고 편안하게 앉아 발이 바닥에 닿게 한다. 당신의 상위 자아나 영적 가이드를 마음에 떠올려도 무방하다(11장 참고). 특정 개인과 현장에 남겨진 에너지를 되찾고, 당신의 에너지 장에 남아 있는 다른 이의 에너지를 떠나보내겠다는 뚜렷한 의도를 세운다.

2. **적용할 대상을 선택한다.** 당신과 상호작용한 사람을 선택한다. 사랑하는 사람, 별 감정이 없는 사람, 매우 싫어하는 사람, 모두 해당한다. 살아 있건 사망했건 상관없다.

3. **바로 앞에 그 사람이 있는 것처럼 떠올린다.** 눈을 감고 최대한 자세하게 입은 옷, 얼굴, 몸의 형태 등 그 사람을 시각화

한다. 이제 대상이 있는 환경을 시각화한다. 방, 집, 차, 바깥의 자연 등 이미지를 그대로 가져온다. 대상의 얼굴을 볼 필요는 없다. 에너지를 되찾고 당신에게 남겨진 에너지를 되돌려준다는 의도를 세운다.

4. **스위핑 호흡을 시작한다.** 머리를 왼쪽으로 돌리며 숨을 들이쉬고, 오른쪽으로 돌리면서 숨을 내쉰다. 대상을 심상화하면 그 사람이 선명해지면서 함께 보낸 시간을 다시 기억하게 될 수도 있다. 머리를 오른쪽에서 왼쪽으로 돌리며 숨을 들이쉬고 어떤 느낌이었는지 기억하는 동안, 호흡은 당신이 남겨놓은 에너지를 찾아온다. 숨을 들이쉬는 동안 에너지를 되찾고, 숨을 내쉬면서 그 사람의 에너지를 돌려보낸다. 처리할 감정이 아무것도 남지 않을 때까지 대상에게 집중한다. 집중하면서 필라멘트를 온전하게 되찾고 에너지를 고갈하는 정체된 감정을 처리한다. 생명을 불어넣는 호흡의 특성으로 정화가 가능한 기법이다.

5. **연결을 끊는다.** 스위핑 호흡을 하면서 그 사람의 모습이 희미해지거나 그 상황·사건·대상과 관련된 감정이 희미

해지면, 다음과 같이 마무리한다. 숨을 멈춘 상태로, 머리를 이전과 같이 좌우로 세 번 왔다 갔다 한다. 그런 다음 머리를 정면으로 두고, 자연스러운 호흡으로 돌아온다. 스위핑 호흡으로 청소(스위핑)한 대상과 당신과의 연결을 끊어주는 매우 중요한 단계이다.

사람들과 연을 끊는다는 뜻은 아니다. 연습을 통해 대상에게 남겨둔 당신의 에너지만 되찾아오는 것이다. 예를 들어 어머니와 싸웠다면, 싸우는 동안 에너지를 많이 잃어버렸을 수 있다. 스위핑 호흡으로 당신의 에너지를 되찾고, 동시에 어머니의 에너지는 되돌려줄 수 있다. 각자의 에너지는 되찾되, 어머니와의 관계는 훼손되지 않는다. 코드를 자르지 않고도 대상과 공유하는 에너지 코드를 정화할 수 있으므로 서로에게 유익한 방법이다.

적극 되돌림

적극 되돌림Advanced Recapitulation은 어떤 관계에서 당신이 위험하다고 느낄 때 사용하는 기법이다. 때리는 등 학대하는 부모, 못살게 굴거나 스토킹하는 전남편, 고등학교 때 괴롭히던 무리로부터 에너지를 되찾아오는 방법이다. 또는 길거리를 지나가다가 분노한 사람을 만나 공연히 피해를 봤거나 일종의 심령 공격을 당했을 수 있다. 단순한 교류에서도 다른 사람의 에너지가 남기 쉬운데, 위험에 처하거나 매우 두려워하는 상태에서라면 빼앗기는 에너지가 어느 정도일지 짐작할 수 있을 것이다.

빼앗긴 당신의 에너지를 되찾겠다고 의도를 정한다. 동시에, 당신에게 남아 있는 에너지를 돌려보낸다. 적극 되돌림은 부드러운 스위핑 호흡과는 달리 친절한 기법이 아니다('연습: 스위핑 호흡' 참조). 폭력적이고 어두운 에너지를 돌려주면, 대상자는 돌려받은 어두운 에너지를 처리해야 한다. 부정적인 것을 돌려보낸다고 염려할 필요는 없다. 사건을 되돌려 보내는 것이 아니라 오직 남아 있는 에너지만 돌려보내는 것뿐이다. 물론 어둡고 부정적인 에너지이며 몽글몽글하고 하얀 에너지는 아니다. 그렇다고 복수하는 것은 아니고 에너지를 정화하고 활력을 되찾으려는 과정일 뿐이다. 다른 사람을 해치려는 목적은 없으며, 단지 엉킨 에너지 선을 풀어내려는 작업이다.

현재 좋은 감정을 주고받는 사람을 대상으로 연습하는 것은 권하지 않는다. 과거에 당신이 매우 두려워한 사람일지라도 지금은 그렇지 않다면 연습 대상으로 적합하지 않다. 어렸을 때 어머니가 당신을 공포로 몰아넣었어도, 요즘은 훨씬 친절하고 잘 지낸다면, 혼란스러울 수 있으니 다른 대상을 선택하기를 권한다. 당신이 자주 보지 않는 사람을 선택하도록 한다. 아예 안 보는 사이여도 좋다. 연습 대상을 다시 봐야 하는 상황이라면, 대상으로 삼아도 될지를 분명하게 판단해야 한다.

이 기법의 핵심은 '불굴의 의도(의지)'이다. 당신은 이미 불굴의 의도를 사용하는 법을 알고 있을 수 있다. 나는 테니스 경기에서 이기고자 할 때 또는 법원의 재판에서 승소해야 할 때 이 의도를 사용한다. 나는 말타기를 배우며 불굴의 의도가 무엇인지를 확실히 알 수 있었다. 나보다 몸집이 크고 힘이 센 말을 내 뜻대로 움직이게 하려면, 말을 때리거나 걸어차서 명령하기보다는 어떤 상황에서도 흔들리지 않는 뚜렷한 목적과 의도를 세운 다음 미묘한 신호를 사용해 소통해야 하기 때문이다.

적극 되돌림

연습할 때는 반드시 정신이 맑은 상태여야 한다. 피곤한 상태에서는 안 된다. 또한 늘 척추를 수직으로 바르게 세우고 있어야 한다. 다음 단계를 따라 해보자.

1. 마음으로 의도를 세운다. 발을 바닥에 평평하게 대고 앉거나, 무릎을 약간 구부리며 선다(맨발로 서면 좋다). 눈을 뜬다. 당신의 상위 자아와 내면의 영적 가이드에게 보호를 요청한다(가이드와 연결하는 방법은 11장 참조). 다른 사람들에게 남긴 에너지를 되찾아오겠다는 의도를 세운다. 필라멘트를 가져오되 자신의 에너지가 아니라면 되돌려준다. 호흡에 집중하면서 중앙 에너지 채널(척주 영역)을 충전한다. 불굴의 의도가 느껴질 때까지 집중한다. 호흡의 강도를 높이며 불굴의 의도를 세운다. 그러면 땅과 연결되고 정렬된다. 의도가 확고하면 당신이 의도한 일 외에 다른 일은 일어나지 않는다. 다른 어떤 가능성도 없다. 에너지를 모아 호흡하면서 스스로를 강하게 만든다. 자신을 전사라고 생각해보자.

2. 정리할 사람이나 상황을 선택한다. 통제적이거나 부정적이거나 위협적이거나 폭력적인 사람을 선택한다. 살아 있건 사망했건 상관없다. 죽음은 차원의 변화일 뿐 실제로 망자는 아무 데도 가지 않는다. 대상의 이미지를 천장 왼쪽 구석에 놓는다. 당신으로부터 멀리 둔다. 연결감이 강해질 때까지 대상을 심상화한다. 대상을 정면으로 보지 않고, 당신의 에너지 장에서 멀리 떨어뜨려야 한다. 바이오 플라스믹 필라멘트가 당신 몸에서 대상과 연결되어 있는 모습을 심상화한다. 몇 개의 가닥이 보이는가? 어떻게 생겼는지 확인해본다. 얇고 미세한가? 또는 두껍고 코드같이 생겼는가? 어떤 가닥도 보이지 않거나 느껴지지 않으면, 상상력을 동원한다. 연습하는 동안 눈은 감지 말고 뜬 상태를 유지한다.

3. 손을 뻗는다. 손을 천장 끝의 사람에게 뻗는다. 그런 다음 의도를 사용하여 당신의 '에너지 손'을 그 사람에게 보낸다. 그를 당신의 에너지 장으로 데려오지는 않는다. 불굴의 의도에 주의하여 호흡하면서 에너지 장을 빵빵하게 한다. 특히 척추에 집중하며 양손으로 필라멘트를 가지고 온다. 필

요한 경우 두 손으로 단단히 잡는다. 가닥이 넝쿨이나 나뭇가지처럼 느껴질 것이다.

4. 필라멘트를 찾아온다. 코로 강하게 숨을 들이마시면서 필라멘트를 단단하게 잡고 잡아당긴다. 이렇게 입을 다물고 코로 강하게 들이마시는 숨을 샤먼식 들숨이라 한다. 팔과 손이 아닌 들숨으로 잡아당긴다. 손은 때가 되면 알아서 몸으로 돌아올 것이다. 손을 아래로 내려놓으며 필라멘트를 당신의 중심으로 가져온다. 학대당한 여성의 경우, 몸의 아랫부분으로 손이 내려가며 에너지를 돌려보낸다. 들숨을 최대한 크게 하여 가닥을 잡고 연속 동작으로 끌어당긴다.

5. 정화하고 내보낸다. 필라멘트를 완전히 되찾으면 바로 오른쪽으로 초점을 옮겨 샤먼식 날숨을 내쉰다. 샤먼식 날숨은 입으로 강하게 내쉬는 숨을 말한다. 불굴의 의도로 가닥을 정화한다. 당신 것이 아닌 경우, 강한 날숨과 함께 내보낸다. 필요하다면 손을 사용해도 좋다. 동작을 계속해서 할 필요는 없다. 손이 알아서 관련된 에너지를 정화한다. 대상에게 돌려보내거나 에너지의 다음 진화 과정으로 보내거나

알아서 처리한다. 에너지가 어디로 가는지 알 필요는 없다. 당신이 명쾌해질 때까지 호흡에 집중한다. 2회에서 10회 정도 숨을 내쉰다(현기증이 일면, 숨이 충분하지 않고 산소가 부족한 경우일 수 있다. 잘못하는 것은 아니니 계속 숨을 쉬면 된다).

6. 통합하고 휴식을 취한다. 회수된 에너지가 당신의 에너지장으로 통합되어 몸에 흡수되도록 기다린다. 한 차례 순환으로 활력을 되찾을 수도 있으나, 일반적으로 모두 정화해 내려면 한 번으로는 부족하다. 에너지가 남았는지 확인하고 다음 순환을 이어간다. 너무 피곤하다면 하루나 이틀쯤 기다리며 회복될 때까지 쉬어야 한다.

7. 끊어낸다. 스위핑 호흡에서와 마찬가지로 호흡을 멈춘 채 왼쪽에서 오른쪽으로 머리를 움직이면서 연결을 끊는다. 끝낼 때는 머리를 중앙에 놓는다. 대상과 연결을 끊는 매우 중요한 단계이다.

적극 되돌림은 코드를 끊는 정말 강력한 기법이다. 당신 몸에 연결된 필라멘트가 더 느껴지지 않을 때까지 과정을 되풀이한다. 충분한 양의 물을 마시고 정화 목욕을 한다(13장 참조). 이 기법은 글만으로는 터득하기 어려울 수 있다. 연습 후의 느낌이 밝고 긍정적으로 바뀌었다면 괜찮지만, 각 단계마다 별다른 '느낌'이 잘 느껴지지 않는다면 생각이나 상상으로 무리하게 밀어붙이지 않도록 한다. 어떤 경우에도 마무리 단계는 반드시 시행하여, 명확한 '의도'로 대상과의 연결을 끊고 마무리한다. 매우 힘든 사람이나 상황을 해결해야 하는 경우라면, 전문가의 도움을 받는 것이 안전하다.

심령 공격에서 살아남는 또 다른 네 가지 방법

독한 감정이 자신을 취약하게 만든다는 사실을 기억해야 한다. 밝고 맑게 살면, 무겁고 어두운 감정은 사라질 수 있다. 자신을 보호할 수 있는 네 가지 전략을 추가로 소개한다.

- **모든 노력을 기울여 자신의 에너지와 힘을 보호한다.** 힘을 내어주면 심령 공격을 받게 된다. 그러므로 자신의 가치나 경계를 존중해야 한다. 나의 어떤 행동 패턴이 에너지 손실을 일으키는지를 알아야 한다. 삶에서 무언가를 최종적으로 결정할 때는 항상 직감을 활용하도록 한다.

- **에너지와 감정을 깨끗하게 유지한다.** 글쓰기와 치료, 명상, 보디워크, 에너지 치유는 독한 감정 및 어두운 에너지를 정화한다.

- **영적 가이드와 신성한 멘토에게 도움을 요청한다.** 매일 간단한 기도로 당신의 가이드와 멘토에게 안전하게 지켜달라고 요청한다. 나는 주로 이렇게 기도한다. "[이름]이시여, 오늘 매 순간 제 곁에 함께해주소서."

- **집 안의 불필요한 에너지를 정화한다.** 개인 공간을 정화하는 간단한 방법들이 있다. 전통적인 방법으로 연기를 피우기도 하는데, 세이지, 향모sweet grass[24], 향나무cedar, 노간주나무juniper 등을 태운다. 이들을 태워 연기를 낼 때는 옷장과 집 안의 문들을 열어

서 모든 공산을 한꺼번에 정화한다. 물론 화재가 발생하지 않도록, 불이 옮겨붙지 않는 그릇이나 도구를 미리 준비한다. 거울도 깨끗이 닦아서 정화한다. 19장에서는 연기로 정화하는 방법보다 손쉬운 공간 정화법을 소개한다.

다음 장에서는 개인 에너지 장보다 한층 깊은 하라 라인hara line에 대해 알아볼 것이다. 하라 라인은 당신의 삶의 목적이 시작되는 곳이다.

---

3 볏과의 여러해살이풀. 낮은 지대의 잔디밭이나 풀밭에서 자라며 향긋한 향기가 난다.

14

하라Hara

샤먼 스승 밑에서 오랫동안 수행을 한 적이 있다. 내가 30대 초반 무렵에 스승은 도움을 주고 싶다는 메시지를 보냈다. 그는 허밍 소리를 내면서 내 몸 전체를 큰 깃털로 흔들며 에너지 장을 점검했다. "매우 드문 일이지만, 당신은 죽어가는 것 같네요." 그는 잠시 침묵 속에 잠겼다가 이렇게 덧붙였다. "당신은 이번 생의 목적을 완료했어요. 원한다면, 지금 떠날 수도 있겠어요." 그의 말에 충격을 받았다. 잠시 후 정신이 돌아오자, 나는 남아 있기를 선택했다. 더 할 일이 있겠다는 생각이 들었다. 샤먼 스승은 내가 새로운 의식을 통합할 수 있도록 도왔다. 나는 이전과 같은 몸에서 새로운 생을 시작했다. 후에 스승은 내 느낌이 이전과 다른지 묻고는 말했다. "이제 새로운 하라 라인이 생겼다!"

하라 라인이란 무엇인가?

몸의 에너지 센터(일곱 가지 주요 차크라)는
척추 아래에서 머리 꼭대기까지 이어지는
토템폴totem pole[1]과 같다. 하라 라인은 척
추보다 심오하고 깊은 차원에 존재한다.

개인 에너지 장은 실제 하라 라인
부터 시작된다. 하라 라인이 정렬
되면, 삶의 임무를 받아들이고, 양심
적으로 살게 된다. 개인적인 삶의 목적이 영혼의 깊은 열망과 동
기화된다. 자신을 방어하거나 옳다고 증명할 필요 없이 안정감이
생기고 중심이 잡힌다. 자기 자신은 물론 다른 사람들과 지구를
존중하게 된다.

하라 라인이 정렬되지 않았거나 어떤 방식으로든 왜곡되어 있
으면 다양한 문제가 나타난다. 선의 쪼개짐과 같은 왜곡은 내적
갈등을 드러낸다. 이런 경우 감당하기가 힘들고, 지구를 떠나고
싶은 마음만 든다. 길을 잃고, 혼자라고 느껴지거나, 갇힌 듯한 기
분에 휩싸인다. 또 앞으로 의미 있는 길로 나아갈 수 없다고 여기
기도 한다.

---

1 아메리카 원주민 문화에서 토템의 상像을 그리거나 조각한 기둥.

목적을 수행하는 데 자신감이 없을 수도 있다. 내가 정말로 누구인지, 왜 여기 있는지, 이해하기가 힘들다. 또 치유 에너지를 활용하는 능력을 잃어버린다. 하라 라인을 맞추는 작업은 삶의 목적과 임무를 명확하게 알게 한다. 그리고 전체 차크라 시스템과 에너지 장의 활력을 높인다. 하라 라인을 정화하면 억압된 에너지가 풀리고, 우울증이나 불안 같은 심리적 문제도 정리된다. 다시 말해 내면의 나무줄기를 강화하는 것과 같다. 더욱 크고 바르게 서서 인생이 어디로 가는지 볼 수 있다.

하라 라인은 어디에 있는가?

하라의 수직선은 곧바로 에너지체 중심으로 들어가며, 세 가지 주요 지점인 단전, 영혼의 자리soul seat, 개별화 지점individuation point을 연결한다.

- **단전**은 배꼽 밑 2~3센티미터 아래의 아랫배에 있으며, 의도와 힘의 센터이다. 지구의 중심으로 연결하고, 영혼의 자리까지 위로 뻗어 올라간다. 단전은 몸의 균형점이다. 무술 고수는 이 균형점과 단단히 연결된 모습을 볼 수 있다.
- **영혼의 자리**는 가슴 위쪽 흉선 위, 목 바로 아래에 있다. 이곳에 당신 삶의 목적과 신성한 목표가 깃든다. 영혼의 자리는 보통 지름이 2센티미터 정도 크기이지만, 정기적으로 명상하는 사람은 꽤

확장되어 있다. 영혼의 자리는 개별화 지점으로 연결된다.

- **개별화 지점**은 머리 위로 10~15센티미터 높이에 있고 근원과 연결된다. 이곳이 오랫동안 정체된 에너지로 막히면, 근원 또는 영성과 연결되지 않을 수도 있다.

차크라는 4차원에 존재하는 반면, 얇은 파란색blue 하라 라인은 5차원에 존재한다. 여기서 '차원dimension'이란 무엇일까? 3차원은 보통의 물리적 현실, 즉 우리 몸이 사는 세계이다. 우리 자신을 물리적 문제와 동일시하면, 눈앞이 다소 뿌예지고 영과 분리되었다는 착각 속에 살게 된다. 4차원은 아스트랄체이다. 빛과 어둠, 천국과 지옥의 힘이 에고 안에서 경쟁하는 차원이다. 아스트랄 여행이 일어나는 곳이고 힐러나 샤먼이 정보를 얻는 곳이다. 5차원에 도달하면 하라 라인이 존재하며, 빛의 차원으로 들어선다. 두려움보다는 사랑으로 행동하는 차원이다. 두려움은 존재하지 않는다. 임사체험을 하는 사람들은 3차원인 자신의 몸이 길고 어두운 터널(4차원)을 통과하여 흰색이나 금색 빛(5차원)으로 여행한다는 사실을 깨닫게 된다.

하라 라인과 연결하기

앉아서 눈을 감고, 머리 위 개별화 지점에서 영혼의 자리와 단전, 그리고 지구의 중심부로 연결된 선을 느껴본다(249쪽 그림 참고). 그 연결을 유지한 채 일어나서, 발을 어깨 너비로 벌리고 무릎을 약간 구부려 편안하게 선다. 손을 아랫배 단전에 가볍에 댄다.

눈을 감고 다시 한번 하라 라인을 느껴본다. 파란색 선이 머리 위 개별화 지점에서 시작하여 존재의 중심을 뚫고 영혼의 자리로, 그리고 단전으로, 지구의 중심까지 연결된다.

이제 눈을 뜬다Open your eyes. 바닥을 내려다보면서, 지구의 에너지가 당신의 하라 라인을 통해 올라오며 단전을 채우는 것을 느껴본다. 다른 사람에게 치유 에너지를 전달하거나 지구에 연결할 때는, 눈을 뜨고 하는 것이 중요하다. 당신이 신체적인 수준에 변화를 주고 싶다면, 그래서 1번~4번의 하위 네 개 차크라에 관련된 작업을 할 때는 매우 현실적인 감각을 가지고 지금 여기에 깨어 있어야 하기 때문이다.

먼저, 단전을 금빛으로 느껴본다. 뜨거운 지구의 에너지가 다리를 타고 올라가 단전으로 향하면, 단전은 붉게 변한다. 몸이 뜨거워질 정도로 열감을 느낄 수도 있다. 오른손은 단전에 두고, 왼손은 아래로 내려서 지구를 향하게 한다. 이제 오른손을 영혼의 자리에, 왼손을 단전에 둔다. 잠시 후 오른손을 머리 위로 올려 개별화 지점을 가리킨다. 당신의 하라 라인이 온전히 연결된 것을 느껴본다.

잠시 후 다시 오른손을 영혼의 자리로 옮겨놓는다. 아주 쉽지 않은가?

이 연습은 짧고 재미있고 매우 효과적이다. 이렇게 지구(땅)의 에너지를 당신의 에너지 장으로 끌어와 충전할 수 있다. 요가나 필라테스, 태극권을 할 시간이 없다면, 아침에 하루를 시작하며 에너지를 충전하는 매우 좋은 연습이 될 수 있다.

의도성

하라 라인은 현생의 축으로, 이번에 태어난 영혼의 의도를 표현하며 인생을 원만하게 운영할 수 있게 한다. 하라 라인을 충전하면 자연스레 유쾌하게 살 수 있다. 힘이 생기고, 내면의 권위가 강해지고, 건강한 경계를 유지하는 방법을 알게 된다.

하라 라인은 당신의 열망과 목표를 뿌리내리는 아주 중요한 역할을 한다. 삶은 의도에 따라 나아간다. 의도에 온전히 집중하면 모든 것이 가능해진다. 불가능해 보이는 것을 수행하고, 원하는 일을 하게 되고, 중독에서 벗어나고, 아픈 병자를 치유할 수도 있다.

나는 변호사 시절에 이기겠다는 의도를 세웠다. 영적인 방향은 아니었지만 의도를 관철하는 방법을 배웠다. 우리는 요정처럼 붕 떠다니면 안 된다. 의도를 세워야 하고 행동을 통해 의도한 바를 현실화해야 한다.

나는 말을 타면서 의도의 힘을 더욱더 키웠다. 말을 타면서 방향을 틀 때는 발로 차지 않는다. 몸을 움직이기 보다는 나의 의도를 조금 더 끌어올린 다음 하복부 코어에 힘을 실어 말의 방향을 돌린다. 말은 당신의 의도를 알아듣는다. 물론 말은 우리보다 더 잘 들을 줄 안다.

만약 당신이 영혼의 동반자를 찾고 싶다고 마음먹어도 그 사람이 나타나지 않는다면, 원하는 목표는 있지만 내면에 갈등이 있거나 하라 라인이 왜곡되었을 가능성이 크다. 마음속에서 '나는 정말로 사랑하는 파트너를 원한다'고 바라지만 또 다른 깊은 곳에서는 다시 상처받을까 봐 매우 두려운 것일 수 있다. 모든 층에는 두 가지 힘, 사랑과 두려움만이 존재한다. 더군다나 이 경우엔 두려움이 강하다고 볼 수 있다.

코어 스타와 하라

'코어 스타Core Star'는 태양신경총 차크라와 가슴 차크라 사이에 위치한 빛의 점이다. 코어 스타는 하라 라인에 연결될 때 오라 장을 통해 무한한 빛을 우주로 보내, 당신이 내면에서, 또 세상에서 더욱 조화롭고 균형을 잡을 수 있게 인도한다.

다른 사람의 하라 라인을 느낄 수 있다면, 당신은 5차원 영역에 있는 것이다. 이 층위에서 순수 의식으로 머물며, 다른 사람들이 살아가는 모습을 눈앞에서 지켜보는 삶의 증인이 된다. 특별한 위치에서, 시공간을 넘어 이생의 삶 너머로 사람들을 감지한다. 당신이 사람들의 신성한 빛으로 가득 차오르면, 그들 코어 스타의 자질인 지혜, 평온함, 용기, 특히 사랑을 느끼게 된다. 뜻대로 움켜쥐거나 저항할 수 있는 차원이 아니다. 그곳에서는 두려움이 힘을 발휘하지 못한다. 하라 라인과 코어 스타가 만나는 곳에 있으면, 의도로 극복할 수 없는 문제나 장애물이 없다.

당신은 코어 스타가 하라 라인을 통과해서 발산하는 창조성과 치유의 에너지를 느낄 수 있다. 에너지 장을 거쳐 더욱 정교해진 에테르층에서 나와 신체로 침투한 의도와 그에 수반하는 감정, 생각, 의지력을 감지할 수 있다. 하라와 차크라가 모두 건강한 개인은 일반적인 존재의 층위를 넘어선 차원을 경험한다.

다음 장에서 설명하는 간단한 생활 습관만 지켜도 높은 인식 수준과 에너지 장의 변화를 경험할 수 있다.

15

자가 치유
계획

차크라, 마음/몸 유형 등 이 책에서 소개하는 일부 개념은 복잡해 보일 수 있다. 그러나 생활 방식을 조금만 바꿔도 개인 에너지 장은 크게 달라진다. 충분히 쉬고, 깨끗하고 좋은 음식을 먹고, 우울하게 하고 기분을 망가뜨리는 부정적인 사람들과 어울리지 않으면서, 감정을 관리해보자. 건강한 생활 방식은 스스로를 보호하고 치유를 돕는다. 너무나 당연한 나머지 사람들은 이 간단한 진리를 쉽게 잊어버린다.

균형 잡힌 건강한 생활에 도움이 되는 몇 가지 기본적인 방법이 있다. 먼저 당신의 몸, 마음, 정신을 점검해야 한다. 다음 항목들을 살펴보고, 각 요소를 일상에서 자기 관리 루틴으로 어떻게 활용할지를 생각해보자.

좋은 음식

건강한 식단은 전문 영양사마다 의견이 매우 다르다. 채식, 완전 채식, 팔레오Paleo[1], 지방이 나쁘다는 주장과 지방이 좋다는 주장, 달걀이 나쁘다는 주장과 달걀이 좋다는 주장, 고단백질 섭취, 저칼로리 지향, 저탄수화물 식이, 탄수화물 완전 배제 등 서로 주장하는 방식이 상충하기도 한다. 사실 개인의 마음/몸 시스템에 따라 각자 필요한 음식은 달라진다. 우리는 모두 서로 다르기 때문이다. 그러나 건강한 섭취에 도움이 되는 몇 가지 기본 지침은 있다.

- 가공이 많이 되지 않은 '진짜' 음식을 선택한다. 나무나 땅에서 자라거나 물에서 헤엄치는 재료를 고른다. 몇 달 동안 저장된 것이나 다른 곳에서 출하된 것보다는, 현지에서 제철에 재배된 신선한 식품이 가장 영양가가 높다.
- 깨끗한 물을 충분히 마신다. 몸이 호흡으로 잃는 물을 대체하려면 하루에 약 1리터의 물이 필요하다.
- 음식이라 할 수 없는 것들, 예를 들어 변형된 정제 설탕, 상자에 들어 있는 냉동 가공식품, 유전자조작 식품, 전자레인지 이용 식

---

1 인류가 구석기 시대에 소비한 야생 식물과 동물 등의 식이요법을 따르는 식단. 유제품과 곡물, 설탕, 콩류, 가공 오일, 소금, 알코올, 커피를 배제한다.

품 등은 피해야 한다. 전자레인지는 음식의 본질을 바꾸며, 섭취 후 몸이 어떻게 바뀔지 모른다는 우려가 있다. 유전자조작 식품이 몸에 미치는 영향은 최근에야 문제가 제기되기 시작했다.

● 화학물질과 독성 농약은 문제가 심각하다. 가능한 한 유기농을 먹어야 좋다. 특히 독소는 지방에 저장되기 때문에 지방을 함유한 식품, 육류, 가금류, 달걀, 유제품 및 기름 등은 꼭 유기농을 먹어야 한다. 과일과 채소의 경우 환경 실무 그룹Environmental Working Group[2]이 발간한 농산물 구매자 농약 가이드를 참고하면 좋다 (www.ewg.org).[15]

● 니코틴, 알코올, 향정신성 마약 및 처방약 오용은 독소 축적률을 높인다.

● 특히 30세 이상이면 소식을 자주 하기를 권한다. 단백질은 네 시간마다, 또는 스트레스를 많이 받는다면 두 시간마다 섭취한다. 한 주먹 정도의 견과류나 삶은 달걀이면 충분하다. 현대 환경 속에서 우리 내분비 및 위장 시스템은 (당신이 동굴이나 사막의 섬에 살지 않는 한) 스트레스를 심하게 받는다. 몸을 지탱할 수 있는 가장 좋은 방법은 소량의 깨끗하고 건강한 음식을 자주 먹는 것이다.

---

2 1993년에 설립된 미국의 사설 비영리 단체. 환경 관련 활동을 펼치며 농업 보조금, 공유지 및 기업 책임에 대한 조사와 주장에 주력하고 있다.

물론 이와 같은 기본 지침을 이상적으로 지킬 수 있으면 좋겠지만 마땅히 현실에 맞춰 조율해야 한다. 생활 방식과 예산이 허용하는 만큼 음식을 선택하고, 꼭 지켜야 한다고 고집하지 않아야 한다. 80대 20 규칙을 적용해봐도 좋다. 적어도 80퍼센트는 잘 먹고 나머지는 그렇게 하지 않아도 된다. 아플 때는 비율을 90대 10으로 바꿔본다.

운동

몸의 건강은 계속 움직이는 데 달려 있다. 소화, 배설, 혈액순환 등 몸의 모든 기능은 당신이 소파에서 일어나 움직여야 작동하는 과정이다. 연구에 따르면 하루 한 시간씩 빠르게 걷는 운동은 여성의 당뇨병과 유방암, 심장질환의 발병률을 낮추기도 한다.[16]

몸을 위한 운동은 다음과 같은 방법이 좋다.

- 의식적으로 집중하며 움직이는 운동 방법을 선택한다. 기공, 태극권, 필라테스, 요가 등이 좋다.
- 헬스장에서만 말고 야외 운동을 함께 한다. 몸과 마음은 자연과의 연결을 원한다. 공원에서 산책하고 가까운 풀밭에서 요가하고 동네에서 자전거를 타면, 당신의 몸과 마음이 기뻐할 것이다.

- 하루에 최소 20분은 운동한다. 하루 20분간은 점심시간에 산책하고, 엘리베이터를 타는 대신 계단을 오르고, 건물에서 가장 가까운 자리를 피해 멀리 주차하고 걸어온다.
- 하루를 마치고 집에 돌아오면 너무 피곤해서 텔레비전을 켜고 소파에 누워 음료와 과자를 먹고 싶은 마음이 간절하다. 그럴 땐, 잠시 명상을 해보자. 명상 후 산책하고 나면 몸과 마음이 훨씬 개운해진다.

명상

명상을 하면 혜택이 정말 많다. 모든 사람이 명상하지 않는다는 사실이 안타까울 정도이다. 명상은 현재에 깨어 있게 하고 몸과 마음을 이완하고 스트레스 해소를 돕는다. 명상하면 직관이 길러지고 더욱 젊어진다. 기본적으로 아침과 저녁에 20분씩 명상을 해야 좋다. 9장과 10장에 명상에 관한 자세한 설명이 나온다. 참고자료에 수록한 효과적인 명상법도 참고하기 바란다.

수면

우리는 잠이 얼마나 중요한지 잘 알지 못한다. 잠을 충분히 자지 않으면 스트레스와 비만에 시달린다. 수면량이 5~10퍼센트만 부족해도 매우 힘들어진다. 체중이 줄어들기도 한다. 그렇다면 수면은 어느 정도가 적정한 걸까? 필요한 수면량은 개인별로 다르다. 알람 소리에 잠이 깬다면, 매일 밤 10분 더 일찍 잠자리에 들어 알람이 울리기 전에 일어나보자.

감정 정화

어둡고 독한 감정을 정리할 때 내가 가장 좋아하는 방법은 글쓰기이다. 매일 느끼는 바를 글로 쓰면, 감정을 인정하고 내보내게 된다. 내가 무엇을 썼는지 다른 사람이 볼 필요는 없다. 일기 쓰기는 온전히 개인적 행위로 자신을 더 잘 알게 되는 매우 효과적인 방법이다. 이를 통해 어떤 정신적 장애물이 있는지를 알고, 에너지 장에서 잠재적으로 해로운 감정을 내보낼 수 있다. 몸을 통한 치유 마사지나 에너지 치유 또한 감정을 해소하고 정화하는 또 다른 방법이다.

블로그 및 브이로그 작성

일기 쓰기는 큰 변화를 불러오는 방법이다. 나 자신을 알고 싶어서 효과적인 도구를 찾다가 이 방법을 발견했다. 처음에는 모든 일을 낱낱이 적었다. 어린 시절 학대가 어떻게 느껴졌는지, 내 가족의 비밀은 무엇인지를 적었다. 일하면서 스스로 얼마나 능력 없고 부족하게 느껴졌는지, 밖에서 나보다 근사해 보이고 날씬한 사람들을 얼마나 질투하는지 숨김 없이 적었다.

감정을 판단하지 않고 표현하자, 내면에서 일어나는 일을 자각할 수 있었다. 일기 쓰기 방법도 차츰 변화했다. 전에는 노트와 펜을 사용했다면, 요즘에는 다른 방법도 활용할 수 있다.

컴퓨터나 태블릿에서 자기만을 위한 블로그를 작성하고, 용감하다면 다른 사람도 볼 수 있게 공유도 가능하다. 생각과 감정을 기록하는 또 다른 강력한 방법은 동영상 블로그에 영상을 남기는 것이다. 쓰기보다 말하기를 더 편하게 여기는 사람들도 많다. 스마트폰이나 컴퓨터에 자신이 말하는 모습을 녹화해도 좋다. 넷플릭스Netflix 드라마 〈그레이스 앤드 프랭키Grace and Frankie〉에서 제인 폰다Jane Fonda와 릴리 톰린Lily

Tomlin이 이 방법을 사용한다.

일기 쓰기, 블로그 작성, 브이로그를 할 때 알아두면 좋은 주요 지침을 몇 가지 소개한다.

- **문자화한다.** 손으로 직접 기록한다. 종이와 펜을 쓰든 컴퓨터를 쓰든, 일단 문자로 남기면 잠재의식의 금고가 열리고 감정을 수면으로 끌어 올린다. 글쓰기보다 말하기를 선호한다면 브이로그를 권한다.

- **솔직해야 한다.** 쪼잔해 보인다고 걱정하지 말자. 당신이 느끼는 감정이 당신의 진짜 모습이다. 스스로를 나무라지 않아야 한다. 또한 부끄러운 글을 쓰게 될까 염려하며 멈추지 않아야 한다. 종이나 영상에, 있는 그대로 감정을 표현하며 내면에 쌓인 감정을 풀어낸다.

- **멈추지 않는다.** 글을 적는 동안 멈추지 않는다. 맞춤법을 점검하느라 혹은 쓴 것을 다시 읽어보느라 멈추지 않아야 한다. 의식의 흐름을 깨뜨리지 않는 것이 좋다. 브이로그도 마찬가지이다.

- **조용한 시간과 장소를 찾는다.** 블로그를 쓸 때는 집중하고 자기를 성찰하는 과정이 필요하다. 서두르거나 중단되는

일이 없도록 조용한 장소와 시간을 찾는다.

- **꾸준하게 한다.** 묵은 감정을 곧바로 정화하고 싶을 테지만, 변화에는 시간이 필요하다. 글쓰기를 꾸준히 할수록, 감정이 건강해진다.

- **공개 여부는 당신의 선택이다.** 글쓰기는 감정을 공유하기 위해서가 아니라 풀어내기 위한 연습이다. 세러피스트에게 상담을 받는 중이거나, 신뢰할 수 있는 친구이거나, 당신이 쓴 것이 무엇이든 판단하지 않는 사람이라면 공유해도 괜찮다. 그러나 선택은 당신에게 달려 있다. 다른 사람이 당신의 영역을 짓밟지 않게 주의한다. 블로그를 공유하기로 했다면, 정말로 하고 싶은 이야기를 못 하고 있을 수도 있다.

아직도 시작하기가 어려운가? 그럼 다음 12가지 질문 목록을 참고하여 일기장에 대답을 적어보자.

- 부모님이나 자녀들이 행복하지 않을 때 어떻게 그것이 '내 잘못'이 되는가?
- 당신이 어린 시절에 겪은 신체적, 성적 또는 정서적 학대 경험은 무엇인가? 아직도 수치심과 죄책감이 영향을 미치는

가? 왜 그런가?

- 어떤 트라우마에서 살아남았는가? 당신은 그 트라우마를 성장할 기회나 도전으로 보는가?

- 당신은 음식, 성性, 돈, 마약이나 술, 쇼핑, 도박처럼 무엇엔가에 중독되었는가?

- 누군가를 돌보는 동안 당신은 자신을 어떻게 돌보았는가? 그 과정에서 당신 자신을 잃었는가?

- 혹시 어떤 심각한 질병을 진단받았는가? 병의 근본 원인은 무엇인가?

- 화가 났을 때 신체의 어느 부분에서 강한 자극을 느끼는가?

- 오늘 자신의 모습을 감사하고 좋아하는가? 그렇지 않다면, 왜 그런가?

- 당신은 무엇을 가장 두려워하는가?

- 꿈에서 어떤 종류의 정보를 받았는가? 기억나는 인상적인 꿈이 있다면 적어본다.

- 당신의 문제 중 일부가 전생에서 비롯된 것처럼 느껴지는가? 과거 삶과 연결된 현재 삶의 모습을 기억나는 대로 적어본다.

- 자신을 그리고 다른 사람을 어떻게 용서했는가?

다른 사람들과 연결하기

우리는 현대의 단절된 문화 속에 살고 있다. 사람들은 함께 있어도 각자의 세계에서 스마트폰을 본다. 단절된 듯, 홀로 외롭고 고립된 느낌일 때 사람은 아프다. 자가 돌봄에서 중요한 점은 될 수 있으면 다른 사람과 직접 접촉하는 것이다(소셜 미디어로 다른 사람들과 연결되었다고 생각하겠지만). 우리는 사회적 존재이다. 가족, 지역사회, 종족의 일부임을 느낄 필요가 있다.

접촉

우리는 신체적 접촉과 사회적 접촉이 모두 필요하다. 파트너가 없다면 주기적으로 마사지라도 받기를 권한다. 전문적으로 사람을 안아주는 일을 하는 '스너글러snuggler'[3]를 고용하는 것도 한 가지 방법이다. 인간적인 접촉과 스킨십은 우리 모두에게 꼭 필요하다.

---

3 편안하게 잠들 수 있도록 사람을 껴안아 주는 일을 하는 이색 직업.

자연과 연결하기

자연과 교감하기 위해 매일 시간을 할애한다. 창밖의 나무 또는 하늘의 구름을 바라보는 일도 빼놓지 않는다. 해 질 녘 집 주위를 산책하고, 일찍 일어나 해돋이를 맞이한다. 바쁜 하루에도 잠시 짬을 내어 햇빛을 쬐거나 주위의 풍경을 챙겨 본다. 꽃이나 다람쥐를 그대로 가만히 바라봐도 좋다.

새소리를 들어보고, 달이 어디 있는지 둘러본다. 빠르게 변화하는 삶 속에서 우리는 정말 자연과 멀어졌다. 매일 시간을 내어 밖으로 나가 자연과 연결해보자. 일하러 가는 길에 공원에 들러 나무에 기대보고, 꽃 냄새를 맡고, 개를 쓰다듬으면 자연과 다시 연결될 수 있다. 우리는 하루에 20분은 햇빛을 쬐어야 한다. 선크림을 바르지 않고 다른 사람이 눈살을 찌푸리지 않을 만큼만 맨살을 노출하고 일광욕을 해보자.

태양은 가장 강력한 기분 조절제로, 기분을 좋게 해준다. 그래서 야외에 나가면 기분이 훨씬 더 좋은 것이다. 북반구에 살고 있다면 겨울에는 라이트 박스를 구해 빛을 받으면서, 먹는 비타민D제에 추가로 비타민D를 보충하도록 한다.

웃음

요즘은 모두가 심각하다. 일단 가벼워지자! 웃음은 몸과 영혼에 더할 나위 없이 좋다. 스트레스를 해소하고 면역 기능을 향상한다. 웃음으로 건강을 되찾은 사람도 있다. 매일 웃을 거리를 찾아보자. 나는 하루를 마무리하면서, 드라마 〈사인펠드〉와 〈빅뱅 이론The Big Bang Theory〉의 에피소드나 웃을 수 있는 프로그램을 시청한다. 기분 좋은 음악을 듣거나 재미있는 무언가를 읽는다. 뉴스와 정치, 폭력성을 과다 복용하는 대신 행복한 잠을 청하러 간다.

도전하기

당신의 버킷 리스트에는 무엇이 있는가? 스카이다이빙을 하고 싶은가? 기타 연주 또는 다른 언어를 배우길 원하는가? 마추픽추 Machu Picchu에 가보고 싶은가? 에너지 치유를 배우고 싶은가? 우리는 모두 죽기 전에 하고 싶은 것이 있다. 목표를 세우고 도달하려고 노력하는 과정에서 방해가 되는 장애물을 극복하고 실수가 있더라도 포기하지 않으면, 의지력과 자력을 키울 수 있다. 어쩌면 당신의 도전은 진실을 말하거나 특정한 부정적인 행동을 극복하는 것일지도 모른다. 무엇을 할 생각이든 성취하지 못하더라도 자책하지 말아야 한다. 내면의 비판을 내려놓는다. 실수하고, 목표를 달성하지 못하더라도, 계속 나아가는 것이 중요하다. 진정한 목표는 행위의 완벽함이 아니라 의식을 끌어올리는 것이다. 자신을 향상하기 위한 노력이어야지, 다른 사람에게 자신을 증명하려는 노력이어서는 안 된다.

3부에서는 자신을 치유하고 다른 사람들을 돕는 치유법에 대해 배워보자.

누군가 내게 치유의 비밀을 물어오면,
첫 번째로 항상 '명상'을 꼽는다.

명상이 에너지 치유의 중요한 도구인 이유는,
주의를 기울이고 주의를 조율할 수 있는 힘이
명상을 통해 길러지기 때문이다.
명상은 당신의 의식에 주의를 집중시키고,
생각 사이의 틈으로 들어갈 수 있게 하고,
당신을 보편적인 우주 에너지 장으로 연결한다.

HEAL YOURSELF
HEAL THE WORLD

3

자신의 힘으로
다른 사람을 치유하기

✦
✦
✦

16

소리
치유

어린 시절 내게는 음악이 전부였다. 성인이 되어서는 매사추세츠 주 케임브리지에 있는 바드 컬리지 롱이 음악 학교Longy School of Music of Bard College에서 잠시 음악을 배웠다. 파리 교향악단의 실력 있는 지휘자가 강의하는 주말 워크숍에 참석했던 것이다. 참석자 열 명은 둥그렇게 앉았다. 지휘자가 소리를 내면 우리도 소리로 답했다. 소리를 주고받는 것 외에 다른 대화는 없었다. 시간 가는 줄 모르게 즐거웠고, 나는 즉흥 소리에 푹 빠지면서 몸이 바뀌는 것을 느낄 수 있었다. 워크숍을 마친 후 밖으로 나가자 풍성한 화음이 곳곳에서 들려왔다. 어디서 들리는 화음인지 궁금해하다가, 곧 머리 위로 날아가는 제트기 소리였음을 알게 되었다. 그때부터 사방에서 음악 소리가 들렸으며 지금까지도 계속되고 있다.

힐러들은 저마다 고유한 방식이 있다. 나는 대부분 소리를 활용한다. 실제로 어떤 치유 영역에 있는지 특정 음이나 화음을 들으며 분간한다. 소리로써 위치를 알 수 있다. 나는 마치 공명하는 악기처럼 들려오는 소리를 알아차린다. 사람의 몸이 내는 소리를 듣고 그 사람이 어느 영역에 있는지 알게 된다. 나는 암이 내는 특정한 소리를 듣는다. 더 깊이 들으면 영혼의 상태 및 깊은 갈망이 들린다. 근원과 하나가 되어 어느 영역의 소리가 도움이 되는지 듣고, 들리는 소리를 대상에게 전달한다. 때로는 직접 목소리를 내어 음을 내거나, 조용히 느낌만 보낼 때도 있다.

우주의 모든 사람과 사물은 특정 주파수로 진동하며, 이를 소리라고 부른다. 당신과 같은 주파수 패턴을 보이는 존재나 사물에 연결되면 함께 정렬하게 된다. 달리 말해, 그것에 공명하게 된다. 우리는 주파수가 일치하는 사람들과 만날 때 가장 행복하다. 서로 간의 공명은 평온하고 평화롭다. 사랑을 주고받는 사람들과 함께 있을 때는 더욱 좋다. 사랑의 특정한 주파수는 다른 어떤 주파수보다 더 높다. 소리로 사랑의 에너지를 표현할 때는 치유의 힘이 생긴다. 상위 감정의 일관되고 순수한 음색인 희망, 사랑, 낙관, 신념, 행복, 기쁨, 자유 등은 신경 체계와 심장박동을 편안하게 해준다.

반대로, 고함을 치고 시끄러운 소리를 내며 비명을 지르는 상처 입은 사람들 주위에 있을 때는 그들의 부정성에 반응하기 때문에 도망가고 싶어진다. 예를 들어, 공포가 내는 소리는 꼭 비명과 같다. 심장이나 면역계, 신경계 기능에도 좋지 않다. 누군가가 가까이에 서서 몇 시간 동안 두려움에 빠져 비명을 지른다면, 벗어나고 싶기 마련이다. 신장에 비명과 같은 주파수를 오랫동안 보낸다고 생각하면, 나쁜 영향을 받아 고통스러울 것이라고 예상할 수 있지 않은가? 두려움이 당신 안에 오랫동안 머무를 때도 같은 현상이 생길 수 있다. 좌절, 성급함, 의심, 걱정, 증오, 질투, 죄책감, 자기 비하, 절망, 비관, 무력감 등의 하위 감정은 왜곡된 소리를 내어 결국 신체 건강을 해친다. 불규칙하고 일관되지 않은 주파수(전화, 컴퓨터, 자동차, 비행기, 전류 같은)는 주의를 산만하게 하고 안정을 방해한다.

어려운 도전이나 부정적인 상황에 직면했을 때는, 좋아하는 라디오 채널에 주파수를 맞추는 것처럼 몸에 주파수를 맞추면 건강한 파동이 생겨난다. 진동을 높인다는 것은 몸이 내는 주파수의 순도를 일관되게 유지해 주파수가 높아진다는 뜻이다. 일관된 주파수란 흔들리지 않는 주파수를 말한다. 예컨대 사랑은 순수한 형태의 일관된 주파수이다. 사랑의 주파수에 공명하면 사랑의 진동 안으로 들어가서 부정성이 남을 공간이 없어진다.

감정과 마찬가지로, 의도 또한 진동에 기반을 둔다. 진동이나 주파수에 흔들림이 없다면, 당신의 의도는 강해진다. 치유가 필요한 사람에게 사랑을 보내겠다고 확고하게 의도를 정하면 아주 강력한 힘을 발휘할 수 있다. 의도가 단단하지 않으면, 치유 효과는 미미하다.

당신의 생각이 가장 높은 진동과 정렬되면 우주 전체에서 들을 수 있는 사랑의 중심 주파수에 다다르게 된다. 의도를 집중한 생각은 치유에서 가장 큰 힘이 된다. 이는 모든 에너지 힐러가 유념해야 하는 근본적인 목표이다. 우리는 중심 주파수에서 긍정적인 생각과 의도를 보내 세상의 치유를 도울 수 있다.

진동을 높이는 일곱 가지 소리 치유 방법

소리에는 당신을 중심 주파수에 도달하게 하는 기적 같은 힘이 있다. 소리는 에너지를 높이고 근원에서 궁극적으로 치유를 돕는다. 에너지 힐러로서 훈련을 마치면 다른 사람들의 주파수와 진동을 바꿀 수 있다. 힐러는 에너지 장의 장애물을 정화하고 의식을 높인다. 그러려면 무엇보다 치유 목표를 이룰 수 있는 기술을 찾아야 한다. 다음 일곱 가지 기본 소리 치유 기술을 연습하여 치유 주파수에 도달해보자.

하나. 치유의 소리, 토닝

목소리는 멘털, 감정, 영적 프로세스를 전환하는 강력한 치유 도구이다. '토닝toning'은 단일 음을 유지하면서 말·멜로디·하모니·리듬 없이 진동하는 호흡 소리이다. 소리가 된 최초의 진동음인 '옴AUM/OM' 소리를 주로 사용한다. 옴 소리는 몸과 마음과 영의 합일을 나타낸다. 옴의 '오(O)' 소리는 태양신경총에서 진동하며, 자신의 정체성과 목적에 관한 문제를 해결하는 동시에 자신감을 높여준다. 옴의 '음(M)'은 입술로 허밍 소리를 내며, 근원과 조화를 이루는 가장 강력한 소리음이다. 이제 소리를 내보자.

옴―

토닝은 더 많은 산소를 공급하여, 더욱 깊게 호흡하도록 도와준다. 또 건강을 유지하고 오랫동안 평화로운 삶을 살 수 있도록 에너지의 흐름을 열어준다. 토닝 연습이나 노래, 챈팅을 하면, 파동이 자신을 넘어 세상으로 뻗어 나가 가족·친구·동료, 나아가 모든 인류에게로 흐른다. 그러므로 토닝이나 챈팅은 치유 그룹 내에서 활용하기에 좋다(치유 그룹 설명은 책의 결론 부분을 참조).

둘. 치유의 소리, 챈팅

'챈팅chanting'은 소리 또는 단어의 리듬 있는 노래이며, 영적 수행에서 일반적으로 사용된다. 챈팅은 가톨릭 문화의 그레고리오Gregorio 성가[1]처럼 매우 복잡할 수도 있고, 인도의 키르탄kirtan과 같이 간단할 수도 있다. 아프리카, 하와이, 아메리카 원주민 문화에서뿐만 아니라 《베다Veda》,《쿠란quràn》, 바하이Baha'i교 성가, 불교, 만트라, 찬송가 또는 기독교 교회에서도 챈팅을 한다.

부르고 응답하는 형식의 챈팅인 키르탄은 바크티bhakti라고 불리는 인도의 경건한 전통에 속한다. 신의 이름들 혹은 만트라를 하모늄harmonium[2], 타블라tabla[3], 기타 드럼, 손 심벌즈 반주에 맞춰 챈팅한다.

파라마한사 요가난다는 1926년 4월 서양에 키르탄을 소개했다. 3천 명의 사람들이 카네기 홀에서 구루 나낙Guru Nanak의 '오 신이여, 아름다운O God Beautiful'을 함께 노래하면서 알려졌다.[17] 요가난다는 "소리 또는 진동은 우주에서 가장 강력한 힘을 지닌다. 음악은 신성한 예술로서, 즐거움을 위해서뿐만 아니라, 신이 실현되는 길로 사용된다. 경건한 노래의 진동은 우주의 진동Cosmic Vibration 또는 말씀Word과 조화를 이룬다"[18]라고 말했다.

챈팅은 좀 낯설게 느껴질 수도 있으나, 한 번은 시도해보고 치유력을 경험해보기 바란다. 유튜브와 구글플레이에도 챈팅 연습에 도움이 되는 앱이나 오디오가 많이 올라와 있다.

---

1 교황 그레고리오 1세에서 유래한 명칭으로, 당시 존재하던 3,000개 이상의 성가들을 집대성해 정리한 것.
2 풀무로 바람을 내보내 소리를 내는 작은 건반 악기.
3 북인도의 대표적인 타악기. 농구공 크기의 작은 북 두 개를 함께 연주한다.

셋. 치유의 소리, 차크라 튜닝

일관된 소리, 특히 깨끗한 모음 소리는 확고부동한 근원의 에너지와 직접 연관된다. '만트라mantra'는 단어 또는 구절을 반복하는 것을 말한다. 예를 들어 옴의 종자 음절을 계속 반복하면 만트라가 된다. 음절, 단어 또는 구를 반복할 때, 당신은 그 소리를 듣게 된다. 그리고 머릿속에서 조용히 그 소리를 유지한다. 만트라는 처음부터 끝까지 몸, 마음, 감정을 울리며 진동한다. 만트라를 반복하면 외상 후 스트레스 장애에 대처하고, 도로에 차가 꽉 막힌 상황에서도 마음을 진정시킬 수 있다. 만트라는 하이킹이나 체육관에서 운동하면서도 할 수 있다. 9장에서 각자에게 적합한, 명상에 사용하는 만트라를 제공하겠다고 약속했다. 웹사이트(deborahking.com/meditation)를 참고해 자신에게 맞는 만트라를 찾기 바란다.

콜로라도주 볼더에 있는 사운드힐러협회Sound Healers Association의 조너선 골드먼Jonathan Goldman은 "옴 소리를 내면 침착해지고 긴장도가 낮아지며, 멜라토닌과 산화질소[4]가 생성된다. 이를 통해 혈관이 이완되고, 진정 효과가 있는 엔도르핀이 생성되고, 심장박동이 줄고, 호흡이 느려진다"[19]라고 말한다.

만트라가 존재 전체에 작동하는 동안, 차크라에서 이루어지는

---

4 혈관내피세포 등에서 생산되는 강력한 혈관 확장물질.

소리 치유를 '차크라 튜닝'이라고 한다. 고대 이집트의 성직자는 모음을 사용하여 차크라와 공명했다. 호주의 원주민과 아메리카 원주민의 샤먼 전통에서는 에너지 장의 불균형을 교정하기 위해 토닝과 반복적인 소리를 사용한다.[20]

앞에서 언급했듯이 《베다》의 가르침에 따르면 각 차크라에는 '비자bija 만트라'라고 하는 특정 진동 또는 기본 소리가 있다. 만트라를 반복하면 해당 차크라의 막힌 에너지를 풀어낼 수 있다. 비자는 '씨앗'을 의미한다. 말 그대로 씨앗을 의식 속에 심어 차크라 에너지를 활성화한다는 뜻이다. 관심과 의도를 차크라에 집중하여 소리를 반복하면 뭉친 에너지를 풀어줄 수 있다. 다음은 각 차크라에 해당하는 비자 만트라이다.

람Lam (첫 번째 차크라)

밤Vam (두 번째 차크라)

람Ram (세 번째 차크라)

얌Yam (네 번째 차크라)

함Ham (다섯 번째 차크라)

옴Om (여섯 번째 차크라)

비사르가visarga (일곱 번째 차크라. 숨소리이다)

특정 차크라에 문제가 있는 경우, 해당하는 비자 만트라를 일상에서 꾸준히 사용해보고 에너지 흐름에 어떤 변화가 있는지 살펴 보기를 권한다.

차크라 체계의 중심점인 가슴 차크라를 위한 가장 인기 있는 만 트라는, 치료 효과가 크다고 잘 알려진 불교 만트라 '옴 아 훔Om Ah Hum'이다. '옴'은 정수리 차크라에서 내려오며 무한한 영원을 암시한다. '아'는 고요하고 공허하며 역량을 강화한다. '훔'은 가슴 에 옴의 세상을 펼쳐놓는다.

넷. 치유의 소리, 싱잉볼

싱잉볼Singing Bowl에는 두 가지 유형이 있다. 티베트 싱잉볼(좋 은 종류는 구리와 주석이 섞인 벨 메탈[5]로 제작되고, 저렴한 종류는 황동으 로 제작되며 불순물이 많다)과 석영으로 만들어진 크리스털 볼crystal bowl이 있다. 티베트 볼은 명상 세션 처음과 끝에 소리를 내기 위 해 자주 사용된다. 싱잉볼의 소리는 깊은 이완을 불러오고, 차크 라를 열어준다. 싱잉볼은 전통적으로 아시아에서 사용되었으며, 청동 그릇으로 소리를 내는 역사는 수천 년을 거슬러 청동기 시 대로 올라간다.

나무 막대로 볼(그릇) 가장자리를 치며 소리를 내는데, 젖은 손

---

5 주석 함량이 더 높은 청동 형태의 합금으로, 종 같은 악기를 만들 때 사용되어 '종청동'이라고도 부른다.

가락으로 유리잔 가장자리 주변을 돌리며 소리를 내는 방법과 거의 비슷하다. 측면과 가장자리가 진동하며 기본 주파수와 몇 가지 고주파 배음 소리를 낸다. 두 가지 형태의 싱잉볼에서 나오는 음파는 순수하게 빛나는 소리를 내며 신성에 이른다. 순수한 음은 진동하는 음장을 생성하여 차크라와 관련한 몸의 각 기관들과 공명하며 다시 조화를 이룬다.

크리스털의 힘을 결합한 소리 치유는 전설적인 아틀란티스 시대와 연관이 있다고도 한다. 그래서 크리스털 싱잉볼은 아틀란티스 볼이라고도 불린다. 크리스털은 맑은 음을 확장하여 전달하는데, 석영 크리스털이 통신의 핵심 요소인 이유이기도 하다.

크리스털 볼은 견고한 라디오 송신기와 유사하며 에너지를 대기로 전송한다. 순수한 음은 뇌파를 활성화하여 높은 의식의 상태를 경험하게 하고 뇌의 다른 부위에 영향을 미쳐 호르몬과 신경화학 물질을 방출한다. 그 결과 통증을 완화하고 중독 증상을 몰아내 의지력을 강화하고 창의력을 끌어올린다.

아마존닷컴이나 여러 편집숍, 상점에서 싱잉볼을 구할 수 있으며, 유튜브에서도 다양한 싱잉볼 연주 영상을 볼 수 있다.

다섯. 치유의 소리, 팅샤

'팅샤tingsha'는 티베트 불교에서 기도와 의례 때 사용하는 작은 심벌즈의 한 종류이다. 일부 의식에서 심벌즈는 '배고픈 유령'을 소환하는 데 사용되며, 굶주린 배를 진동으로 채워준다. 배고픈 유령은 일반적인 유령이 아니다. 조그마한 입에 배가 엄청나게 큰 게걸스러운 영혼으로, 감정을 받아주기를 바라는 사람들을 상징한다. 전설에 따르면 배고픈 유령은 생전에 탐욕스러운 여성이었으며 음식을 결코 나눠주지 않았다고 한다. 배고픈 유령을 불러내어 음식을 올리고, 향을 피우고, 기도하며 고통을 줄여줘보자. 보살은, 모든 존재의 괴로움이 사라진 후에야 비로소 깨달음을 얻겠다고 하였다.

팅샤는 부정적인 환경 및 방해 에너지를 제거하고, 오라 장을 조화롭게 하기 위해 사용된다. 싱잉볼처럼 명상과 소리 치유에서 많이 쓰이는 도구이다. 일반적으로 팅샤 심벌즈는 모든 층위에서 깨어나 치유가 시작되도록 하며 물리적, 심적, 영적 현실을 열어준다고 알려져 있다.

깨끗하고 조화로운 소리를 내려면 각 심벌즈를 줄로 매달고, 각 구멍에 넣은 줄을 단단하게 연결한다. 팅샤는 한쪽을 다른 쪽과 수직 또는 수평이 되도록 하여 가장자리를 맞부딪쳐 소리를 낸다. 보통 한 번만 울린 다음, 그 소리가 잦아들 때까지 기다린다. 팅샤는 온라인에서도 구매가 가능하며, 유튜브에서 연주법과 듣는 방법을 소개하는 영상을 볼 수 있다.

여섯. 치유의 소리, 소리굽쇠

소리굽쇠 하면 피아노를 조율하는 도구를 먼저 떠올리겠지만, 마찬가지로 몸을 조율하는 소리굽쇠도 있다. 모든 기관과 분비샘, 세포는 고유한 특정 주파수로 진동하며, 해당 주파수는 음이름과 호응한다. 인체에는 12개의 주요 음이 있으며, 신체의 모든 기관은 소리 파동을 통해 서로 소통한다. 각 장기는 원활하게 기능하도록 특정 영양소와 미네랄, 기타 성분에 공명하는 고유한 주파수가 있다. 예를 들어 간은 G음(솔)을 내고, 결장은 B음(시)을 낸다.[21] 심장이 건강하면 F음(파)으로 진동한다.[22]

몸을 오케스트라라고 생각하면 다양한 신체 부위는 고유한 주파수와 음높이를 담당하며 스스로 연주하는 악기라고 할 수 있다. 몸이 건강하면 신체는 조화로운 곡조를 연주한다. 각 신체 부위가 조화롭지 못하면 특정 소리굽쇠를 사용해 몸을 정렬할 수 있다. 그림과 같은 소리굽쇠를 균형이 깨진 장기나 차크라 근처에 놓으면, 소리굽쇠가 보내는 음파가 해당 부위의 진동이나 음역을 끌어올린다. 소리굽쇠는 침술과 같은 방식으로 경락의 막힌 부분을 정화한다.

소리굽쇠에는 여러 가지 유형이 있다. 피아노 조율에 사용하는 전형적인 소리굽쇠는 피아노의 반음계를 기반으로 한다. 1970년 대에 진동 소리 치유의 아버지라고 불린, 프랑스 음악가이자 침술사인 파비앵 마망Fabien Maman은 한의학의 12개 주요 장기에 각각 대응하는 소리굽쇠를 발견하여 체계화했다.[23] 마망은 음의 높이와 음색이 세포의 모양과 색, 에너지에 영향을 줄 수 있음을 밝혀냈다. 세포의 '기본음'에 맞출 수 있다면, 당신의 에너지 장 또한 조화를 이룰 수 있다.[24]

어떤 소리굽쇠는 태양, 달, 행성 등 천체의 주파수와 음정에 맞춰 조정된다. 특정 질병과 증상을 다루는 소리굽쇠도 있다. 또 일부 소리굽쇠는 고음의 섬세한 소리를 내어 천상의 왕국으로 안내하기도 한다. 차크라 소리굽쇠는 일곱 차크라 주파수에 맞춘 일곱 개 소리굽쇠가 한 세트이다. 기본 소리굽쇠는 토닝에 쓰이며, 막힌 에너지를 해소하고 차크라와 오라를 정화하는 데 사용된다. 무거운 소리굽쇠는 훨씬 더 강한 진동으로 주파수를 더 오랫동안 유지하므로 진동을 느끼기가 더 쉽다. 침술 치료와 근육 이완에 효과적이며 통증을 즉각 완화한다.

소리굽쇠를 사용하는 방법은 아주 간단하다. 소리굽쇠를 쳐서 공기를 통해 강한 진동을 보내면서, 치유를 원하는 신체 부위에 가까이 두거나 차크라에 놓으면 활력이 생긴다. 소리굽쇠는 깊은 휴식을 돕고 스트레스를 해소하며, 정신을 또렷하게 하는 동시에 집중력을 끌어올린다. 또 신체 에너지를 높이고 왼쪽 뇌와 오른쪽 뇌를 통합하며 신경계의 균형을 맞춘다.[25]

일곱. 치유의 소리, 북

소리 치유의 가장 오래된 방법은 샤먼이 두드리는 북 소리이다. 샤먼은 병자와 정신세계 사이의 의사소통을 원활하게 할 때 북을 사용한다. 북 소리는 여정journeying과 형상 이동shape-shifting, 점술divination을 위한  샤먼의 기술이기도 하다. 샤먼은 올바른 소리를 찾기 위해 주의 깊게 경청하고 특정한 리듬을 반복하며 환경을 조성한다.

'리듬'은 그리스어 어원에 따르면 '흐르는 것'을 뜻한다. 다양한 리듬은 각기 다른 의미를 전달하며 소리의 크기와 속도는 감정체에 영향을 미친다. 북 소리와 리듬은 영의 세계로 흐를 수 있는 다리를 만든다. 의식 전에 샤먼은 북 가죽을 불 위에 놓고, 필요한 음높이를 낼 수 있을 때까지 가열한다. 북에서 나오는 음파는 몸, 마음, 정신 체계에 에너지를 불어넣고, 조화롭게 진동할 수 있도록 이끈다. 연구에 따르면, 북 소리는 알츠하이머, 우울증, 암, 스트레스, 파킨슨병뿐만 아니라 만성 통증에도 긍정적인 효과를 보인다.[26] 예를 들어, 신경학자인 배리 비트먼Barry Bittman의 그룹 드럼 세러피 연구에 따르면, 북 소리가 암을 죽이는 세포를 증가시킬 수 있다는 사실이 밝혀졌다.[27] 옥스퍼드대학의 심리학자 로빈 던바Robin Dunbar는 북 소리로 엔도르핀이 증가하고, 통증이 감소한다는 연구 결과를 발표했다.[28] 북 소리는 불안, 스트레스, 수면 문제, 피로, 고혈압, 만성 통증, 감정 장애 등을 치료하고 면역 체계를 강화하며 자각을 끌어올린다. 또 삶의 자연스러운 리듬에 공명할 수 있게 한다.

물론 다른 악기도 소리 치유에 사용할 수 있다. 악기를 사용해 완벽한 음을 찾는, 매우 흥미롭고도 오랜 이야기가 전해진다. 먼 나라의 일이다. 한 남자가 온종일 악기를 연주하고 있었다. 줄이 많이 달린 악기였지만 그는 앉아서 오직 한 줄만을 계속 튕겼다. 아내가 말했다. "당신은 이렇게 훌륭한 도구를 가지고도 한 줄만 계속 치는데, 다른 모든 친구는 이 악기로 다른 줄들도 연주하고 아름다운 멜로디와 노래를 만들어요. 당신은 왜 그 한 줄만 연주하나요?" 남자는 아내에게 미소를 지으며 말했다. "그랬군요. 알게 해줘서 고마워요. 내 답은 이렇소. 다른 사람들은 그들의 음을 찾기 위해 바쁘게 움직이고 있지만, 나는 이미 내 음을 발견했기 때문이라오."

소리 건강에 접속하기

소리가 놀라운 이유는 이완을 돕고 스트레스를 줄이기 때문만이 아니다. 소리는 에너지의 흐름을 막는 장애물도 치워준다. 심지어 신체의 막힌 부분도 해결할 수 있다. 신장에 결석이 생기면 사람들은 이 결석을 내보내려고 매우 고통스러운 아픔을 감당한다. 결석이 너무 커 요로로 빠져나가기 힘들 때, 의사는 음파를 사용하여 돌을 산산이 조각내는 쇄석술을 시술한다.

소리 치유의 궁극적인 목표는 물론 합일의 지점에 도달하도록 하는 것이다. 그곳엔 고통과 어둠이 없고 오직 평화와 사랑만이 존재한다. 조화로운 주파수에 머물 때, 당신은 우주의 모든 주파수와 동시에 접속하게 된다. 이 장에서 설명한 토닝, 챈팅, 차크라 튜닝, 싱잉볼, 팅샤, 소리굽쇠, 북 소리는 모두 소리 치유에 효과적이다. 더 끌리는 방법이 있더라도, 모든 방법을 시험해보길 바란다. 각 방법마다 특정 상황에서 유용하게 활용되는 장점이 있다.

다음 장에서는 다른 사람들을 돕기 위한 기본 실전 기법인 킬레이션chelation을 배워보자.

17

킬레이션과
생명력 에너지 치유®

지금까지 자가 치유에 도움이 되는 다양한 도구를 살펴보았다. 이 도구들은 다른 사람을 도울 때도 사용할 수 있지만, 다른 사람의 치유를 촉진하는 강력하고 직접적인 방법은 신체 접촉이다. 몸에 있는 많은 세세한 차크라 가운데, 손바닥 차크라는 당신이 접촉하는 사람에게 에너지를 전달하는 강력한 도구이다.

당신은 그 사람의 현재 상태를 보고 접근하지만, 문제는 수년 전에 일어난 일에서 비롯했을 수 있다. 앞에서 확인했듯이, 모든 신체적 장애는 감정적 요소를 동반한다. 종종 감정적 외상은 신체적 증상이 나타나기 훨씬 전에 발생하기도 한다. 당신은 에너지 힐러로서 오래 묵은 트라우마의 잔류물을 정화하고, 치유 대상의 차크라를 충전하고 균형을 맞추면서, 에너지 균형과 조화를 목표로 세울 수 있다. 그렇게 하면 신체적, 정서적 차원에서 내면의 안정감을 회복할 수 있다. 단, 이 과정은 의학적으로 필요한 치료 또는 절차를 대체하지 않음을 항상 기억해야 한다. 치유 에너지는 의학적 방법을 보완하는 역할을 한다.

접촉을 이용해 누군가를 치유하기 전에, 잠시 당신의 차크라를 최대한 크게 열어 다른 사람과 연결한 다음 필요한 정보를 받아 도움을 주도록 한다. 또한 우주 에너지 장에 접속하여 대상에게 전달하고, 근원과 단단하게 연결하여 충전하고 에너지를 전송할 준비를 한다. 더욱 활짝 열리고 연결될수록 치유 과정의 질도 좋아진다. 손을 이용한 치유 방법은 손을 대상에게 올려놓고 진행한다. 차크라 같은 일부 영역에는 더 강한 연결감이 형성된다. 인간 에너지 장의 차크라를 감지하는 기술을 연습했다면, 치유 대상의 어떤 차크라가 막혀 있는지 정확히 알 수 있다. 아니면 펜듈럼을 사용하여 차크라의 상태를 진단할 수도 있다. 차크라는 건강하면 시계 방향으로 움직이고, 균형이 깨지면 시계 반대 방향으로 움직이거나 전혀 움직이지 않는다.

지금까지 배운 내용을 숙지하여 마음에 드는 치유 방법으로 자기 자신이나 가족, 지인, 반려동물에게 실험해본다. 일류 힐러가 되려면 꾸준히 연습해야 한다. 연습하면 할수록 잘하게 된다.

손을 이용하는 효과적인 치유 방법은 많이 있다. 쉬운 방법도 있고, 복잡한 방법도 있다. 처음 시작할 때 연습할 수 있는 기본

방법을 소개한다. 킬레이션이라고 부르는 이 방법은 초보 힐러도
쉽게 사용할 수 있다.

킬레이션의 치유력

킬레이션chelation은 세 가지를 수행하는 기본 기술이다. 인간의
에너지 장을 정화하고, 균형을 맞추고, 강화한다. 킬레이션은 '움
켜잡다grab' 또는 '묶다bind'라는 뜻으로, 해소되지 않은 감정으로
에너지 장에 축적된 오래된 불필요한 에너지를 움켜잡는 기술이
다. 어떤 면에서는 의학적 치료법인, 몸의 중금속을 제거하기 위
해 약물(킬레이트제)을 사용하는 킬레이션chelation과 유사하다. 킬
레이션은 고갈된 에너지 장에도 사용할 수 있다. 예를 들어 자신
을 돌볼 시간도 없이 과로하는 간병인의 고갈된 에너지 장을 충
전하고 채워줄 수 있다.

가장 크게 효과를 보려면 킬레이션의 특정 순서를 따라야 하는
데, 실제로 에너지가 인간에게 들어오는 순서를 따르는 것이다.
자연스럽게 에너지는 지구에서부터 시작하여 발바닥을 타고 오
른 뒤 에너지 장 전체로 올라간다. 자연스러운 순서를 따르면 몸
은 에너지를 섭취하고 가장 잘 사용될 곳으로 내보낼 수 있다. 따
라서 킬레이션의 출발점은 불편한 신체 부위가 아니라 발이다.

킬레이션의 각 과정을 작업하다 보면 패턴을 발견할 수 있다. 약한 에너지 흐름을 만나면 치유 강도가 세지며, 해당 부위를 채우고 나면 흐름이 줄어들며 에너지가 멈추거나 상당히 느려진다. 또 에너지 주기가 완료되면, 다음 순서로 나아갈 때가 되었음을 알게 된다. 신체 양쪽이 균등하게 흐르도록 노력해야 한다. 예를 들어 다음 부위로 넘어가기 전에 다리 양쪽의 흐름을 맞춘다. 마찬가지로, 왼쪽과 오른쪽 신체를 같은 방식으로 균형을 이루게 한다.

킬레이션을 하는 동안 아무것도 느껴지지 않는다고 해서 걱정할 필요는 없다. 나도 처음 킬레이션을 시작했을 때 아무것도 느끼지 못했다. 그렇다고 민감하지 않은 사람인 것은 아니다. 그저 다른 사람을 만지는 것이 불편해서 그럴 가능성이 더 크다. 그 두려움으로 인해 몸에서 멀어졌을 수 있다. 에너지 흐름을 감지하려면 몸 안에 있어야 한다. 몸은 가장 좋은 감지 메커니즘이다. 잘 이용하기 위해 온전히 몸 안에 존재해야 한다. 차크라가 최적의 상태가 아닐 때는 감지가 어려울 수도 있다. 킬레이션으로 에너지를 다른 사람에게 전달할수록 차크라가 정화되므로 꾸준히 진행한다. 어느 시점이 되면 뭔가를 느끼게 되고 매번 할 때마다 느낌이 달라질 것이다.

대상에게 에너지를 전하면 그 사람에 대한 정보를 받게 된다. 뭔가를 느낄 수도 있고, 소리를 들을 수도 있고, 이미지를 볼 수도 있다. 영적 가이드에게 도움을 요청하면, 특정 문제를 보여주기도

한다. 또는 마음의 눈에 무언가 나타날 수도 있다. 청각 채널이 트여 있다면, 문제를 알려주는 단어가 들리기도 한다.

킬레이션 중 내담자(치유 대상)는 매우 편안한 상태의 의식으로 들어가거나 에너지가 정화되기 시작하면서 잠이 들 수 있다. 차크라를 직접 킬레이션 하면 내담자의 호흡은 당신의 호흡과 같아지거나 동기화되기 시작한다. 이제 당신의 호흡 속도를 조절하여 내담자의 호흡 속도를 바꿀 수 있다. 차크라에는 감정 정보가 들어 있기 때문에 이 단계에서 호흡 변화는 중요한 문제이다. 다시는 경험하고 싶지 않은 기억이라면 감정을 드러내지 않기 위해 숨을 참고 있을 수도 있다. 그런 경우라면 호흡을 유도하여 감정을 풀어내도록 돕는다. 내담자는 숨을 쉬며 울음을 터트릴 수도 있다. 에너지를 방출하면 차크라가 더 열리고 정화된다.

자, 이제 시작해보자.

킬레이션 준비하기

1. **기도하는 마음으로 내면에 접속한다.** 아침에 일어나면 명상을 하기 전에 내면을 정리한다. 치유 대상과의 작업을 위해 마음을 정돈한다.
2. **당신의 상태를 확인한다.** 자신에게 물어보자. '나는 괜찮은가? 나는 중립적인 자세로 서 있는가? 몸을 앞이나 뒤로 젖히고 있지 않은가? 치유 대상에게 집중하고 있는가? 나중에 해야 할 일을 생각하거나 어젯밤에 엄마랑 싸운 일을 걱정하고 있는가?' 정신이 산만해

지지 않게 마음을 정리하고, 지금 여기에 깨어 있도록 한다.

3. **치유 대상의 차크라를 진단한다.** 차크라를 먼저 감지해보고, 펜듈럼으로 차크라를 진단한다. 가슴샘 근처에 액세서리는 없는지, 그로 인한 간섭은 없는지 확인한다. 각각 얻은 결과를 교차 확인한다. 눈을 보고 다시 감지한다. 그는 행복한가? 슬픈가? 기쁨이 충만한가? 불안한가? 피곤해 보이는가? 잘 쉬었는가? 눈은 진정 영혼의 창이다. 눈을 보면 상태를 확인할 수 있다. 노트에 진단 내용을 적는다.

4. **배경 정보를 수집한다.** 치유 대상의 차크라를 확인할 때 잠시 지나온 시간에 대한 이야기를 나눠보면, 최근 일어난 일로 생긴 장애물을 추적할 수 있다. 예를 들어, 전 연인이 바람을 피웠다는 사실을 알았다면, 네 번째 (가슴) 차크라에서 분노와 질투를 발견할 수 있다.

5. **자세를 잡는다.** 먼저 신체를 접촉해도 괜찮은지 허락을 구한다. 그런 다음 신발을 벗고, 적당한 높이가 있는 탁자 위에 등을 대고 눕게 한다. 탁자 높이는 당신이 등을 곧게 펴고 편안하게 서서 무릎만 약간 구부릴 수 있을 정도면 적당하다. 치유 대상에게 다가가기 위해 몸을 구부리지 않도록 한다. 호흡을 깊게 하며 치유 대상을 돕겠다는 의도에 집중한다. 치유 에너지를 활성화한다. 누운 치유 대상의 발 앞에 서서 양손을 CƆ 모양으로 만들어 양발을 잡는다. 엄지손가락을 발의 아치에 대고 다른 손가락들로 각 발등을 감싸 잡는다.

킬레이션 시행하기

1. 자신의 상태를 다시 확인한다. 다시 한번 자신에게 집중하면서 지금 여기에 있고 명료한 상태인지 점검한다. 자신에게 물어본다. '내 자세는 중립 상태인가? 눈은 뜨고 있는가? 무릎을 약간 구부리고 있는가? 나는 정말로 지금 여기에 있는가? 아니면 지난밤에 본 영화에 대해 생각하고 있는가?'

2. 에너지를 치유 대상의 발로 전달한다. 치유 대상에게 집중한다. 당신의 손은 그의 발에 있다. 이렇게만 연결해도 치유 대상의 에너지 장 아랫부분으로 에너지가 들어간다. 당신의 손바닥 차크라가 치유 대상의 발에 있는 작은 차크라를 킬레이팅 한다. 에너지가 우리 모두를 둘러싼 우주 에너지 장을 통해 들어온다. 에너지가 당신을 거쳐 치유 대상에게 흐르고 당신을 정화한다. 땅과 연결을 유지한다. 치유 에너지가 당신의 발을 타고 들어와 손을 통해 대상의 발로 들어가 에너지 장에 이른다. 이런 일이 일어날 때는 민감도에 따라 손에서 흘러나오는 에너지를 느낄 수도 있다. 따뜻하기도 하고, 따끔따끔하거나, 맥박처럼 느껴지기도 한다. 주파수나 맥박의 리듬, 에너지가 흐르는 방향의 변화도 느낀다. 다시 말하지만, 아무것도 느끼지 못해도 괜찮다. 감지 여부와 상관없이 에너지는 움직인다. 각 치유 과정은 같은 대상이라도 다음번에는 다르게 느껴지기도 한다. 그러므로 무엇을 느낄지에 대해 두고 어떤 기대도 하지 않기를 권한다.

3. 에너지를 치유 대상의 발목까지 이동한다. 이제 오른손잡이 기준으로

왼편에 테이블을 두고 돌아가며 진행한다. 오른손을 대상의 오른발에 놓고, 왼손을 오른 발목에 놓는다. 왼손잡이면 테이블 오른쪽으로 이동한다. 왼손은 항상 오른손을 따라가며 아래쪽에 위치한다. 에너지가 강한 손이 뒤에 따라가도록 해서 강한 손에서 약한 손으로 에너지가 흐르도록 한다. (이어지는 설명은 오른손잡이 힐러를 기준으로 한다. 왼손잡이라면 적절히 조정한다.) 언제든지 에너지 치유 중 자세를 바꿀 때는 한 번에 한 손만 움직이고 한 손은 계속 대상의 몸과 접촉하면서 연결을 끊지 않도록 한다.

킬레이션 과정 중에 당신은 어머니 대지가 채워주는 에너지를 치유 대상에게 전한다. 또 신성으로부터 받은 에너지를 치유 대상에게 흐르도록, 부드럽게 대상의 에너지 장을 채우고, 충전하고, 정화하고, 균형을 맞춘다. 치유 대상의 발이 에너지로 가득 차면, 당신 손 사이를 흐르는 에너지 흐름이 줄어든다. 반대편 발에도 같은 과정을 되풀이한다. 테이블의 다른 쪽으로 이동할 필요는 없다. 지금 있는 자리에서 조금 몸을 기울이면 반대편 발을 잡을 수 있다. 그 정도는 괜찮다.

4. 다리로 이동한다. 이제 당신의 오른손을 오른 발목으로 움직이고, 왼손을 오른 무릎에 놓는다. 오른손에서 나온 에너지가 치유 대상의 오른쪽 다리를 충전하고 당신의 왼손으로 옮겨가며 균형을 잡는다. 다시 말하지만, 처음에는 에너지가 약해도 해당 부위를 에너지로 채우기 시작하면 강해지는 것을 느낄 수 있다. 또한 다리 한쪽의 에너

지가 다른 쪽의 에너지보다 강할 수 있다. 오른쪽을 채우고 왼쪽 다리도 똑같이 균형을 맞춘다.

5. 다리 윗부분으로 이동한다. 오른손을 대상의 무릎에 올려놓고 왼손을 대상의 엉덩이에 놓고 진행한다. 같은 과정을 다른 편 다리에도 반복한다.

6. 첫 번째 차크라를 정화한다. 대상의 엉덩이에 왼손을 얹고 아래쪽에 있는 오른손을 무릎 사이에 놓는다. 이곳은 첫 번째 차크라의 정화 지점이다.

7. 두 번째 차크라를 정화한다. 왼손을 두 번째 차크라로 옮긴다. 음부 뼈 위 배꼽 바로 아래에 가만히 놓는다(만약 치유 대상과 성별이 달라서 손을 어디에 두어야 할지 염려가 된다면, 벨트선 약간 위쪽에 놓으면 된다). 오른손을 대상의 엉덩이로 움직인다. 먼저 치유 대상의 오른쪽을 킬레이션 하고, 왼쪽으로 옮긴다.

8. 세 번째 차크라를 정화한다. 오른손을 차크라에 올려놓는다. 왼손은 그 위에 가볍게 겹쳐서 놓는다. 차크라 정화가 감지될 때까지 그대로 있는다.

9. 네 번째 차크라를 정화한다. 다시 오른손을 차크라 위에 놓는다. 치유 대상이 여성이라면 가슴 접촉을 피하게끔 손을 가슴과 수직 방향으로 돌려 가슴 사이에 놓는다. 왼손을 그 위에 가볍게 올린다. 이 부위가 정화된 느낌이 들 때까지 그대로 있는다.

10. 다섯 번째 차크라를 정화한다. 오른손을 목 뒤에 놓고, 정화될 때까

지 기다린다. 목 앞쪽에는 손을 올려놓지 않는다. 목을 덮으면, 매우 불편하게 느껴진다.

11. 여섯 번째와 일곱 번째 차크라를 정화한다. 여섯 번째와 일곱 번째 차크라를 정화하기 위해 치유 대상의 머리 쪽으로 이동한다. 머리 위에 서서 어깨 양쪽에 손을 놓고 에너지 장의 양쪽 균형을 맞춘다. 손가락 세 개는 귀 앞에 두고 엄지와 검지는 관자놀이 뒤쪽에 댄 다음 목의 양옆에서 귀까지 손가락을 천천히 움직인다. 여섯 번째와 일곱 번째 차크라를 충전하고 정화하고 균형을 맞추며 킬레이션을 한다.

킬레이션 마치기

1. 손을 뗀다. 마무리할 때는 아주 조심스럽게 머리에서 천천히 손을 뗀다.

2. 에너지 버블을 부풀린다. 약간 뒤로 물러서서 손을 테이블 아래에 두고, 치유 대상을 공 또는 달걀 모양으로 둘러싸는 큰 에너지 버블energy bubble[1]을 부풀린다. 숨을 더 빨리, 깊게 들이마셨다가 더 깊이 내쉬면서 보호하는 공간을 부풀린다. 버블의 높이를 대상의 머리 위 너머로 확장한다. 그런 다음 테이블 아래에서 버블과 지구를 묶는다. 치유 대상은 안전하게 그 안에 머문다.

3. 치유 대상에게 주도권을 돌려준다. 테이블에서 몇 발짝 뒤로 물러나

---

1   머리부터 발끝까지 몸 전체를 30센티미터 이상 둘러싸고 보호하는 에너지 장.

서, 이 과정의 주도권을 치유 대상에게 돌려준다고 의도한다. 치유 대상이 당신에게 의존하지 않도록 한다. 사실 그가 그 자신의 치유를 주도 및 책임지고 있으며, 당신은 촉진하는 역할을 할 뿐이다. 치유 대상의 에너지 장으로부터 당신을 완전히 분리한다는 의도를 담아, 손으로 밀어내면서 몸으로나 마음으로 그에게서 물러난다. 치유 대상과 분리되었음을 확인한다.

4. 휴식한다. 5분 정도 치유 대상이 방해받지 않고 테이블에 누워 쉴 수 있게 한다. 그러는 동안 나가서 손을 씻는다. 치유 대상이 떠난 후 10분 정도는 혼자 시간을 보내며 방금 끝난 치유 과정을 정리하고 통합한 다음 내용을 노트에 정리한다. 그대로 모든 것을 받아들인다. 감사하는 마음으로 치유 과정을 마친다. 심호흡을 몇 번 하고 무사히 끝났음을 감사한다. 킬레이션 시연 영상이 필요한 경우 자료를 참조한다.

생명력 에너지 치유 기법

수년 전 내가 미국의 학교에서 에너지 치유 수업의 교사 인턴을 하던 시절, 한번은 담당 선생님이 나를 불렀다. 강의실 앞쪽에서 킬레이션 시범을 보이던 선생님은 그 작업을 내게 맡겼다. 테이블 머리끝에 서서 작업을 시작하자, 마스터 힐러인 예수님의 존재가 감지되었다. 뒤에 서 있는 존재가 느껴졌고, 나는 평생을 그와 연결되었다.

그는 부드럽게 치유 대상의 머리 측면에 있던 내 팔을 움직였다. 그러자 치유 대상의 여섯 번째와 일곱 번째 차크라를 킬레이션 할 수 있었다. 다시 내 팔을 위로 들어 올리며 팔꿈치를 구부리도록 했다. 두 팔은 내 몸의 양쪽 옆에 놓였고, 손바닥은 목 높이에서 위로 향했다. 가슴 중심에서 뿜어져 나오는 거대한 에너지 물결이 느껴졌다. 가슴 차크라의 위치였다. 나는 필사적으로 바닥에 붙으려고 노력했고, 우주 에너지 장 24층위 이상의 높은 에너지로 채워졌다. 마스터는 물리적, 감정적, 영적 영역에서 모든 단계별 치유가 이루어지기 위해서는 내 마음에 의도를 세우고 에너지 물결을 받아야 하는 대상에게 전해주면 된다고 알려주셨다. 테이블에 누워 있는, 암으로 죽어가는 여성의 에너지 변화가 즉각 감지되었다. 나중에 알았지만, 이때 배운 팔 위치는 가톨릭 사제가 미사 중에 하는 자세였다.

나는 이 기법을 생명력 에너지 치유LifeForce Energy Healing®라고 부른다. 가족, 친구, 내담자를 도울 수 있는 매우 좋은 기법이다. 수년간 나는 수천 명의 사람을 만나면서, 또 세미나, 워크숍, 개인 치유 과정에서 이 방법을 사용했다. 근원과 당신의 에너지 장, 치유 대상의 에너지 장이 순식간에 연결된다. 매우 빠르고 강력하다.

나는 학생들에게 이 기술을 성공적으로 가르쳤고, 이제 전 세계와 나누고자 한다. 일단 배우고 나면, 1분 안에 신성한 에너지를 끌어와 당신의 에너지 장을 통해 의도된 수신자에게 전송할 수 있다. 신성한 에너지가 당신을 지나갈 때 느껴지는 조건 없는 사랑은 이루 말할 수 없는 감정이다. 치유 대상에게 일어나야 하는 일이 일어난 것이지만, 그가 원하던 결과가 아닐 수도 있다. 그의 상위 자아는 무엇이 가장 최선인지 잘 알고 있다. 잠시, 당신의 에너지 장은 신성 및 치유 대상의 에너지 장과 하나가 된다. 짧은 순간일 수도 있지만 하나로 교감한다. 매우 겸손해지면서 감사하는 마음이 흘러넘치게 되곤 한다.

생명력 에너지 치유는 프라나 치유, 텔레파시 치유, 래디어토리radiatory 치유와는 다르다. 나는 생명력 에너지 치유 프로그램의 하위 프로그램에서 이 세 방법을 가르치고 있다. 프라나 치유는 자신의 프라나와 고유한 에너지를 치유 대상에게 직접 제공하여 활력을 강화한다. 텔레파시 치유는 긍정적인 개념과 아이디어를 타인의 잠재의식에 전달하여 치유를 촉진하고 방해가 되는 정신적 태도를 바꾸게 한다. 래디어토리 치유는 당신의 에너지 장과 치유 대상의 에너지 장이 동조하는 공명을 불러온다.

생명력 에너지 치유LifeForce Energy Healing® 기법은 당신을 그리스도의 빛과 일치시킨다. 종교적 의미는 아니다. 그리스도는 자신의 차크라와 에너지 장을 완전히 열고 근원과 합일한 사람 가운데 가장 최근에 생존했던 인물이다. 그리스도의 빛과 합쳐지면 그리스도의 기술을 재현할 수 있다. 당신이 해야 할 일은 가슴 차크라를 360도로 열고(물론 쉽지 않을 수도 있겠지만), 그리스도와 하나가 된 다음 치유 대상과 하나가 되는 것이다. 당신의 모든 부분이 신성한 빛과 합체하려는 불굴의 의도를 보인다. (주의할 점은, 이때 치유 대상을 위해 원하는 특정 결과를 의도하지는 않도록 한다. 치유 대상의 상위 자아가 무엇이 최선인지를 이미 알고 있으므로, 당신의 개인적 성향에 의한 의도를 내세우지 않도록 주의한다.)

'관심 가는 곳에 에너지가 흐른다'는 말을 들어봤을 것이다. 확실히 맞는 말이다. 에너지는 생각을 따라간다. 당신의 강력하고 긍정적인 의도가 치유 기술에 힘을 싣는다. 당신과 그리스도의 빛과 치유 대상은 연결을 피할 수가 없다. 당신의 마음과 정신이 조건 없는 사랑의 힘과 하나로 합쳐지기 때문이다.

지구의 에너지와 결합한 근원의 에너지가 당신을 통과해 치유 대상의 에너지 장과 몸을 변화로 이끈다. 정신적, 정서적, 육체적 영역 어디서든 치유를 경험하게 된다. 치유의 본질은 치유 대상과 그의 상위 자아에 달려 있다.

당신은 가족과 친구, 내담자 치유에 주로 집중하겠지만, 그렇다고 우리의 털북숭이 친구를 잊어서는 안 된다. 다음 장에서는 반려동물의 고통을 덜어주거나 기분을 좋게 하는 방법을 소개한다.

18

반려동물
에너지 치유

나는 진심으로 동물을 사랑한다. 마찬가지로 동물에 애정을 쏟는 분들이 많다. 나는 다양한 종류의 크고 작은 동물을 키워본 경험도 있다.

시에라네바다Sierra Nevada산맥의 목장에서 여러 종류의 라마, 말, 개구쟁이 돼지, (내가 가파른 산길을 타고 올라갈 때 유유자적하며 천천히 걸어오던) 염소 씨, 공작새, 암소 베시Bessi, 헛간 주변에서 모이를 쪼는 닭들과 연못의 물고기까지 키웠다. 동물들은 훌륭한 선생님이었다. 인간의 언어 너머로 마음의 소리를 듣는 방법을 가르쳐 주었다. 함께 사는 동물을 어떻게 대해야 하는지, 어떤 의도로 만지고 치유해야 하는지를 알려주었다.

동물과 함께 살면, 동물이 에너지를 얼마나 잘 받아들이는지 알게 된다. 우리가 에너지 시스템을 정화하고 균형을 이루면 반려동물에게도 긍정적인 영향을 미친다. 눈으로 볼 수는 없지만, 당신의 에너지 장은 반려동물을 포함한 다른 사람의 에너지 장과 항상 섞이기 때문이다. 반려동물은 항상 적극적으로 당신을 치유한다. 고양이가 특히 그렇다.

동물 세러피가 전 세계적으로 인기를 얻는 이유가 있다. 병원, 어린이 회복 센터, 노인 돌봄용 시설에서 동물 세러피가 활용된다. 친구가 LA 병원에 있을 때, 오바마 대통령의 반려견으로 TV에 출연했던 포르투갈 워터 도그Portuguese Water Dog[1] '보Bo'가 병원을 방문하여 건물을 순회하기도 했다.

에너지 힐러로서, 나는 수년 동안 동물을 위한 다양한 공부와 실습을 했다. 사랑하는 반려동물이 고통 속에서 치유의 손길을 구할 때 도움이 된 몇 가지 방법을 소개한다. 반려동물과 함께 살거나, 치유가 필요한 동물이 있을 때 활용할 수 있다. 많은 방법은 인간 치유 영역에도 적용된다.

---

1   개의 한 품종. 원산지는 포르투갈이며 수영과 다이빙에 뛰어난 능력을 보인다.

에너지 치유를 이용한 반려동물과의 소통

애니메이션 영화처럼 동물과 큰 소리로 대화를 나누기는 힘들다. 그렇다고 동물의 의사소통 능력을 과소평가하지 않기를 바란다. 동물은 여러 가지 방법으로 응답하고 소통한다. 몸짓, 어조, 소리, 겉모습 등으로 의사를 표현한다. 특히 조용한 환경에서 동물에게 귀를 기울이면, 미묘한 생각, 감정, 이미지가 잘 보인다. 긍정적이고 개방적이며 정직한 태도로 몸짓과 표정을 관찰하면 동물과도 서로 소통할 수 있다. 동물은 직관적으로 주변 환경에서 일어나는 일을 감지하며 소통한다. 그리고 항상 정직하기 때문에 믿을 수 있다.

반려동물과 소통할 수 있는 효과적이고 직관적인 네 가지 방법을 소개한다.

● **느낌을 주고받기.** 감각투시clairsentience(명확한 감지)라고도 표현한다. 동물(또는 사람)을 '느끼는' 좋은 방법이며 동물이나 사람과 의사소통할 때 쉽게 계발되는 감각이다. 두 번째, 세 번째, 네 번째 에너지 센터에 집중하면서 활용한다. 반려동물을 느껴보고 필요한 정보를 받는다. 많이 연습할수록 반려동물의 느낌을 더 잘 감지하게 된다. 동물이 고통스러워할 때, 어디가 아픈지, 원인은 무엇

인지 알 수 있다. 단, 직감일 뿐 의료적 진단이 아님을 주의해야 한다. 확인을 위해 수의사와 상담한다.

- **마음 대 마음으로 소통하기.** 마음속으로 반려동물에게 생각을 보내고, 같은 방식으로 반려동물의 생각을 받아본다. 이것을 투청력 clairaudience(명확한 듣기)라고 한다. 동물이 쓰는 말과 단어를 마음으로 들을 수 있다. 이 방법으로 나는 애마 인플루언스Influence가 더운 날씨를 불평하고, 사막을 걷는 동안 발이 아프다고 투정하는 말을 들을 수 있었다.

- **시각적 이미지 송수신하기.** 반려동물과 마음을 통해 그림과 이미지를 주고받을 수 있다. 이런 유형의 의사소통을 투시력  clairvoyance(명확한 시각)라고 부른다. 잃어버린 동물을 찾을 때 사용하는 강력한 방법이다. 당신의 에너지 장으로 깊이 들어가면 실제로 동물이 배회하는 대략적인 지형을 볼 수 있다. 연습을 더 많이 하면 반려동물이 과거에 겪은 일도 알 수 있다. 먼저 반려동물과 연결하여 과거 경험을 보여달라고 요청한다. 투시력을 사용할 때는 논리의 영역을 떠나서 정보를 처리한다. 때로는 상징적 이미지일 수 있음을 기억해야 한다.

- **그냥 알기.** 여덟 번째 차크라와 상위 차크라가 열리면, 일반적으로 '그냥 알게 되는' 정보를 받기 시작한다. 동물을 돕는 데 필요한 정보를 즉각 받을 수 있다. 아직 당신은 이 영역에 있지 않을

가능성이 더 크다. 지금은 앞에 설명한 세 가지 방법 가운데 하나로 정보를 받고 있을 것이다. 당신에게 앎의 지혜가 흐른다고 생각되어도 그것이 성격(에고)에서 오는 정보일 수 있음을 의심해봐야 한다. 만약 그렇다면 신뢰할 만한 곳에서 오는 정보가 아니므로, 무시해야 한다. 영매 역할에 종사하는 사람들은 종종 계시를 받는다고 믿지만, 실제로는 자신의 성격에서 나오는 정보로 말하는 경우가 많다. 참고로 3단계 이상의 이니시에이션으로 진입하면 앎의 지혜가 생겨난다. 마음으로 정보가 흐르며 알고자 요구하지 않아도 동물이나 사람을 도울 수 있는 모든 정보를 받는다. 내가 가장 많이 사용하는 방법이다.

동물에 어떤 방식을 적용할지는 개인의 직관력에 따라 다르다. 운동감각이 뛰어난 학습자 가운데 상위 40퍼센트에 속하고 손만 대봐도 정보를 느끼거나 감지한다면, 감각투시clairsentience를 사용할 것이다. 당신이 시각능력이 뛰어난 학습자 가운데 상위 40퍼센트에 든다면 동물과 의사소통을 하며 투시력에 의지할 가능성이 가장 크다. 당신이 청각 정보 처리를 선호하는 사람 가운데 상위 20퍼센트에 든다면, 투청력clairaudience을 쓸 것이다. 마지막으로, 앎의 채널이 열린 1퍼센트에 속한다면, 그런 방식으로 정보를 얻을 것이다.

반려동물이나 다른 동물도 아름다운 생명으로서 인간과 같은 방식으로 이해받기를 바라고 있다는 사실을 항상 기억해야 한다. 직관적인 치유 기법을 터득하려는 이유가 반려동물을 돕고 싶어 서라면 이보다 더 좋은 이유가 어디 있겠는가? 무슨 일이 일어났는지 알고 싶다고 꼭 반려동물과 함께 집에 있어야 할 필요도 없다. 일을 하다가도 갑자기 고양이나 개의 상태가 안 좋다고 직감하면 문제의 본질을 이해하고 먼저 치유의 생각을 보내서 집에 도착할 때까지 동물을 평화롭고 편안하게 해줄 수 있다.

반려동물을 치유하는 방법

에너지 치유는 반려동물의 건강을 유지하고 감정적인 문제나 다른 문제를 해결하도록 도와준다. 죽음이 임박한 순간에도 편안하고 평화롭게 맞이하도록 도울 수 있다. 에너지 치유를 활용하면 다음과 같이 다양한 방법으로 반려동물의 건강과 행복을 응원할 수 있다.

- 동물의 면역 체계를 키운다.
- 동물의 건강을 되찾아준다.
- 동물의 고통을 줄여준다.
- 동물의 회복 속도를 높인다.

- 동물이 과거 트라우마로부터 회복할 수 있게 한다.
- 동물이 감정적으로 안정되도록 돕는다.
- 동물의 나쁜 습관을 끊어낸다.
- 새로 온 동물이 집에 잘 적응할 수 있게 한다.
- 동물의 스트레스를 줄인다.
- 동물의 수행 능력을 향상한다.
- 동물의 건강한 노화를 돕는다.
- 동물의 마지막이 편안하도록 도와준다.

접촉 치유는 동물에게 유익하다

신체 접촉의 치유력은 사람에게만 해당되는 것이 아니다. 동물에게도 아주 유익하다. 물론 동물은 에너지 치유를 받고 싶다고 직접 말할 수 없지만, 동물에게도 치유는 필요하다.

신체를 접촉하며 동물을 치유할 때 몇 가지 유의해야 할 사항이 있다. 첫째, 몇몇 동물은 당신이 손을 올려놓을 때 매우 협조적일 것이다. 특히 개들이 그렇다. 그런데 고양이는 좀 다르다. 어떤 고양이는 손길을 기쁘게 받아들이며 치유하는 동안 손에서 전해지는 온기를 마다하지 않는다. 그러나 어떤 고양이는 매우 수줍어하며 가만히 있지 않는다. 동물이 가까이 오지 않거나 위협적이고 비협조적일 때는 할큄을 피하고자 원격으로 작업하기도 한다. 몸 위쪽으로 간격을 두고 손을 뻗거나 동물의 몸 쪽으로 손을 내밀면서 동물의 에너지 장 안으로 들어간다. 에너지 치유로 반려동물에게 해가 되는 일은 없으니 안심해도 된다.

둘째, 동물의 차크라는 사람과 같은 방향으로 작동한다. 건강할 때는 시계 방향으로 움직이며 그렇지 않은 경우 시계 반대 방향으로 회전한다. 이 정도만 비슷하다고 할 수 있다. 동물의 차크라는 사람보다 에너지를 더욱더 강하게 순환한다. 동물에게는 주요 차크라 또는 상완brachial 차크라가 있는데, 부가적인 차크라로 양쪽 어깨 꼭대기에 위치한다. 이 차크라를 통해 다른 모든 차크라에 접근할 수 있다. 동물과 치유 에너지를 연결하려면 이 차크라에 오른손을 올려놓고 동물의 머리에 왼손을 놓는다. 정수리와 이마 차크라를 손으로 감싼다. 이렇게 하면 동물을 우주 에너지 장과 연결할 수 있어 치유가 훨씬 더 잘된다.

셋째, 동물의 크기는 문제가 되지 않는다. 예컨대 당신 옆의 소파로 말을 데려와 앉혀놓을 수는 없지만 기갑²과 가슴에 손을 얹고 조용히 말을 건넬 수는 있다. 말은 긴장을 풀면

---

2 말의 양어깨 사이에 도드라진 부분.

서 엔도르핀을 방출하고 혈액의 흐름을 증가시키며 더 많은 영양분과 호르몬, 산소가 세포로 운반된다. 그렇게 치유가 촉진된다. 말의 에너지 장은 워낙 거대해서 함께 있기만 해도 좋아진다. 작은 동물이면 양손을 등에 얹거나 손과 손을 서로서로 쌓아 올린다. 혹은 동물의 몸 양쪽에 한 손씩 놓는다. 중형에서 대형 크기의 동물은 어깨 근처의 주요 차크라에 한 손을 놓고 다른 손은 동물의 뒤편 궁둥이 부위에 놓는다. 손의 정확한 위치는 걱정할 필요 없다. 당신과 동물이 편안한 지점을 찾으면 된다.

동물(및 사람)을 치유하는 컬러 세러피

개(사람도 마찬가지)에게 활용하기 좋은 또 다른 치유 기법이 있다. 색을 이용하여 기분과 건강에 영향을 미치는 컬러 세러피(크로모 세러피chromotherapy 또는 광선 요법light therapy이라고도 하는)이다. 색은 빛이며, 색상마다 각각 파장과 에너지를 보유한다. 색의 진동은 동물의 몸이나 신체 에너지에 영향을 준다. 빛은 주로 눈을 통해 우리 몸에 들어오지만, 눈뿐만 아니라 피부를 통해서도 들어온다. 일부 색은 실제로 호르몬을 활성화하고 치유 과정을 돕는 특정 화학반응을 일으키기도 한다.

컬러 세러피를 시작할 때는 개에게 보내는 에너지를 특정한 색으로 시각화한다. 개는 청자색 또는 황록색 범위의 한정된 색상만 볼 수 있다. 심상화로 치유할 때는 이 중 한 가지 색을 사용하는 것이 가장 좋다. 당신이 손으로 강아지에게 보내는 빛의 색은 당신의 에너지 통로 또한 열 수 있다. 예컨대 강아지가 지나치게 활동적이고 밤에 잠을 자지 않는다면, 평화로운 푸른 에너지 구름으로 둘러싼다. 파란 침대나 파란 목줄도 심상화한다. 그러면 당신도 잘 자게 된다.

색상은 에너지의 양을 결정하고 우리 몸을 지나가는 흐름에도 영향을 미친다. 앞에서 언급했듯이, 인간의 각 차크라는 특정 색깔과 연결되어 있다. 각 색깔의 치유 속성 및 관련된 차크라를 간략하게 설명한다.

붉은색 심장에 활력을 주고 혈액순환을 도와서 온기를 북돋우고 활성화한다. 각 장기와 모든 감각에 활력을 불어넣는다. 빨간색은 뿌리 차크라와 연결되어 꽉 막힌 오래된 에너지를 이완하고 개방하여 수축을 제거하는 데 매우 효과적이다.

주황색 천골 차크라와 연결되어 몸과 마음을 따뜻하고 쾌활하며 자유롭게 한다. 창조적 사고를 자극하고 새로운 아이디어를 흡수하는 데 도움이 된다. 주황색은 폐, 호흡계 및 소화 시스템을 활성화하는 색이다. 또한 갑상샘 기능을 향상한다.

노란색 신경 계통과 정신을 강화하며 일깨운다. 근육에 활력을 불어넣는다. 진한 노란색은 쑤시는 신경통에 좋다. 노란색은 태양신경총 차크라와 연결되며 태양의 활기찬 생명력을 동반하므로 번아웃 증후군, 우울증 치료에 도움이 된다.

초록색 자연의 색이며 마음과 몸을 달래준다. 초록색의 본질은 균형과 조화이므로 거의 모든 상황에 사용할 수 있다. 치유력은 가슴 차크라와 관련되며, 마음을 진정시키고 활력을 불어넣는다. 호르몬 불균형에도 매우 좋다.

코발트블루 청량하며 수렴하는 치유력이 있다. 염증을 내리고, 강한 감정을 가라앉힌다. 소통과 목에 관련한 모든 문제에 사용할 수 있으며 목(다섯 번째) 차크라와 연결된다.

보라색 제3의 눈 차크라와 연결되며 정신적 문제에 매우 유익하다. 혈류를 정화하고 귀와 눈의 기능을 돕는다. 레오나르도 다빈치 Leonardo da Vinci는 스테인드글라스 창에서 비쳐 나오는 빛 속에 앉아 있는 것처럼 부드러운 보랏빛 아래에서 명상하면 명상과 기도의 힘이 10배 증가한다고 말했다.[29]

흰색 변환 및 변형의 색이다. 정수리 차크라에 연결되며 영적 회복과 깊은 통찰력을 불러온다. 통증의 강도를 낮추고, 해독에 도움이 된다. 흰색은 물론 완벽한 색상이다. 완전히 균형 잡힌 조화를 이루며 다른 모든 색상을 결합하기 때문이다. 백색광은 의식을 높인다. 흰빛을 몸에 쪼이면 치유가 빠르게 일어난다. 흰색의 주파수는 무지개의 다른 모든 색상을 포괄하므로 어떤 색상을 사용할지 결정하기 힘들 때는 항상 흰색을 고르면 된다. 기본 에너지 치유에서 치유 과정을 여닫을 때 자신의 에너지를 흰색으로 시각화한다. 중간에 다른 어떤 색을 사용했든 관계없이 시작과 끝은 흰색으로 마무리한다.

동물의 문제 영역이 무엇인지 알면 다양한 색을 적절히 사용할 수 있다. 추운 날씨에 바깥 산책을 한 후 축축해진 개의 털을 주황색 수건으로 말릴 수 있다. 동물 침대, 가죽끈 또는 목줄을 필요한 색상으로 구매할 수 있으며, 전구 또는 램프 위에 컬러 필터를 씌우고 동물에게 필요한 색의 빛을 비춰줄 수도 있다.

다른 모든 색의 빛을 적절히 사용하면 치유 에너지로 가득 차오르며 인생이 바뀌는 엄청난 경험을 하게 된다.

반려동물 소리 치유

동물은 인간보다 더 많은 옥타브와 톤을 들을 수 있기 때문에, 16장에서 말했듯이 소리 치유에 아주 멋지게 반응한다. 그들은 고통과 불안을 줄일 수 있는 조용하고 부드러운 음악에 매우 민감하다. 티베트 싱잉볼은 특히 동물이 공감하는 음색을 생성하므로 사용을 권한다. 싱잉볼에서 나오는 소리는 동물을 편안하게 해주고 차크라의 균형을 유지하도록 도와준다. 순수한 소리는 고통을 줄이고 에너지를 불어넣는다.

동물을 치유하는 확언의 힘

확언은 훌륭한 치유 도구이다. 확언은 동물에게 긍정적인 의도와 생각을 보내는 확실하고 효과적인 방법이다. 도움이 될 만한 확언을 몇 가지 소개한다.

- 너는 예전보다 더 건강해.
- 너는 인정받고 사랑받고 있어.
- 나는 네게 무엇이 필요한지, 무엇을 원하는지 주의 깊게 듣고 있어.
- 너는 활짝 열려 있고, 치유 에너지를 잘 받아들이고 있구나.

- 긴장이 풀리고 편안하구나.
- 너는 안전해.
- 사랑해. 매일 더 많이 사랑해.

에너지가 건강한 동물로 키우기

당신은 동물과 에너지를 공유하고 교환하므로, 건강하고 행복하게 전반적으로 고른 균형을 유지하는 데 신경을 써야 한다. 동물을 돌보는 방법과 모두의 기분을 좋게 유지하는 몇 가지 정보를 좀 더 소개한다.

- **자연식품을 먹인다.** 동물은 인간만큼 인공첨가제, 인공색소, 보존제에 민감하다. 많은 시판용 사료 브랜드에서 사용되는 유해 화학물질 가운데 일부에 알레르기 반응을 보일 수 있고, 행동 이상, 비만, 치아 문제 등을 초래할 수 있다. 홀리스틱Holistic 수의사는 고양이와 개를 위해 익히지 않은 음식 같은 자연식 식단을 추천한다.

- **깨끗한 물을 준다.** 동물은 깨끗한 물을 충분히 마시지 못하면, 건강과 에너지 장 모두에 영향을 받는다. 수돗물 냄새나 맛을 그다지 선호하지 않을 수 있으므로 정수한 물이나 (거품이 없는) 미네

랄워터를 주도록 한다. 쇠고기 국물이나 다른 고깃국물을 식혀
주면 더 많이 마실 수 있다.

- **햇빛을 받게 한다.** 동물도 인간만큼이나 건강을 위해 꼭 햇빛을 쬐
  어야 한다. 적어도 하루에 한 시간은 밖에 나가야 우울증과 무기
  력감, 질병이 예방된다. 전체 스펙트럼full-spectrum 조명을 사용
  하면 심장병을 앓고 있는 햄스터의 수명을 연장해줄 수 있다. 야
  외로 나가 햇빛 아래에서 산책하면 당신과 동물 모두 건강해진
  다. 반려동물이 실내에 있다면 창문을 통해 일광욕을 할 수 있도
  록 한다.

- **반려동물과 친구가 된다.** 우리와 마찬가지로 동물도 함께 어울리
  는 시간이 필요하다. 동물도 외로워서 사람과, 때로는 다른 동물
  과 함께 있고 싶어 한다. 애마 인플루언스Influence가 다 큰 후에
  함께 살던 염소가 죽자 나는 같이 지낼 작은 말을 데려왔다. 일부
  동물이나 토끼, 게르빌루스쥐, 새, 물고기, 기니피그, 쥐는 동성끼
  리 짝을 지어 잘 지낸다. 햄스터는 또 다른 자기들만의 작은 세계
  에서 그들끼리 행복하다. 라마 같은 동물은 다른 라마 친구가 없
  으면 실제로 낙담한다. 이국적인 반려동물을 선택하기에 앞서 동
  물에게 무엇이 필요한지를 먼저 알아야 한다.

- **동물에게도 자신만의 공간이 필요하다.** 모든 동물은 움직이기 편한
  공간에 있어야 한다. 동물을 너무 작은 우리에 가두면 안 된다.
  그런데 어떤 개들은 상자나 사육장 같은 '굴'에서 잘 때 가장 안

전하다고 느끼기도 한다. 동물의 요구에 귀를 기울이며 행동해야
한다.

동물을 보살피면 우리가 도움을 받는 이유

사랑하는 동물에게 에너지 치유를 보내면, 치유의 많은 혜택이 바
로 당신에게 되돌아온다. 당신이 해야 할 일은 동물에게 작은 사
랑을 보여주는 것뿐이다. 단순히 머리를 쓰다듬기만 해도 당신 안
의 돌보는 능력을 일깨우는 호르몬이 자동으로 생성된다. 이것은
빙산의 일각에 불과하다. 현재 반려동물과 주인 사이에 존재하는
강력한 유대감에 관한 수많은 연구가 진행 중에 있다. 의식적으로
동물을 치유하고 연결하려고 노력하면 깜짝 놀랄 더 많은 혜택이
돌아올 것이다.

고양이의 치유력

갯과 동물과 달리, 고양잇과는 에너지 치유를 하는 동안 상태를
읽기가 어렵다. 고양이는 에너지 힐러의 삶에 중요한 역할을 한
다. 능력이 꽤 많으며 다양한 교훈을 가르쳐준다.

고양이는 반려동물 중 가장 신비한 존재이다. 고대 이집트와 중국에서는 여신으로 존경받았다. 그들은 고양이가 사람의 에너지장을 감지하고 주변을 균형 있게 유지할 수 있다고 믿었다. 일본에서는 고양이의 특별한 능력을 신봉한다. 고양이는 선박이 해상으로 나갈 때마다 승무원과 함께 탑승한 악령을 쫓아내고 부를 불러오는 일을 한다. 오늘날에도 주로 세 가지 색의 마네키네코招き猫[3] 고양이가 일본 선박에서 승선을 환영하는 역할을 맡고 있다.

불교의 일화를 보면, 불교도들은 고양이를 친근하게 대했던 것 같다. 고양이는 홀로 수행하는 영적인 사람들의 좋은 벗이었다. 불교도들은 고양이를 늘 존중하며 그들의 삶과 기도에서 이 신성한 동물을 소중히 여긴다.

또 고대 문명에서는 고양이가 유령을 볼 수 있는 신비한 능력을 갖추고 있다고 믿었다. 만약 온화한 존재를 본다면, 고양이는 안절부절못하더라도 화를 내진 않을 것이다. 하지만 유령 같은 방문객이 해를 끼칠 의도가 있다면, 고양이는 그 침입자에게 하악거리며 위협할 것이다. 고양이가 주인의 침대에서 함께 자고 싶어할 때, 사람이 잠든 동안 원치 않는 영혼으로부터 주인을 지켜준다고 믿는 경우도 많다. 고양이 주인은 고양이가 자신의 옆이나 무릎

---

3 '복을 부르는 고양이'라는 뜻으로, 앞발로 사람을 부르는 형태를 한 고양이 장식물. 삼색(흰색, 검은색, 갈색)이 일반적이지만, 금색, 흑색 등 다양하다.

위에 행복하게 웅크리고 있을 때 안정감을 느낀다. 집에 돌아왔을 때 마주하는 개의 어마어마한 환영과 다른 깊은 평온함이다.

에너지 힐러로서, 고양이에게 접촉 치유나 소리 치유 등 많은 기술을 사용할 수 있지만, 고양이는 반대로 치유하는 능력을 더 많이 갖고 있다. 고양이는 당신의 부정적 에너지를 풀어낼 줄 안다. 당신이 자는 동안 무엇이든 부정적인 것이 다가오지 못하게 한다. 고양이들은 잠을 잘 때 몸에서 부정적인 것이 빠져나간다. 당신이 스트레스를 많이 받는다면 고양이가 부정적 에너지를 한 번에 방출하지 못할 수도 있다. 그러면 충분한 시간이 지나 처리할 수 있을 때까지 몸에 저장된다.

동물을 치유 팀원으로 환영하라

에너지 힐러로서 팀에 반려동물을 영입하면 좋다. 동물은 타고난 예리한 능력을 당신의 건강을 지키기 위해 쓸 줄 안다. 사랑하는 나의 말 인플루언스의 털을 손질하거나 토닥이거나 옆에만 있어도, 이 커다란 말은 존재만으로도 항상 나를 땅과 깊이 연결해준다. 가까이 있지 않을 때조차도, 마음속으로 내 에너지 장을 그의 에너지 장과 연결할 수 있다. 마찬가지로 개, 고양이, 새, 물고기와 긴밀한 관계인 사람들도 많다.

더불어 사람을 치유하는 법을 배울 때 동물은 훌륭한 실습 대상이 된다. 나는 물론이고 많은 힐러들이 반려동물의 도움을 받아 치유 훈련을 마쳤음을 인정하고 있다. 반려동물은 우리의 건강을 보살피고 심리적 안정을 돕는다. 할 수 있을 때마다 그들에게 받은 은혜를 돌려주도록 하자.

19

에너지 치유
나누기

여기까지 함께 와준 독자들에게 감사의 마음을 전한다. 이 책의 마지막 장까지 함께 배우고 익혀온 여러분을 정말 자랑스럽게 생각한다. 무엇보다 내 안에 있는 치유의 힘을 깨닫고 세상과 나누고 싶어 하는 마음에 박수를 보낸다. 지금 당장 일어나서 거울 앞으로 가보자. 당신에게 미소를 짓고 있는, 그 재능 있고 멋지고 자신감 넘치는 사람을 자세히 살펴보자. 당신의 눈을 깊이 들여다보며 이렇게 말해보라.

"나에겐 치유의 힘이 있어."

온 마음을 다해, 모든 차크라의 에너지를 열정적으로 분출하며 다시 한번 말해보자.

"나는 세상이 치유되도록 도울 수 있어."

치유 예술 분야에서 일하려면 신체적, 정서적, 심리적, 영적 측면을 모두 결합해야 한다. 자신을 치유하는 일에는 관심이 있지만, 전문 에너지 힐러가 되고 싶은 마음이 없더라도, 그 또한 자연스럽게 많은 이에게 도움이 된다. 에너지 치유는 개인의 영적 여정에서 꼭 필요한 부분이다. 당신이 의식을 더욱 끌어올리면, 그 자체로 인류를 깨울 수 있게 된다.

에너지 작업의 영역을 깊이 파고들어 가면 우리가 모두 연결되어 있음을 이해하게 된다. 통합의 개념을 깨달으면 다른 사람들을 돕고 모든 창조물을 돌보는 것이 얼마나 중요한지를 이해할 수 있다. 모든 사람에게 신성한 근원이 있음을 발견할 때, 당신은 고난 속에서 도움을 구하는 사람을 돕게 된다.

치유의 과업은 자신을 버리는 봉사이다. 자신을 버린다는 의미는 개인의 이익을 위한 일이 아니라 고통을 덜어주기 위해 나선다는 뜻이다. 노숙자에게 밥을 나눠주는 봉사를 하는 이유가 모든 사람에게 먹을 자격이 있다고 믿어서이지 인도주의적인 사람으로 보이기 위함이 아닌 것과 같다. 《바가바드기타Bhagavad Gita》는 "조화로운 사람은 그가 한 일에 대한 보상을 포기하고 궁극의 평화를 얻는다. 조화롭지 않은 사람은 욕망으로 인한 보상에 집착하며 속박된다(5:12)"[30]라고 말한다.

사심 없는 봉사를 통해 당신은 사람을 이해하기 시작한다. 그들의 도전, 상황, 희망, 꿈을 알게 된다. 우리는 누구나 살아가면서 고의로 혹은 부주의하게 다른 사람에게 상처를 준다. 당신은 속이거나, 훔치거나, 거짓말을 하거나, 부도덕한 일을 해본 적이 없다고 말할 수 있는가? 당연히 그렇지 않을 것이다. 다른 사람에게 베푸는 봉사는 잘못을 만회하는 좋은 방법이다. 티베트 불교의 추앙받는 영적 지도자 달라이 라마는, 그의 종교는 '친절'이며, 삶의 목적은 다른 사람을 돕는 일이라고 여러 차례 말했다. 봉사는 겸손을 깨닫게 한다. 당신이 도움을 받는 이보다 더 영적이지도, 높지도, 뛰어나지도 않음을 알게 된다. 진정한 에너지 힐러는 세상을 더욱 조화롭게 만들고 사랑의 능력을 넓히고 봉사하고자 노력할 뿐, 자아를 강화하지 않는다.

봉사하고 싶다면 먼저 자신을 잘 돌봐야 한다. 가지고 있지 않은 에너지는 나눌 수가 없다. 다시 말해, 에너지 치유 도구인 명상, 차크라 정화, 영적 연결을 중단해서는 안 된다. 다른 사람들을 돕느라 너무 바쁘다는 이유로 당신 자신의 치유를 위한 노력을 멈추어서는 안 된다. 간병인의 경우 종종 이와 같은 상황에 놓이면서 결국 지칠 대로 지치고 만다. 그렇게 되면 비록 최선의 의도로 시작한 일이라도, 돌보는 사람에게 화가 나고 분개하게 된다. 자신을 돌보는 행위는 이기적인 선택이 아니다. 당신의 건강과 행복을 유지하는 일에 죄책감을 느껴서는 안 된다.

에너지 치유는 당신과 치유 대상, 근원 사이에 이루어지는 공동의 과정이다. 힐러의 인류에 대한 봉사는 우주 에너지 장의 통로와 같으며 치유를 돕는 사람을 향해 에너지를 보낸다.

치유 과정 준비하기

친구와 가족을 치유할 준비가 되었다면 가장 먼저 적절한 장소를 찾아야 한다. 분위기는 조용하고, 사적이며, 편안해야 한다. 집에서 시작해도 좋다. 빈방을 치유 공간으로 정한다. 방을 부드러운 색조로 장식해보자. 십자가나 작은 부처상 같은 신성한 물품을 조화롭게 놓아둔다. 치유 대상이 안전하고 편안하게 느낄 수 있는 장소로 만들어야 한다. 어떤 부정적인 에너지로부터도 안전한 공간이어야 한다. 심상화 기법을 사용하면 안전한 공간이 되도록 정화할 수 있다.

공간 정화

정화하려는 공간에 편안하게 선다. 천천히 심호흡을 하며 중심을 잡는다.

이제 발 밑에 하얀 식탁보 또는 시트를 넓게 펼친다. 당신이 있는 전체 공간에, 모든 방향으로, 구석구석까지 다 시트를 펼친다고 의도를 세운다. 흰색 천이 발 아래에 바다처럼 놓여 있음을 느껴본다.

흰 시트가 지나가면서 공간에 있는 모든 어둡고 탁한 에너지를 걷어내고 제거한다는 의도를 명확히 세운다. 집중한 상태에서, 쭈그려 앉아서 바닥에 놓인 시트를 손으로 받쳐서 천천히 들어올린다. 흰 시트는 에너지이므로, 당신의 몸을 통과하여 올라간다.

하얀 시트가 위로, 위로 올라가면서 그 공간과 당신의 안팎에서 우울하고, 부정적이고, 슬프고, 불안한 모든 것을 닦아내며 제거한다. 시트가 지나간 아래 공간은 깨끗이 정화된다.

호흡을 유지하면서 흰색 시트를 계속 위로 들어올린다. 손을 뻗어 머리 위로 시트를 올려 보내면서, 천장을 통과하여 지붕 위, 저 너머로 멀리 떠나보낸다. 이제 그 공간의 느낌이 어떻게 바뀌었는지 가만히 느끼고 살펴본다.

공간 정화를 포함하여 치유 과정을 진행할 때에는, 집중에 방해가 되는 것들은 잠시 꺼두거나 치워두는 것이 좋다. 휴대폰 벨소리, 문자, 알람, 텔레비전이나 컴퓨터에서 나오는 잡음은 집중을 흐트리고 치유 에너지의 흐름을 방해할 수 있다. 동물은 본능적으로 주변의 에너지에 동조하여 에너지를 받아들이는 성향이 있다. 개나 고양이가 훌륭한 치유사이기는 하지만, 치유 작업을 할 때에는 그 공간에 잠시 들여놓지 않도록 하는 것이 좋다.

치유를 실시하기

누군가가 당신에게 에너지 치유를 요청하면, 먼저 그가 해결하고 자 하는 문제에 관해 몇 분간 이야기를 나눈다. 직감으로 차크라 의 상태를 진단하고 펜듈럼으로 다시 확인한다. 예를 들어, 고객 이 위장 통증을 호소하고 병원에 가서 검사를 받고도 원인이 명 확하지 않다면, 차크라를 진단하여 세 번째 차크라의 흐름이 막힌 이유가 무엇인지 살펴본다. 또는 누군가 직장에서 절친이라고 생 각한 동료에게 배신당했음을 토로한다면, 세 번째와 네 번째 차크 라에 이상이 생겼을 가능성을 염두에 둘 수 있다.

치유 대상에 관한 정보와 에너지 장에 대한 검토를 완료했다면 시작할 준비가 되었다. 치유 과정 중에 일어나는 일에는 열린 마 음으로 임해야 한다. 킬레이션으로 시작하지만, 중간에 토닝을 하 게 될 수도 있다. 혹은 코칭 형식으로 앉아 있다가 치유를 하게 되 기도 한다. 같은 사람이라도 치유 과정 중에 매번 다른 일이 일어 날 수 있다.

에너지 치유는 의료 치료와 매우 협력적인 관계에 있다. 다른 의료 전문가가 제공할 수 있는 귀중한 혜택을 항상 존중하고 치 유 대상에게 적절한 방법을 소개한다. 자신의 한계를 알고 의료 치료가 필요한 경우 진단하거나 치료하지 않는다.

당신이 에너지 치유를 시행하려는 사람은 환자가 아니라 내담자이다. 에너지 치유의 목표는 치유 대상의 에너지 장을 정화하고 균형을 맞추고 활력을 충전하는 것이지, 문제를 고치는 것이 아니다. 당신은 치유 대상의 차크라와 에너지 장을 평가하고(진단하지 않고), 가능한 해결책을 권장할 뿐 처방하지 않는다.

고객의 상위 자아가 가장 잘 알고 있으며 당신보다 더 많이 알고 있음을 명심한다. 당신의 개성은 줄곧 뒤로 물러서야 한다. 실제로 막 시작한 에너지 힐러로서는 가장 배우기도, 실천하기도 힘든 문제이다. 고객에게 무엇이 가장 좋은지 안다고 믿고 말하고 싶은 충동을 느낄 때(확실하다고 여겨질 때)가 힐러의 윤리에서 벗어나 자아의 세계에서 활동하는 순간이라고 보면 된다. 감지하는 내용을 알려주고 싶은 마음이 커질수록 에고 속에 갇히게 된다. 초보 에너지 힐러는 지나치게 공유하려는 태도를 보인다. 경험이 풍부한 에너지 힐러는 통찰력과 재능을 증명해야 할 이유가 없으므로 치유하는 동안 침묵하는 경향이 있다. 경험 많은 전문가는 스스로 할 수 있다는 확신이 있으며 승인을 필요로 하지 않는다.

치유 대상이 당신의 절차와 원칙을 명확하게 이해하도록 한다. 치유 대상은 언제든 치유 진행 방법을 조정하거나 끝낼 수 있다. 절대로 원하지 않는 무언가를 강요해서는 안 된다. 치유를 마무리하는 과정에서는 치유 대상과 대화하지 않는다. 침묵 속에서 통합되도록 한다. 다음 치유 방문도 예약할 것이라고 예단하지 않는다. 그들이 집에 돌아간 후 결정할 수 있게 한다. 치유에 대한 선택은 전적으로 치유 대상에게 달려 있음을 기억한다. 당신이 이 일을 하는 이유는 할 수 있기 때문에 선택한 것이지, 승인이 필요해서가 아니다.

힐러의 윤리

에너지 치유는 산업 표준을 정하는 외부 기관이 없는 사업이기 때문에 윤리의식이 꽤 중요하다. 당신은 다른 사람의 삶에 영향을 미치므로, 무엇을 하든지 치유 대상에게 최선의 일이어야 한다는 점을 명심한다.

항상 진실을 말하고 치유 대상이 당신이나 치유 과정에 그릇된 기대를 하지 않도록 주의해야 한다. 만약 우연히 당신과 치유 대상이 잘 맞지 않는다는 사실을 깨달았다면, 더 적절한 힐러를 추천한다. 예를 들어, 만일 당신이 경험하고 훈련받은 영역이 개인 치유에 적합하다고 판단된다면, 공동의 그룹 치유를 요청받았을 때 더 적절한 사람을 추천하는 것이 좋다.

또한 개인 정보를 안전하게 보관해야 한다. 내담자의 개인 정보를 듣는 일이므로 완전한 기밀을 유지한다. 치유 기록은 당신만 열람할 수 있도록 보호해야 한다. 정보의 기밀 보호는 에너지 힐러의 윤리에서 매우 중요한 부분이다.

가족, 친구, 내담자에게 윤리적으로 대하는지를 확인할 수 있는 세 가지 주요 원칙이 있다.

- **허락을 구한다.** 치유 과정을 진행할 때마다 "어떻게 도와 드릴까요?"라고 묻는다. 질문을 하면 당신과 내담자가 함께 어떤 변화를 불러올 수 있다는 사실을 떠올리게 한다. 치유를 진행하기 전 간단하게 물어보며 고객의 허락을 받는다.

- **긍정적인 결과를 상기시킨다.** 항상 열린 마음과 정신으로 치유 과정에 참가한다. 고객이 경험할 수 있는 긍정적인 결과를 떠올리게 한다. 어두운 에너지를 느끼더라도 언급하지 않는다. 그 대신 조용히 상황을 처리한다. 고객이 두려움에 빠지지 않게 한다. 무엇보다 더 중요한 사실은 당신이 틀렸을 확률이 높다는 점이다. 초보 에너지 힐러는 치유 대상의 어두운 에너지를 감지했다고 생각하지만, 실상은 자신의 문제가 건드려지면서 느끼는 에너지이기 쉽다. 그러므로 자신의 어두움을 감지한 결과일 수 있다.

- **에너지 장을 분리하고 확인한다.** 치유가 끝나면 항상 당신의 에너지 장과 치유 대상의 에너지 장을 마음속에서 분리한다. 고객이 자기 자신을 충분히 돌볼 수 있음을 인정해야 한다.

직감에 귀 기울이기

에너지 치유 작업을 방해하는 문제가 생기는 경우는 드물다. 그러나 예기치 못한 상황에 대한 대비는 필요하다. 치유 작업이 꺼림칙하게 느껴진다면 어떻게 해야 할까? 불편한 치유 요청이 온다면? 민감하거나 어려운 상황에 직면하면 항상 중심을 잡고 조용히, 내면으로 들어가 내면의 지혜를 듣는다.

예를 들어, 기존 내담자 소개로 그의 친구나 친척을 만났다고 가정해보자. 그 대상이 첫 번째 치유 면담에서 내면의 악마와 투쟁하고 있다며, 항불안제와 항우울제를 먹고 있다고 털어놓는다. 그런데 갑자기 당신 아이를 가르치는 선생님임을 알 수 있는 단서를 들었다면, 당신은 어떻게 하겠는가? 당신의 가치관은 올바른 행동을 취하는 기준이 된다. 선생님이 아이에게 부정적 영향을 미칠까 봐 걱정되는가? 아이를 반에서 뺄 것인가? 아니면 즉시 개인적인 관계가 얽혀 있음을 인정하고 다른 사람을 만나보기를 권하겠는가? 윤리적인 딜레마에 놓이면 간단하게 답하기가 쉽지 않다. 당신은 오로지 내면에 귀를 기울이며 어떤 선택이 옳게 여겨지는지 살피는 일에 집중해야 한다.

에너지 힐러로서, 당신은 능력 있고 양심이 바른 사람으로 알려져야 한다. 능력과 양심은 당신을 올바른 방향으로 인도한다. 내담자는, 당신이 말한 것은 반드시 지키는 사람임을 알게 된다. 자신의 가치관을 점검하고, 최선을 다해 옳다고 믿는 가치에 따라 행동하자. 그러면 당신의 실천하는 삶이 당신을 탁월함으로 이끌 것이다.

비용 지불에 관한 조언

자신과 친구, 가족, 반려동물을 대상으로 오랫동안 연습을 해왔고, 다양한 측면의 에너지 치유에 숙달되었다면, 직업으로 삼을 준비가 되었다. 이때 몇 가지 유의할 사항이 있다.

비용 청구는 에너지 힐러에게 어려운 영역일 수 있다. 혼란스럽거나 기대가 상충하는 경우를 줄이기 위해서는 비용과 지불 방법 등에 대해 미리 명확하게 해두어야 한다. 말하기 불편할 수 있지만, 당신이 제공하는 가치에 따라 부과한다고 생각하면 된다. 당신과 내담자 모두에게 정당한 선이어야 한다. 시장 조사를 하고 지역의 다른 힐러가 받는 비용과도 비교해본다. 처음 시작할 때 비용이 가장 비싸다고 알려지면 곤란할 수 있다. 윤리적인 선을 지키면 평판도 좋아진다.

치유 과정과 지불 문제를 별도로 처리할 필요가 있다. 치유가 마무리되고 내담자가 통합되는 시간을 방해해서는 안 된다. 치유 예약과 요금 결제를 웹 페이지 안에서 해결하도록 방법을 찾아본다.

또한 해당 지역에서 활동할 때 면허증이 필요한지도 알아봐야 한다. 가족이나 친구들을 치유할 때는 요금을 받지 않으므로 면허증이 필요하지 않다. 대부분의 관할 지역에서는 에너지 치유를 실시하거나 돈을 주고받는 경우 면허증을 요구하므로 잘 알아봐야 한다. 면허증과 상관없이 자격증을 소지할 필요는 있다. 공인된 교육기관은 전문 역량과 합법성을 토대로, 당신이 치유 기술을 교육받았음을 증명해준다. 공인된 에너지 힐러로서 더 많은 내담자를 돌보고 경제적 자립을 이룰 수 있다.

◆ 결론

치유
그룹

개인적 혹은 전문적 수준의 에너지 치유를 배우고, 경험하고, 구현하는 것은 빙산의 일각에 불과하다. 당신이 이 책을 통해 에너지 치유에 관해 배우고 경험한 내용은 세상을 치유하는 데 도움이 된다. 작은 집단이라도 생각과 마음을 치유하려는 긍정적 의도를 함께하면 엄청난 힘이 생성된다.

나의 첫 번째 책 《진실이 치유한다 Truth Heals》에는 지금까지도 꾸준하게 힐러의 방향성을 제시하는 이야기가 나온다.

마을에 누군가 아플 때 치유 의식을 행하는 원주민 부족에 대한 이야기를 들은 적이 있다. 고열이 있거나, 복통을 호소하거나, 우울증이 있거나 폐출혈을 앓고 있는 사람이 가운데에 앉고, 그

336

주위를 마을 사람들이 둥글게 둘러앉는다. 아픈 사람은 말이나 행동을 통해 자신에게 상처를 주었거나 혹은 자신이 상처를 준 사람에게 **그동안 말하지 않았던 것**을 말할 수 있게 된다. 내내 가슴을 누르며 그 누구와도 나눠보지 못했던 이야기들이 무엇이었고, 어떤 꿈이 억압되었는지, 환자가 솔직히 말할 수 있는 자리가 된다. 마을 사람들은 그의 말을 듣고 인정해준다. 아픈 사람이 좋아질 때까지 마을 사람들은 함께 원 안에 앉아 있어준다. 원주민은 우리가 문명 생활에서 잊고 있었던, '진실이 치유한다'는 사실을 알고 있었다.[31] _ 《진실이 치유한다》 머리말 중에서

내가 주최하는 워크숍과 생명력 에너지 치유LifeForce Energy Healing® 프로그램의 일부인 '치유 그룹'에서 이와 같은 현상을 경험하고 있다. 워크숍 또는 온라인 비디오 워크숍에 참석한 적이 있다면 무슨 의미인지 알 것이다. 현장에서 신체적, 정서적, 정신적 변화가 일어나는 모습을 목격할 수 있다.

참가자가 수십 년 동안 묻어둔 수치심, 죄책감, 후회를 풀어내는 과정을 보게 된다. 고뇌가 가득한 얼굴에서 갑자기 아름답고, 기쁨이 넘치고, 풍성한 미래의 비전이 전개되며 평온한 얼굴로 바뀐다. 당신도 분명 이와 같은 변화를 경험한 적이 있을 것이다.

적절한 치유 그룹에 참여하면, 당신이 필요로 하는 힘과 지원을 언제 어디서든 받을 수 있게 된다.

치유 그룹

'치유 그룹healing circle'[1]은 서로 심리적, 육체적, 정서적, 영적 차원의 치유를 주고받으며 함께 기도하고 명상하는 모임을 말한다. 예를 들어, 불교식 치유 그룹은 함께 모여 치유를 위한 만트라를 암송할 것이다. 치유 그룹에서 생성된 에너지는 변화를 일으킨다. 기도, 명상, 챈팅은 개인보다 그룹이 내보내는 진동이 훨씬 강력하다. 마스터 힐러인 예수는 "두세 사람이 내 이름으로 모이는 곳에 내가 있느니라"(〈마태복음〉 18:20)라고 말씀하셨다.

전 세계 수많은 문화가 치유 그룹을 활용한다. 라코타 부족은 그들 언어로 치유 그룹을 호코카hocokah라고 부른다. '신성한 원' 혹은 '제단'이라는 뜻으로 사람들이 만든 동그라미를 말한다. 사람들은 기도와 의식을 위해 함께 앉는다. 서로의 치유를 돕기 위해 깊이 헌신한다. 이와 같은 모임은 유익하다. 특히 알코올 의존에서 회복하는 데 도움이 된다. 일부 아메리카 원주민은 치유 그룹을 메디슨 휠medicine wheel이라고 표현한다. 이들은 원의 움직임과 조화를 이루며, 환경과 균형을 이루어 살아가고, 숨 쉬고, 움직인다.

1　여기서 'circle'은 문자 그대로 원圓(동그라미) 또는 둥글게 원을 그리며 모여 있는 것을 뜻하면서, 동시에 동일한 관심으로 모인 '그룹'을 의미한다.

나는 알코올 중독자 치료모임Alcoholics Anonymous에 참석했을 때 성인으로서 치유 그룹을 처음 경험했다. 만남을 마무리하며 모두 원으로 서서 손을 잡고 '평온을 비는 기도'를 낭독했다. "신이여, 우리가 바꿀 수 없는 것을 받아들일 수 있는 평온함, 바꿀 수 있는 것을 바꿀 수 있는 용기, 그리고 그 차이를 분별할 수 있는 지혜를 우리에게 주소서."[32] 그것은 정말 강력했다!

당신이 시작하는 모든 치유 그룹은 의식을 크게 전환하고 세상에 긍정적인 변화를 일으킬 것이다. 당신에게는 변화를 만들어내는 자원이 내재한다. 무엇보다 긍정적인 변화를 창조할 수 있는 당신의 잠재력을 믿어야 한다.

세계 치유의 날

마하트마 간디Mahatma Gandhi는 "세상이 변하길 원한다면 당신이 변화의 중심이 되어라"라고 말했다. 이 말은 사실 그가 다음과 같이 말한 내용을 압축한 표현이다.

> 우리는 세상을 비춘다. 바깥세상의 모든 경향은 우리 몸에서 발견된다. 우리가 자신을 스스로 바꿀 수 있다면, 세상의 경향도 변할 것이다… 이것은 최고로 신성한 수수께끼이다. 그것 자체

가 멋진 일이며 행복의 근원이다.[33]

여기 변화의 중심이 될 수 있는 기회가 있다. 세계 치유의 날에 동참해보자. 출판사의 제안으로 우리는 치유의 날을 만들었고, 매년 그날을 기념하는 행사를 열고 있다. 첫 번째 치유의 날은 이 책의 출판일과 같은 날이었다. 우리는 이날 함께 명상을 하며 세상의 치유에 동참한다. 우리가 함께 키워나갈 치유력을 상상해보자. 지역사회 및 글로벌 커뮤니티와 함께 자신의 무한한 치유의 힘을 일깨워보자.

당신은 에너지 힐러로 신비한 새로운 여행을 시작할 준비가 되었다. 지금이 바로 그 순간이다. 긍정적인 변화를 일으킬 수 있는 장소는 현재뿐이다. 과거는 지났고, 바꾸기 어렵다. 미래는 아직 오지 않았으며, 지금 당신이 하는 일이 미래를 바꾸게 된다. 자신을 위해 또는 다른 사람을 위해 일할 수 있는 유일한 시간은 지금뿐이다. 영화 〈바람과 함께 사라지다Gone with the Wind〉에서 주인공 스칼렛 오하라Scarlett O'Hara는 내일을 기약하며 달아날 수 있었다. 마지막 장면에서 그녀는 이렇게 말한다. "내일은 또 다른 날이 될 거야(내일은 내일의 태양이 뜰 거야)."[34] 그러나 우리는 내일까지 기다릴 여력이 없다. 당장 우리의 고난과 세상의 거대한 고통을 줄여나가야 한다.

에너지 힐러는 9시에 출근해 5시에 퇴근하는 인생이 아니다. 오히려 개인의 삶과 치유 작업이 함께 앞으로 나아가야 한다. 삶의 모든 측면이 치유 열정과 연결되며 내면을 많이 일굴수록 높은 의식에 도달하게 된다. 그러면 세상의 변화를 돕는 동안 과정을 방해하는 요소도 줄어든다.

곧 당신은 지하철에서 나지막이 흐느끼는 여자에게 높은 진동을 보내거나, 방금 끼어든 난폭한 운전자에게 (저주를 퍼붓는 대신) 차분한 에너지를 보내게 된다. 당신은 이들과 모르는 사이이고, 그들은 당신에게 도움을 청하지 않았다. 그러나 에너지 힐러는 치유의 진동을 모든 방향으로 뻗친다. 그 진동이 그들에게 닿아 도움을 준다.

또 하나 염두에 두어야 할 점은 치유healing와 치료curing가 같지 않다는 것이다. 우리가 다른 이를 위해 바라는 것이 그 사람의 영spirit이나 상위 자아가 경험하기를 바라는 방향이 아닐 수도 있음을 당신도 알게 될 것이다. 나 또한 그러한 깨달음을 경험했다.

에너지 치유를 직업으로 삼거나 자신과 사랑하는 사람을 위해서 사용하고 싶다면, 계속 배우기를 권한다. 나도 아직 배움을 멈추지 않았다. 시간에 기대 계속해서 높은 수준의 기술을 습득하고 있다. 그리고 언젠가는 당신에게 그 기술을 알려줄 것이다. 나도 당신과 똑같다. 꾸준히 노력한다. 가끔씩 영성이 새로운 기술을 내려줄 때도 있다. 기도하거나 명상을 하는 중에 그런 일이 일어난다. 어떨 때는 워크숍에서 참석자를 치유하는 중에 그런 일을 경험한다. 언제 어디서 새로운 선물이 나타날지 알 수 없다. 그러므로 항상 들어오는 메시지에 마음을 열어두어야 한다. 의식의 진화가 진행되면서 늘 더 많은 것을 배우게 된다. 명상과 다른 수행에 깊이 들어가면 무의식이 어떻게 작동하는지 더 잘 알 수 있다. 더 많이 인식할수록 치유에 제동을 거는 오래된 신념과 행동을 버릴 기회가 많아진다.

마침내 더 높은 의식의 영역에 도달하는 법을 배우고, 상위 자아와 대화하는 시간이 많아질 때, 당신은 진실한 부름에 눈을 뜨게 된다. 이 땅에 육체를 입고 존재하는 목적을 깨닫게 된다. 진실을 말하고 모든 인류에 연민을 느낀다. 삶에서 무슨 일이 일어나더라도, 당신의 진정한 본성은 당신의 가슴heart과 멀리 있지 않음을 알게 된다.

이제 당신에게 위대한 과업을 이룰 잠재력이 있음을 알 것이다. 당신 안에는 스스로를 치유하는 내면의 힘이 있다. 또 조건 없이 사랑하는 자애심도 내재한다. 그것은 항상 그곳에 있었다. 이제 당신의 힘과 그것이 포함하는 모든 것을 받아들이면 된다.

에너지 힐러로서 내 삶의 진정한 목적은 당신과 수백만의 사람들이 치유력을 발견할 수 있도록 돕고, 그 힘을 세상과 나누는 법을 알려주는 것이다. 때로 당신은 의심의 순간을 맞이할 것이다. 겁에 질리고, 낙심하고, 연결이 끊어지고, 그런 힘을 가질 만한 가치가 없다고 여기는 때가 온다. 당신은 긍정적이고 부정적인 온갖 종류의 감정으로 가득 차게 된다. 아직 알려지지 않은 비밀 하나를 얘기하자면, 모든 힐러는 당신과 똑같은 지점에서 시작했다. 모두 성장을 갈망하고, 이끌어줄 사람을 찾고, 세상을 변화시키겠다고 마음먹는다. 내가 아는 한, 이제 당신은 평생 영적인 모험을 계속하게 될 것이다. 가장 품격 있는 높은 길을 걸으며 항상 마음을 따라 나아가야 함을 명심하자. 연민과 조건 없는 사랑을 원동력으로 여겨야 한다. 그래야만 당신에게 예정된 에너지 힐러로서의 진정한 목적을 발견할 수 있다. 그제야 당신 앞에 놓인, 반짝이는 기회의 바다로 열린 길이 밝게 빛난다. 그리고 진정으로 세상을 치유하는 때를 맞이할 수 있다. 마음을 열고 가슴을 희망으로 가득 채우며 앞으로 나아가자.

당신의 에너지 치유 여정이 어디로 향하든, 언제나 자신을 속이지 말고 겸손한 배움의 길로 나아가길 바란다. 당신 앞에는 늘 축복과 사랑이 함께할 것이다.

Deborah

감사의 말

이 책을 완성하기까지 지지를 보내준 모든 분에게 진심으로 감사 드립니다. 정말로 마을 하나가 필요한 과정이었습니다. 비욘드 워즈 출판사Beyond Words Publishing의 리처드 콘Richard Cohn 대표님과 그의 아름다운 아내인 미셸Michele 크리에이티브 디렉터에게 감사드립니다. 담당 편집자인 린제이 이스터브룩스-브라운Lindsay Easterbrooks-Brown은 생각보다 많은 수정안을 현명하게 이끌어주었습니다. 개발 편집자인 세라 헤일먼Sarah Heilman의 조언은 책을 구성하는 데 영감을 주었습니다. 제작 편집자인 엠마리사 스패로 우드Emmalisa Sparrow Wood는 모든 것을 아름답게 엮어주었습니다. 재키 후퍼Jackie Hooper는 홍보 쪽으로 탁월한 능력자입니다.

나의 가장 친한 친구이자 마케팅 천재, 테크 마법사, 재능 있는 음악가로 놀라운 능력의 소유자인 해나 하틀리Hannah Hartley에게 고마움을 전합니다. 그녀는 내 삶 속에 오고 가곤 했는데 부재할 때면 삶이 무료했습니다. 파바티 마커스Parvati Markus의 편집에 대한 조언과 우정에 커다란 감사를 표합니다. 내가 9개월 동안 팔다리 골절로 누워 지내야 했을 때 나 대신 키보드를 치는 손가락이 되어주었습니다. 고마운 친구입니다. 집에서 내가 다시 두 발로 디딜 수 있도록 도와준 리타 리바스Rita Ribas에게도 감사드립니다.

데보라 킹 센터 팀원들의 노력에 감사드립니다. 먼저 프로젝트 관리자인 디나 버츠Denah Butts 없이는 어떤 일도 할 수 없었을 것입니다. 그리고 나의 가까운 이웃인 티파니 우드링Tiffany Woodring의 마법 같은 지원이 없다면 많은 사람을 꾸준하게 도울 수 없을 것입니다. 우리의 돈독한 우정에 감사합니다. 캐슬린 탬포야Kathleen Tampoya 또한 매끄럽게 일을 진행하는 중요한 동료입니다. 회계사인 잰 스테이크Jan Stake 덕분에 수년간 일이 원활하게 운영되었습니다. 데보라 킹 센터를 위해 몇 년 동안 헌신적으로 일해준 친애하는 친구 매릴린 워런Marilyn Warren도 빼놓을 수 없습니다.

마지막으로, 소중한 남편 에릭은 항상 내 편이 되어주었습니다. 9개월 동안 재활 센터에서 야간 간호를 맡아주었고 덕분에 유쾌하게 지낼 수 있었습니다. 그는 다양한 재능을 갖고 있지만, 요리도 잘한다는 사실을 새로 알게 되어 무척 기쁩니다.

살다 보면 갑자기 '헉!' 하는 순간들이 찾아옵니다. 코로나19 팬데믹과 아들의 중2병 또한 그렇게 함께 왔습니다. 무난하게 잘 지내던, 사랑스럽고 부드러운 아들의 변모는 놀라움 그 자체였습니다. 팬데믹으로 온 가족이 집에 격리된 상황에서, 괴롭다며 벽을 쾅쾅 치고 난데없이 소리를 지르기도 하는 사춘기 아들의 도발은 난감하기 이를 데 없었습니다. 책상 위에는 이 책의 원서《Heal Yourself Heal the World》가 이제나저제나 번역을 기다리는데, 주변 상황은 '정말로 나를 치유한다고 세상을 치유할 수 있을까?'를 되묻게 하는 일들의 연속이었습니다.

저에게 '치유'란 밥 먹는 것과 같은 일상입니다. 쉽다는 말이 아니라, 꼭 해야 하는 일이기 때문입니다. 갑자기 낯설게 바뀐 아이를 이해하고, 엄마의 역할을 스스로 일깨우며, 어떤 상황이 닥쳐도 다시 일상으로 회복할 수 있도록 하는 소중한 삶의 방식입니다. 몸과 마음의 건강을 회복하는 것은 물론, 저의 나태와 고집, 오만과 불성실을 인정하게 하는 중요한 과정입니다.

6년 전 데보라 킹의 자전적 치유 이야기를 담은《진실이 치유한다》한국어판 출간 이후, 6개월 단위의 그룹 치유 스터디와 국내외 개인 세션을 꾸준히 진행해오고 있습니다. 함께 치유 작업을 할 때면, 이런 과정 자체가 그 사람 또는 사건의 치유만이 아니라 우선 저를 치유하고 일깨우는 과정임을 매번 실감하고 있습니다. 데보라 킹 선생님의 지도 아래 외국인을 대상으로 하던 작업과는 달리, 한국이라는 독특한 사회문화적 배경 속에서 한국인을 대상으로 치유 작업을 하기 위해서는 많은 것을 새롭게 시도하고 또 고민해야 했습니다.

그러던 어느 날, 그룹 치유 작업 중에 섣불리 뭔가를 시도했다가 크게 화를 입었습니다. 차갑고 시린 냉기가 온몸을 급습하는 바람에, 한여름에도 털양말, 털모자, 오리털 점퍼를 입고 덜덜 떨어야 했습니다. 병원에 가고 한의원에 가도 원인을 알 수 없다거나 별 이상이 없다는데, 출산 당시보다도 몸이 더 힘들었고 밤에 잠을 자기도 어려웠습니다. 이 책을 번역하려고 앉았다가도 머리까지 냉기가 올라오면 한참 손을 놓을 수밖에 없었습니다. 치료를 위해 몇몇 검사도 받고 수소문을 해봤지만, 결국 특별한 해결책이 있는 게 아니라 스스로 나를 매일매일 잘 돌보는 수밖에 다른 길이 없었습니다. 아프니까 예전보다 더 세밀하게 나 자신을 살펴보게 되었습니다. 내 꼬라지를 돌아보고, 겸손의 의미를 더욱더 뉘우치고, 몸과 마음과 에너지를 수시로 체크하면서, 이전보다 많은 것을 포기하고 또 많은 것을 받아들이게 되었습니다. 매일 내 몸부터 돌보고 관리하느라 죽을 지경인데, 사람이 더 순하고 착해진 것 같다는 소리를 들을 때면 '치유란 뭘까?'를 또 다른 관점에서 보게 되기도 했습니다.

물론 쉽지 않은 과정이었습니다. 냉기와의 사투 중에 코로나 팬데믹을 맞이했고, 전 세계가 말 그대로 불안과 공포의 시기에 빠져들었습니다. 치유 스터디나 세션을 할 때면, 거의 모든 사람에게서 팬데믹 이전과는 다른 종류의 불안·공포·우울·무력감을 맞닥뜨렸고 이를 다루어야 했습니다. 아들의 사춘기, 팬데믹으로 인한 사회적 변화도 버거운 가운데, 이 책의 번역본을 작업하던 컴퓨터 하드디스크가 하루아침에 망가지는 일까지 생겼습니다. 아무리 찾아도 백업 파일은 없고, AS센터에서는 파일 복구가 안 된다고 하더군요. 끝없이 닥쳐오는 냉기, 아들의 사춘기, 코로나19, 그 와중에 첫 페이지부터 다시 번역을 시작해야 한다니, 자신감과 체력은 이미 바닥을 치고 있었습니다.

'힐링이고 번역이고, 다 포기할까?'

이런 상황을 공유했을 때, 데보라 선생님의 반응은 뜻밖이었습니다.

"조금 '안다' 싶으면 엎어지게 되더라고. 괜찮아, Grace."

선생님은 이 모든 상황을 다시 '치유'라는 관점에서 이야기해주셨습니다. 조금 알 것 같으면 엎어지고 다치고, 자신을 재정비하고, 또 하다가 넘어지고 하는 그 과정을 본인도 지난하게 많이 겪었노라고. 그렇게 점차 터득하고 배우는 거라며, 지금을 잘 이겨내라고 말씀하셨습니다.

굳이 치유 작업이 아니더라도, 삶의 다양한 상황에서 깎이고 갈리며 '도대체 치유란 무엇일까?'를 되물었던 시간들. '그만두어야 하나?'를 떠올린 순간이 얼마나 많았던지. 한편으로 치유 작업은 고생한 만큼 더 깊어지는 것을 느끼기에, 또 제게는 꼭 필요한 삶의 방식이기에, 한 번도 소홀히 한 적이 없었습니다. 보이지 않는 영역을 섬세하게 정화하고, 우리를 붙잡고 있는 것들을 놓아버리고 가벼워질 수 있었습니다.

많은 도움을 받았기에, 오늘도 저는 그 혜택에 감사합니다.

치유는 우아하고 아름답고 근사한 과정만은 아닌 것 같습니다.

조금이라도 '나'를 내세우고 포장하고 고집을 부리면, 나뿐 아니라 주변 사람들까지 힘들어집니다. 삶 자체가 고통의 피드백을 던집니다. 애매한 '기운'이나 '에너지', '느낌'이 아니라, 명백한 현실적 불편함으로 다가옵니다. 쌓아둔 설거지를 외면하고 환상적인 느낌에 몰입하거나, 현실의 내가 아닌 더 대단한 존재나 과거의 존재, 신비한 존재 등에 나를 대입할수록 진짜 치유가 아닌 에고의 '스토리' 속으로 숨어들어 가 치유를 지연할 뿐입니다. 진실을 외면하고 빳빳하게 버틸수록, 힘든 시간만 더 길어집니다.

삶에서, 또 힐링의 과정에서 그런 '힘듦'을 포착할 때마다 나의 교만과 고집을 알아차리고, 너와 나의 관념과 방어벽이 흔들릴 때, 그 균열을 통해 오히려 진짜 변화를 만나곤 했습니다.

그리고 그 변화는, 실은 나에게서 비롯된다는 것을, 제가 만나고 함께하는 상황과 사람들이 곧 나의 현실이며 나의 모습이라는 사실을 조금씩 더 알아가고 있는 것 같습니다.

"한 마음이 청정하면 온 세계가 청정하다"라는 말이 있습니다. 이 책 《나를 치유하면 세상이 치유된다》 또한 제목에서부터 이런 사실을 명확하게 전달합니다. 나로부터 시작해서 더 넓은 세상, 더 넓은 시야, 또 다른 차원의 치유로 나아갈 수 있는 길을 보여줍니다. 국내에는 개념조차 잘 알려지지 않은 여덟 번째 차크라나 이니시에이션initiation, 하라 라인뿐만 아니라 반려동물 치유 등

실용 워크북으로서 더 새롭고 폭넓은 내용을 담고 있으면서도, 항상 치유의 본질을 일깨우는 책입니다.

　이 책을 번역하면서 특별한 존재나 에너지, 테크닉이 중요한 게 아니라, 언제 어디서나 '자세'와 '태도'가 정말 중요하다는 점을 다시 한번 배웠습니다. 그 과정에서 번역이 너무 지연되어 면목이 없습니다. 오랫동안 기다려주신 데보라 선생님과 한국의 독자들, 그리고 김영사에 죄송한 마음과 함께 감사의 인사를 드립니다. 함께 가는 이 길을 오늘도 한 걸음 나아갑니다.

용어 설명

개별화 지점 individuation point 머리에서 90~150센티미터 위에 위치하며, 근원과
의 연결 지점.

공명 resonance 리듬으로 결합된, 유사한 주파수의 진동.

구루 guru 산스크리트어로 '어둠을 쫓아내는 자'. 스승.

권한 부여 empowerment 건강해지고, 의식적이고, 자립적인 개인에게 동기와 힘
을 주는 행위.

그리스도의 빛 Christ light 온전히 깨어난 의식의 광대하게 살아 있는 현존이자
영적 진화를 가져오는 사랑과 빛. 누구나 '그리스도'가 될 잠재력이 있고, 깨
달은 예수처럼 인류 역사에 사랑과 자각을 구현할 수 있다.

근원 Source 내재적이고 초월적인 모든 것. 영, 신, 신성, 만유 등.

기능 채널 functional channel 소주천 궤도의 여성 채널. 몸의 앞쪽 아래로 흐른다.

단전 배꼽에서 약 4센티미터 아래 아랫배 안쪽. 의도와 힘의 중심.

래디어토리 치유 radiatory healing 당신의 차크라와 다른 사람의 차크라가 동조하
며 공명하는 것.

로고스 logois 지상에서 도달할 수 있는 가장 높은 수준의 이니시에이션. 세상의
스승 수준이다.

마니푸라 manipūra 세 번째 차크라를 가리키는 산스크리트어. '빛나는 보석'을
의미한다.

마스터 Master 더 높은 차원의 이니시에이션을 통과하고 고대의 지혜를 통달한
깨달은 존재.

마카라 makara   산스크리트어. 밤Vam 씨앗 소리를 전달하는 신화적인 바다 생물.

만다라 maṇḍala   산스크리트어. 우주를 나타내는 영적 상징, 도표 또는 기하학적 패턴.

만트라 mantra   산스크리트어. '만'은 사람(마음)을, '트라'는 해방을 뜻한다. 마음을 집중하고 해방하기 위해 내면에서 반복하는 신성한 음절 또는 단어.

명문혈 Gate of Life   배꼽 높이 허리 중앙의 작은 부분. 기공 수련의 요점.

명상 meditation   '숙고하다'란 뜻의 라틴어 메디타툼meditatum에서 유래했다.

모나드 monad   여섯 번째 이니시에이션 단계와 관련된 신아God self.

모크샤 moksha   '해방' '해탈'을 뜻하는 산스크리트어 용어.

무드라 mudrā   주로 손과 손가락을 쓰는 영적인 몸짓.

물라다라 mūlādhāra   '뿌리 지지'를 의미하는 첫 번째 차크라의 산스크리트어.

바바차크라 bhavachakra   존재 순환의 상징적 표현. '인생의 수레바퀴'로도 불린다.

바이오 플라스믹 빛다발 bioplasmic streamers   톨텍 전통에서, 감정에 의해 만들어지는 '발광 집합체'(인간 에너지 장)로부터 나오는 거미줄 모양의 필라멘트.

베다 전통 vedic tradition   힌두교를 형성한 고대 전통. 베다 문헌들은 현대 힌두교에서 여전히 사용된다.

별의 통로 Stellar Gateway   일곱 번째와 여덟 번째 차크라 사이의 통로. 신성한 빛과 에너지가 몸 전체에 흐를 수 있도록 한다.

보살 菩薩   산스크리트어 보디사트바Bodhisattva의 음역인 보리살타菩提薩埵의 준말. 대승불교에서 열반에 도달할 수 있지만 자비심으로 지상에 머물러 모든 존재의 고통을 덜어주는 사람을 일컫는 말이다.

불굴의 의도 unbending intent   치유 시 샤먼들이 사용하는, 특정 결과에 집중된 초점을 말한다.

브라흐마 Brāhma   산스크리트어. 창조를 관장하는 힌두교 신.

브라흐만 Brahman   산스크리트어. 우주의 영적 핵심. 우주의 본질.

비사르가 visarga   산스크리트어. 호흡음의 일종.

비슈다 vishuddha   '정화'를 의미하는 다섯 번째 차크라에 대한 산스크리트어 용어.

비자 만트라 bija mantra   비자는 '씨앗'을 의미하는 산스크리트어. 한 음절의 씨앗 소리를 사용하는, 각 차크라를 활성화하는 만트라를 뜻한다.

빈두 비사르가 Bindu visarga   산스크리트어. 문자 그대로 '방울이 떨어지는 것'을 의미한다. 여섯 번째 차크라 위와 일곱 번째 차크라 아래의 머리 뒤쪽에 있다.

사마디 samadhi   산스크리트어. 높은 의식 상태로의 몰입. 삼매.

사심 없는 봉사 selfless service   고통을 덜어주기 위해 노력하면서도 아무런 기대 도 하지 않는 행위.

사트-치트-아난다 sat - chit - ananda   산스크리트어. 존재 – 의식 – 지복. 해탈한 상태 의 세 가지 특징, 또는 우주의 궁극적 실재인 브라흐만의 세 가지 특성을 의미.

사하스라라 sahasrara   '천 배'를 의미하는 일곱 번째 차크라에 대한 산스크리트어.

사하자 사마디 sahaja samādhi(본연 삼매)   산스크리트어. 가장 높은 의식 상태 중 하 나로, 어떠한 경우에도 삼매 상태가 유지되는 상태.

상승 ascension   우리 상위 몸의 빛 에너지를 통합하는 과정으로 우리가 근원과 하나가 될 때까지 의식에서 상승이 일어난다.

상완 차크라 brachial chakra   동물의 전체 에너지 장에 빠르게 접근하는 동물에게 만 있는 힘의 중심.

상위 자아 Higher Self   초월적 혼과 영을 결합한 자아의 측면. 정확한 정보의 신 뢰할 수 있는 출처이다.

생명력 에너지 LifeForce Energy   개인 에너지 장과 우주 에너지 장의 에너지 조합.

생명력 에너지 치유 LifeForce Energy Healingtm   데보라킹의 에너지 치유 기술과 에 너지 치유 프로그램 이름.

생명력 에너지 치유 그룹 LifeForce Energy Healing Circlestm   자신과 타인을 치유하는 의도를 지닌 모임.

생명의 나무 Tree of Life '세계수' 및 '신성한 나무'라고 불린다. 지하세계에서 하늘까지 모든 피조물의 연결을 종교적, 철학적 전통에서 사용하는 은유적 표현.

샥티 shakti 산스크리트어. 신성한 에너지의 여성 원리.

세상의 스승 World Teachers 예수나 붓다처럼 세상에 지혜를 가르치는, 승천한 마스터를 뜻한다.

신神, Shen 중국 전통 의학에서 정신을 지칭한다.

소리 굽쇠 tuning forks 신체 부위의 진동을 높이는 음파를 생성하는 도구.

소마 soma 산스크리트어. 불멸의 꿀.

소주천 小周天, Microcosmic Orbit 도교 전통의 빛 순환 기술. 에너지를 함양하고 순환시키는 데 사용한다.

스와디스타나 Svādhiṣṭhāna '달콤함'을 의미하는 두 번째 차크라를 이르는 산스크리트어 이름.

스위핑 호흡 Sweeping Breath 톨텍Toltec 샤먼의 기법으로, 당신이 다른 사람들에게 남긴 에너지를 되찾고 남들이 당신에게 남긴 에너지를 돌려주는 기법.

슬라이머 slimer 부정적인 에너지로 당신을 불쾌하게 하는 낮은 수준의 정신 공격.

승천한 마스터 Ascended Masters 과거에는 평범한 인간이었으나 일련의 이니시에이션을 통과한, 더 높은 의식 수준의 깨달은 존재. 승천한 스승들이다.

신성한 계획 divine plan 우리가 모두 여기에 있는 이유. 집단으로 그리고 개별적으로 모든 사람의 최고의 선을 위한 우리 존재의 목적.

신성한 지성 divine intelligence 가장 작은 세포에서부터 우주까지 우리가 보는 우주의 지성.

심령 공격 psychic attack 누군가가 자신의 어둠이나 그림자 측면을 타인에게 조준하는 경우.

싱잉볼 singing bowl   가장자리가 진동하여 기본 주파수와 여러 고조파 배음을 생성하는 금속 또는 수정의 그릇 유형. 명상과 소리 치유에 사용한다. 티베트 볼Tibetan bowl이라고도 부른다.

아나하타 anāhata   심장 차크라.

아즈나 ajna   여섯 번째 차크라인 제3의 눈. '인지하다' '지휘하다'라는 의미.

아카식 레코드 Akashic records   모든 인류의 사상, 감정, 사건이 기록된 세상의 도서관.

아트마 atma   단순한 개별적 존재에 국한되지 않고 모든 생명과 동일시하는 의식의 층.

아트만 Ātman   힌두교와 불교 전통에서 상위 자아를 일컫는 말.

앎 knowings   여덟 번째 차크라 이상의 상위 차크라가 열리면 받을 수 있는, 통일장의 유효한 정보가 집합된 형태.

암리타 amrita   산스크리트어로 '불사' '불멸' '생명수' '감로수'의 의미.

얀트라 yantra   신성한 기하학적 도형.

어두운 에너지 dark energy   생명과 진화에 해로운 부정적인 파괴력.

에너지 뱀파이어 energy vampire   당신의 에너지를 소모하게 하는 심령 공격을 하는 사람.

에너지 치유 energy healing   힐러가 건강과 웰빙에 영향을 미치기 위해 에너지를 모으고 수행하며 전달하려는 집중된 의도를 사용하는 대체의료의 한 분야.

에소테릭 esoteric   비전祕傳. 더 높은 수준의 의식으로 들어가야만 드러나는 숨겨진 영적 지식.

에테르 ether   경혈과 경락을 유지하는 육체의 첫 번째 층. 몸 주변의 전자기장을 제공한다.

영 Spirit   모든 것에 있는 근원의 불꽃.

영성 spiritual   당신을 영혼이나 영으로 향하게 하는 것.

영혼 soul 당신의 초월적 영혼의 조각인 영혼이 이번 생에서 당신에게 머문다. 불멸하는 자아의 일부이자 모든 진화 과정의 기반.

영혼의 별/소울 스타 soul star 여덟 번째 차크라.

영혼의 자리 soul seat 목적과 신성한 목표가 자리하며, 가슴 위 가슴샘 주변에 위치한다.

예지 precognition 미래에 대한 지식 정보.

오라 aura 신체 주변을 둘러싸고 상호 침투하는 신비체 또는 각 장의 층으로 에테르, 감정, 상위 멘털, 하위 멘털, 성격, 영혼, 더 신비한 몸체로 구성된다.

우로보로스 uroboros 꼬리를 물고 완전한 원을 형성하는 뱀의 이미지.

우주 에너지 장 universal energy field 온 우주에 스며드는 모든 사람과 모든 것의 모든 에너지.

위압적 벡터 vectors of force 다른 사람이 당신을 겨냥해 보낸 어두운 에너지의 흐름.

윤리 ethics 개인의 행동을 지배하는 도덕적 원칙.

의식 consciousness 인식의 상태 또는 품질.

이니시에이션 initiation 라틴어로는 '안으로 들어가는 것'을 의미한다. 더 높은 수준의 의식으로 인식이 전환된다.

인간 에너지 장 human energy field 몸을 둘러싸고 상호 침투하는 에너지 장. 오라.

잠재 의식 subconscious 정상적인 각성 인식 아래의 의식 수준. 자동적 성향이 축적되어 있다.

정화 목욕 clearing bath 슬라임과 부정적인 에너지를 제거하는 방법. 주의를 안쪽으로 집중하고 마음을 진정시키며 변화시키는 연습.

지배 채널 governor channel 소주천의 남성 채널. 척추의 기저부에서 척추를 따라 올라간다.

차크라 chakra 산스크리트어. '바퀴' 또는 '원'을 뜻한다. 당신의 몸과 주변에 에너지와 의식을 받아들이고 보내는, 회전하는 에너지 센터.

초감각 투시 clairsentience   오감을 넘어 보고 듣고 느낄 수 있는 능력.

촉진자 facilitator   다른 사람을 위해 이니시에이션 에너지에 연결할 수 있는 사람.

층 planes   우리는 7개 층으로 존재한다. 로고스logos, 모나드monad, 아트마 atma, 부디buddhi, 마나스manas, 아스트랄astral, 에테르ether, 물질(육체).

카르마 karma   산스크리트어. 힌두교와 불교에서 생각의 합을 이르는 말. 이생과 과거 생의 말과 행동이 축적된다.

카르마 잔류물 karmic residue   전생에서 저장된 에너지 패턴.

코드 cords   우리를 서로 차크라에서 차크라로 연결하는 빛의 줄. 코드는 긍정적 또는 부정적일 수 있다.

코어 스타 core star   세 번째와 네 번째 차크라 사이에 있는 빛의 점. 하라 라인으로 연결된다.

쿤달리니 kuṇḍalinī   산스크리트어. '뱀처럼 휘감다'라는 뜻. 척추 기저부에 머무는 이니시에이션 에너지 자리.

크로모테라피 chromotherapy   기분과 건강에 영향을 미치기 위해 색을 사용하는 광선 요법.

크리스털 볼   석영 수정으로 만든 소리 그릇.

키르탄 kirtan   산스크리트어. 부름 및 응답 성가.

킬레이션 chelation   인간의 에너지 장을 정화하고 충전 및 균형을 유지하기 위한 실습 치유법.

텔레파시 telepathy   내부에서 생각을 의사소통하는 것.

텔레파시 치유 telepathy healing   치유 에너지를 다른 사람의 잠재의식으로 전달하는 행위.

토닝 toning   진동하는 호흡을 사용하여 일관된 단일 톤을 유지하는 행위.

투시력 clairvoyance   정상적인 시력을 넘어서는 명확한 내면의 시력.

투청력 clairaudience   정상적인 청력을 넘어선 깨끗한 내적 청력.

팅샤 tingsha　티베트 불교 수행에 사용되는 심벌즈의 일종.

펜듈럼 pendulum　차크라를 찾는 데 도움이 되는 코드에 매달린 단순한 물체. 점술 목적으로도 사용된다.

프라나 prāṇa　산스크리트어. 생명력, 모든 층의 우주에 스며드는 우주 에너지를 뜻한다. 한자로는 기氣라고 한다.

프라나 치유 prana healing　활력을 강화하기 위해 자신의 개인적인 에너지를 다른 사람에게 향하게 하는 행위.

하라 라인 hara line　인간 에너지 장보다 깊은 층의 척추를 따라 머리 꼭대기까지 올라가는 선. 삶의 목적과 연결되어 있으며, 다섯 번째 차원에 위치한다.

호코카 hocokah　라코타 인디언 용어. 치유의 원을 의미한다.

확언 affirmations　긍정적 사고와 성공하기 위한 자존감을 실천하고자 자신에게 되뇌는 문구.

활력 에너지 vital energy　신체의 건강을 유지하는 생명력 에너지이자 의식을 운반하는 에너지.

1   Ram Dass, *Miracle of Love: Stories about Neem Karoli Baba* (New Delhi, India: Munshiram Manoharlal Publishers, 1985), 269.

2   Thérèse Tardif, ed., "Saint Padre Pio, the Priest with the Stigmata," *Michael Journal*, May 1, 2002, http://www.michaeljournal.org/stpio.htm.

3   Robert Beer, *The Encyclopedia of Tibetan Symbols and Motifs* (Boston: Shambhala Publications, 1999), 142.

4   David Frawley (Pandit Vamadeva Shastri), "The Flow of Soma," American Institute of Vedic Studies, June 13, 2012, https://vedanet.com/2012/06/13/the-flow-of-soma/.

5   Nancy Red Star, *Star Ancestors: Indian Wisdomkeepers Share the Teachings of the Extraterrestrials* (Rochester, VT: Destiny Books, 2000), 57.

6   Joshua David Stone and Gloria Excelsias, "The Seventh Initiation is the Goal of Every Initiate Because It Means Freedom from Rebirth," SelfGrowth.com, August 16, 2011, http://www.selfgrowth.com/articles/the-seventh-initiation-is-the-goal-of-every-initiate -because-it-means-freedom-from-rebirth.

7   Sue McGreevey, "Eight Weeks to a Better Brain," *Harvard Gazette*, January 21, 2011, http://news.harvard.edu/gazette/story/2011/01/eight-weeks-to-a-better-brain/.

8   Angela Eksteins, "Meditation May Be the Future of Anti-Aging,

Part I," *Natural News*, February 14, 2010, http://www.naturalnews. com/028157_meditation_longevity.html.

9   Mark Wheeler, "Forever Young: Meditation Might Slow the Age-Related Loss of Gray Matter in the Brain, Say UCLA Researchers," UCLA Newsroom, February 5, 2015, http://newsroom.ucla.edu/ releases/forever-young-meditation-might-slow-the-age -related-loss-of-gray-matter-in-the-brain-say-ucla-researchers.

10   Jeanie Lerche Davis, "Meditation Balances the Body's Systems," WebMD, reviewed March 1, 2006, http://www.webmd.com/ balance/features/transcendental-meditation.

11   Jo Marchant, "How Meditation Might Ward Off the Effects of Ageing," *The Guardian*, April 23, 2011, http://www.theguardian. com/lifeandstyle/2011/apr/24/meditation -ageing-shamatha-project.

12   Ibid.

13   Paramahansa Yogananda, "Babaji, The Yogi-Christ of Modern India," in *Autobiography of a Yogi*, Yogananda.net, accessed September 5, 2016, http://www.yogananda.net/ay/CHAPTER__33.htm.

14   Carlos Castaneda, *The Art of Dreaming* (New York: HarperCollins, 1993), 147.

15   "EWG's 2016 Shopper's Guide to Pesticides in Produce," Environmental Working Group, accessed October 24, 2016, https:// www.ewg.org/foodnews/summary.php.

16   Hmwe H. Kyu et al., "Physical Activity and Risk of Breast Cancer, Colon Cancer, Diabetes, Ischemic Heart Disease, and Ischemic Stroke Events: Systematic Review and DoseResponse Meta-Analysis for the Global Burden of Disease Study 2013," *BMJ* 354 (August 9, 2016): 354:i3857.

17 "Kirtan Chanting," Self-Realization Fellowship, accessed September 2016, http://www .yogananda-srf.org/Kirtan_Chanting.aspx#. VwK7OBIrJgg.

18 "The Power of Devotional Chanting, Excerpts from the Writings of Paramahansa Yogananda," Self-Realization Fellowship, accessed September 2016, http://www .yogananda-srf.org/The_Power_of_ Devotional_Chanting.aspx#.V60tY5grKhc.

19 Kathleen Barnes, "Music as Medicine: Music Soothes, Energizes and Heals Us," *Natural Awakenings*, accessed September 2016, http:// www.naturalawakeningsmag.com /Inspiration-Archive/Music-as-Medicine/.

20 Annaliese and John Stuart Reid, "Ancient Sound Healing," Token Rock, 2011, accessed September 2016, http://www.tokenrock.com/ sound_healing/sounds_of_the_ancients.php.

21 "Frequency & the Body," VoiceBio, accessed September 2016, http:// www.voicebio.com/freq-and-body.php.

22 "Tuning Forks & Energy Healing," Sound Healing Pathways, accessed September 2016, http://soundhealingpathways.com/sound/ tuning-forks/.

23 "Acupuncture with Tuning Forks and Color," Tama-Do Academy, accessed September 2016, http://tama-do.com/roothtmls/ acupuncture.html.

24 "Sound Cellular Research," Tama-Do Academy, accessed September 2016, http://tama-do .com/roothtmls/cell-research.html.

25 "Tuning Forks for Sound Therapy," Tools for Wellness, accessed September 2016, http://www.toolsforwellness.com/tuning-forks. html.

26 "Health Benefits: Science View on Health Benefits of Drumming," Drums of Humanity, accessed September 2016, http:// drumsofhumanity.org/health-benefits/.

27 B. B. Bittman et al., "Composite Effects of Group Drumming Music Therapy on Modulation of Neuroendocrine-Immune Parameters in Normal Subjects," *Alternative Therapies in Health and Medicine* 7, no. 1 (January 2001): 38–47, http://www.ncbi.nlm.nih .gov/ pubmed/11191041.

28 Tom Jacobs, "Music Gets You High," Salon, November 23, 2012, http://www.salon.com /2012/11/23/music_gets_you_high/.

29 "The Many Meanings of Violet/Purple," Color Wheel Artist, accessed September 2016, http://color-wheel-artist.com/meanings-of-violet.html.

30 Juan Mascaró, trans., *The Bhagavad Gita* (Baltimore, MD: Penguin Books, 1962), verse 5:12.

31 Deborah King, *Truth Heals: What You Hide Can Hurt You* (Carlsbad, CA: Hay House, 2009), 2–3.

32 "5 Timeless Truths from the Serenity Prayer That Offer Wisdom in the Modern Age," *The Huffington Post*, March 18, 2014, http:// www.huffingtonpost.com/2014/03/18 /serenity-prayer-wisdom_ n_4965139.html.

33 Printed in the *Indian Opinion, The Collected Works of M. K. Gandhi*, vol. 13 (New Delhi, India, The Publications Division, 1913), 241.

34 Margaret Mitchell and Sidney Howard, *Gone with the Wind*, directed by Victor Fleming(Beverly Hills, CA: Metro-Goldwyn-Mayer [MGM]), DVD.

데보라 킹 웹사이트
deborahking.com

치유하고 번영하는 힐러로 성장하는 데 도움이 되는 풍부한 자료를 제공합니다. 가장 인기 있는 주제와 프로그램 몇 가지를 아래에 소개합니다.

◆ 생명력 에너지 치유LifeForce Energy Healing® 기법을 배우고 싶다면
deborahking.com/lifeforce-programs/lifeforce-certification

◆ 명상과 맞춤형 만트라가 필요하다면
deborahking.com/meditation

◆ 마음/몸 유형이 어떻게 작동하는지 보려면
deborahking.com/mindbody

◆ 스위핑 호흡을 영상과 함께 연습하려면
deborahking.com/sweeping-breath

◆ 너도밤나무 펜듈럼이 필요하다면
deborahking.com/using-a-pendulum-to-check-chakras

◆ 최신 동향을 알고 싶다면
facebook.com/deborahkingcenter
instagram.com/deborahking.lifeforce

에너지 치유 연습 목록